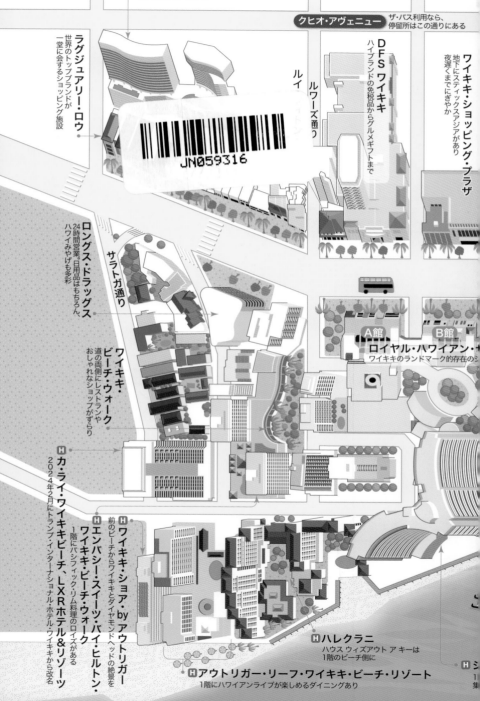

**H ザ・リッツ・カールトン・レジデンス ワイキキビーチ**
都会的だがリゾート感のある
ラグジュアリーホテル

**クヒオ・アヴェニュー** ザ・バス利用なら、停留所はこの通りにある

**ラグジュアリー・ロウ**
世界のトップブランドが
一堂に会するショッピング施設

ルイ

ルワーズ通り

**DFS ワイキキ**
ハイブランドの免税品からグルメギフトまで

**ワイキキ・ショッピング・プラザ**
地下にスティックアジアがあり
夜遅くまでにぎやか

JN059316

**ロングス・ドラッグス**
24時間営業、日用品はもちろん、
ハワイみやげも多彩

サラトガ通り

**ワイキキ・ビーチ・ウォーク**
道の両側にレストランや
おしゃれなショップがずらり

**A館**
**B館**
**ロイヤル・ハワイアン・**
ワイキキのランドマーク的存在のシ

**H カ・ライ・ワイキキ ビーチ、LXRホテル＆リゾート**
2024年2月にトランプ・インターナショナル・ホテル・ワイキキから改名

**H エンバシー・スイーツ・バイ・ヒルトン・ワイキキ・ビーチ・ウォーク**
1階にパシフィック・リム料理のロイズがある

**H ワイキキ・ショア by アウトリガー**
前のビーチからワイキキとダイヤモンドヘッドの絶景を

**H ハレクラニ**
ハウス ウィズアウト ア キーは
1階のビーチ側に

**H アウトリガー・リーフ・ワイキキ・ビーチ・リゾート**
1階にハワイアンライブが楽しめるダイニングあり

H
シ1集

## ❶ ククイ・ソーセージ
●Kukui Sausage

ハワイのソーセージメーカー。グリルで焼きあげるソーセージを豪快に食べたい。日本語メニューもあり。

キングコングホットドッグ $12

## ❷ ハワイアン・スタイル・チリ・カンパニー
●Hawaiian Style Chili Co.

オアフ島の中部、ワヒアワで人気の店。ハワイ産牛肉を使ったステーキやカルアピッグなどを食べられる。

アヒステーキ＋シュリンププレート $18

## ❸ ハワイアンクラウン
●Hawaiian Crown

パイナップル農家が経営するお店。100%無添加でフレッシュなジュースを味わうことができ、ドライフルーツやジャムなども販売。

一番人気の100%パイナップルジュース $8.50

## ❹ アカカフォールズ・ファーム
●Akaka Falls Farm

ハワイ島発でジャムやフルーツバターを販売。有機砂糖が甘味料で添加物や防腐剤は一切使用しない自然の甘みが特徴。

パッショフルーツジャム $14

ストロベリーパイナップルのスプレッド $14

## ❺ アイランドバナナジュース
●Island Banana Juice

100%ハワイ産のバナナを使用したバナナジュースのお店。熟れたバナナとミルクのみをミックスしているので、甘くて濃厚！

フルーツサンド（ハワイアンミックス）$7

レギュラーサイズのバナナジュース（プレーン）$5

## ❻ グローイング・ルーツ・ハワイ
●Growing Roots Hawaii

地元の新鮮なフルーツや野菜をふんだんに使ったドリンクとスイーツを販売。ハワイ産のココナッツ・ウォーター $10もある。

新鮮なフルーツとトーストしたココナッツがのるアサイボウル $12

グアバ・パイナップル・スラッシー $8

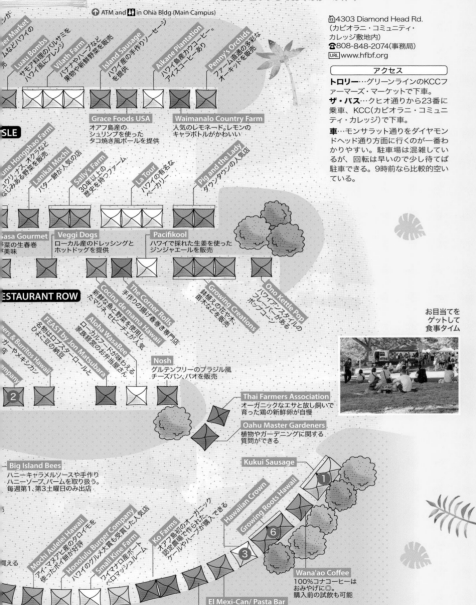

# KCC 攻略MAP

青空マーケットブームの火付け役といえばここ。
約70店が出店し、農場直送の野菜や
プレートランチ、みやげが並ぶ。
効率的に回るにはお目当ての店の場所を
事前にチェックしておくのがベスト！

🏠 ATM and 🚻 in Ohia Bldg.(Main Campus)

🏠4303 Diamond Head Rd.
（カピオラニ・コミュニティ・
カレッジ敷地内）
☎808-848-2074（事務局）
URL www.hfbf.org

| アクセス |
| --- |

**トロリー**…グリーンラインのKCCフ
ァーマーズ・マーケットで下車。
**ザ・バス**…クヒオ通りから23番に
乗車、KCC（カピオラニ・コミュニ
ティ・カレッジ）で下車。

**車**…モンサラット通りをダイヤモン
ドヘッド通り方面に行くのが一番わ
かりやすい。駐車場は混雑してい
るが、回転は早いので少し待てば
駐車できる。9時前なら比較的空い
ている。

...er Market
...などハワイの

**Luau Bombs**
サモア料理のパルサミを
ハワイ風にアレンジ

**Vilath Farm**
バナナやハーブなど
果物や新鮮野菜を販売

**Island Sausage**
ハワイ産の手作りソーセージ
を提供

**Alkane Plantation**
ハワイ島産カウコーヒー。
アイスコーヒーもあり

**Penny's Orchids**
ファーム直送の多彩な
オーキッドがイチ推し

**Grace Foods USA**
オアフ島産の
シュリンプを使った
タコ焼き風ボールを提供

**Waimanalo Country Farm**
人気のレモネード、レモンの
キャラボトルがかわいい

...SLE

...une Hongphao Farm
...プリ ナス、オクラなど
...ばしみがある野菜を販売

**Lanikai Mochi**
バター餅が人気の店

**Sally's Farm**
30年以上の
歴史を持つファーム

**La Tour**
ハワイの有名な
ベーカリー

**Pig and the Lady**
ダウンタウンの人気店

...asa Gourmet
...菜の生春巻
...美味

**Veggi Dogs**
ローカル産のドレッシングと
ホットドッグを提供

**Pacifikool**
ハワイで採れた生姜を使った
ジンジャエールを販売

**Growing Creations**
珍種のものなや
果実などを販売

**Ono Kettle Pop**
ハワイアンスタイルの
ポップコーン。
フレーバーがある

**RESTAURANT ROW**

**Cocina de mama Hawaii**
手作りの揚げ物専門店。
新鮮な魚と野菜を使用し
でマリネ、セビーチェが人気

**The Corner Rolls**

**FEAST by Jon Matsubara**
名物はロブスター
ロールと

**Aloha WasaBee**
ローカルフードが味わえる
家族経営のお弁当屋さん

...ers & Burritos Hawaii
...ヤ、メキシカン

**Nosh**
グルテンフリーのブラジル風
チーズパン、パオを販売

2

**Thai Farmers Association**
オーガニックなエサと放し飼いで
育った鶏の新鮮卵が自慢

**Oahu Master Gardeners**
植物やガーデニングに関する
質問ができる

**Big Island Bees**
ハニーキャラメルソースや手作り
ハニーソープ、バームを取り扱う。
毎週第1、第3土曜日のみ出店

**Mochi Aulele Hawaii**
アイ・マスアピ産のタロイモを
使ったポイ餅が好評

**Homolulu Burger Company**
ハワイのグルメ大賞を受賞した人気店

**Small Kine Farm**
ワイマナロ産ボート
ベロマッシュルーム

**Ko Farms**
オアフ島初のオーガニック
認定を取得できるエた
ケールやトマトなどが購入できる

**Kukui Sausage**

**Hawaiian Crown**

**Growing Roots Hawaii**

1

6

3

**Wana'ao Coffee**
100%コナコーヒーは
おみやげに。
購入前の試飲も可能

...える

...Papi's Empanadas
...ルゼンチン料理。栄養満点の
...グリーンスムージーもある

**Aunty Nani's Cookies**
おみやげにぴったり！
ショートブレッドとクッキー
を販売

**El Mexi-Can/ Pasta Bar**
本格的なメキシコ料理を堪能できる

**Hawaii's Best Ever
Nuts & Candies**
ナッツを販売

お目当てを
ゲットして
食事タイム

**アウトリガー・ワイキキ・ビーチコマー・ホテル**
ロビー階にハワイアン・アロマ・カフェがある

**ザ・レイロウ・オートグラフ・コレクション**
ハイダウトは朝食から深夜までオープンしている

**ワイキキ・ビジネス・プラザ**
19階にスカイワイキキ。ワイキキの夜景を堪能

**シェラトン・プリンセス・カイウラニ**
プリンセスの名を冠した王朝ゆかりの地に立つホテル

**ハイアット リージェンシー ワイキキ ビーチ リゾート&スパ**
月曜と水曜の夕方はファーマーズ・マーケットを開催

**ハイアット・コンベンション・センター**
1階にはサーフショップがある。上階は駐車場

**インターナショナル・マーケットプレイス**
ハワイらしい雰囲気を残したショッピングセンター

カイウラニ・アヴェニュー

ウルニウ・アヴェニュー

**カラカウア・アヴェニュー**
ワイキキのメイン通り。店が閉まる23時頃まで賑やか

C館

：ンター
ョッピングセンター

**デューク・カハナモク像** サーフィンの父の像は、いつもレイで飾られている

**カフナストーン** メネフネが運んだという伝説が残るパワーストーン

**ワイキキ警察分署**
何か不安な交番。困ったことがあったらここへ

**モアナ サーフライダー ウェスティン リゾート&スパ**
白い貴婦人とよばれるワイキキ最古のホテル

**アウトリガー・ワイキキ ビーチ・リゾート**
1階にあるサンライズ・シャックのスムージーでクールダウン

**ナル・ストレージ**
大通りからビーチまでサーフボードが立ち並ぶフォトジェニックスポット

**ロイヤル ハワイアン ラグジュアリー コレクション リゾート**
ピンクパレスとよばれる歴史あるホテル。館内もピンク

ェラトン・ワイキキ・ビーチリゾート
：にショップやレストランが
：る大型ホテル

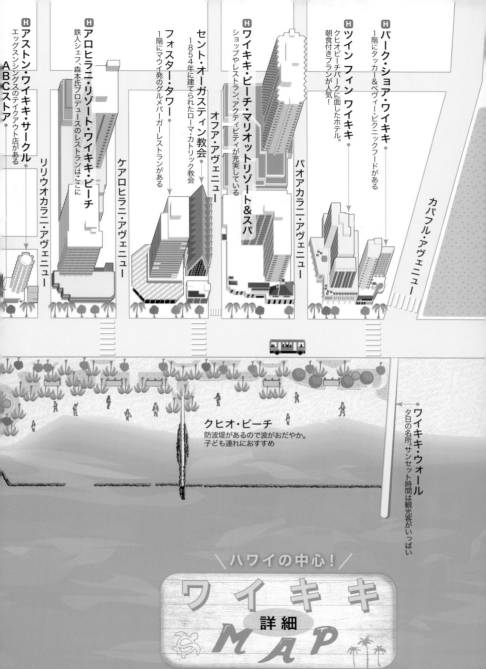

H アストン・ワイキキ・サークル
エッグスンシングスのテイクアウト店がある
ABCストア

H アロヒラニ・リゾート・ワイキキ・ビーチ
鉄人シェフ、森本氏プロデュースのレストランはここに

フォスター・タワー
1階にマウイ発のグルメバーガーレストランがある

セント・オーガスティン教会
1854年に建てられたローマ・カトリック教会

H ワイキキ・ビーチ・マリオットリゾート&スパ
ショップやレストラン、アクティビティが充実している

H ツイン フィン ワイキキ
クヒオビーチパークに面したホテル。
朝食付きプランが人気！

H パーク・ショア・ワイキキ
1階にタッカー&ベヴィー・ピクニックフードがある

リリウオカラニ・アヴェニュー

ケアロヒラニ・アヴェニュー

オファ・アヴェニュー

パオアカラニ・アヴェニュー

カパフル・アヴェニュー

クヒオ・ビーチ
防波堤があるので波がおだやか。
子ども連れにおすすめ

● ワイキキ・ウォール
夕日の名所。サンセット時間は観光客がいっぱい

\ハワイの中心！/

# ワイキキ 詳細 MAP

ワイキキはカラカウア・アヴェニューを中心に
各国の観光客でいつも賑やか。
そんなワイキキの位置関係をMAPで
アタマに入れて楽しみつくそう！

# サタデー・ファーマーズ・マーケッ

**Market Open**
**7:30-11:00**
**土曜**

**Get a map！**
インフォメーション
はココ

**インフォメーションはココ！**
入門ゲートのすぐ近くにあるインフォメーションで、地図をもらってお目当てのベンダーをチェック。

MARKET INFORMAT
ST AND FOUND

ここでマップをもらってからスタートよ〜

トロリーバス停へ

MAIN ST.

ハワイアンのライブも始まってお祭り気分に

水分補給を忘れずにね

歩きやすい靴で来るのがおすすめ

ファーマーから直接話が聞けるのもうれしい

**Bueno Salsa**
辛さが選べるサルサソースやピクルスが並ぶ

**Aloha Elote**
メキシコ風の焼きと味わえる

Nit

**4**

**Akaka Falls Farm**

VEGO

**Kamuela Tomatoes**
ハワイ島直送のカムエラトマトジュースもある

**Lei's Produce**
ワイルアにある広い農園で育てた農産物を販売

**Ho Farms**
チェリートマト
有名なファーム
アジアの八

**PIT Farm**
アジアの野菜、フルーツ、ハーブを中心に揃える

**Kings Farms**
アジアの野菜、パパイヤやバナナなどを販売

**MUSIC**
ライブパフォーマンスを楽しめる

**Koko Crater Coffee Roasters**
焙煎したてのコーヒー豆を販売

**Greenpoint Nursery**
ハワイ島直送のアンスリウムを扱う

**Little Hands Hawaii**
自然に配慮した日焼け止めを販売

**Kihene**
ママキやノニなどのハーブティーを販売

**Manoa Honey**
オアフ島で採れたはちみつを販売

**Keith's Cookies**
クッキーの詰め合わせ。第1、3、5土曜のみ出店

**Akamai Foods**
オートケーキやラムケーキ、季節のトロピカルジュースを販売

**Blended**
地元で調達した手作りのウェルネスボウル

**808 Bow Wow**
ローカル産の素材を使用して作られたドッグフードやお菓子を販売

**ISLAND BANANA JUICE**

**5**

**Island Hemp Collective**
人やペット向けの地元産ヘンプ製品を

**Ulu Mana Inc.**
ブレッドフルーツから作ったフムスを販売

**Ahualoa Far**
ハワイ島で育っ
マカダミアナッ

**Big Island Abalone**
ハワイで採れた新鮮なアワビが味わえる

**Hawaiian Style**

**Hua mochi Aloha**
自分好みのアサイボウルが味わえる

Diamond Head

このあたりにテーブル席あり。かなり混み合っています

※2024年3月現在の情報です。出店する店舗や、店舗の場所は変動する場合があります。

せかたび

ハワイ

Hawaii

# 完全 Map

ダウンロード方法は袋とじへ！

| S ショップ | C カフェ | E エンタメ |
| R レストラン | N ナイトスポット | F ファーストフード |
| H ホテル | B エステ・スパ | |

# オアフ島

A B C

| Pacific Ocean side labels |

太平洋
Pacific Ocean

- Kuilima Pt.
- タートル湾 Turtle Bay
- ワイアレエ WAIALEE
- サンセット・ビーチ Sunset Beach
- プウ・オ・マフカ・ヘイアウ Puu O Mahuka Heiau
- ププケア・ビーチ Pupukea Beach
- S ハレイワ・ファーマーズ・マーケット P79
- ワイメア・ベイ・ビーチ Waimea Bay Beach P47
- ワイメア・バレー Waimea Valley
- カワイロア・ビーチ Kawailoa Beach
- ラニアケア・ビーチ Laniakea Beach
- S ノースショア・ソープファクトリー P131
- ハレイワ P12
- Puu Kapu
- Anahulu Riv.
- ハレイワ・アリイ・ビーチ Haleiwa Ali'i Beach P47
- オアフ島よくばり観光 P252
- KAENA
- カエナ岬 Kaena Pt.
- Farrington Hwy.
- ディリンガム飛行場 Dillingham Air Field
- スピリチュアル・ハレイワ星空ツアー P252
- ハレイワ HALEIWA
- Kamehameha Hwy.
- ワイアルア WAIALUA
- ドールプランテーション Dole Plantation P67
- Yokohama Bay
- マクア MAKUA
- Poamoho Stream
- マクア・ビーチ Makua Beach
- Kaala
- ワイアナエ山脈
- Kaukonahua Rd.
- カネアナ洞窟 Kaneana Cave
- クカニロコ（バース・ストーン） WAHIAWA ワヒアワ
- Kapaakai Pt.
- Puu Keaau
- Puu Kawiwi
- Puu Hapapa
- Kunia Rd.
- マカハ・ビーチ Makaha Beach
- ワイアナエ WAIANAE
- MILILANI TOWN ミリラニ
- マカハ MAKAHA
- ドルフィン＆ユー P50
- Waianae Range
- Palikea
- Waikele Stream
- ワイケレ・プレミアム・アウトレット S P143
- マイリ MAILI
- Mauna Kapu
- ワイパフ WAIPAHU
- PEARL パール
- Maili Pt.
- ナナクリ NANAKULI
- West Loch
- ナナクリ・ビーチ・パーク Nanakuli Beach Park
- Honolulu Rail Transit
- Middle Loch
- アウラニ・ディズニー・リゾート＆スパ コオリナ・ハワイ P216
- MAKAKILO CITY マカキロ
- エヴァ EWA
- Kualaka'i East Kapolei Sta.
- フォーシーズンズ・リゾート・オアフ・アット・コオリナ
- コオリナ・ビーチ Ko Olina Beach P47
- カポレイ KAPOLEI
- コーラル・クレーター・アドベンチャー・パーク
- Malakole Harbor
- ウェット・アンド・ワイルド・ハワイ Wet'n' Wild Hawaii P67
- カラエロア空港 Kalaeloa Airport
- エヴァ・ビーチ Ewa Beach
- カラエロア・ビーチ Kalaeloa Beach
- バーバーズ岬 Barbers Pt.
- ママラ湾 Mamala Bay

N 5km

1 2 3 4

A B C

ハワイ諸島

カウアイ島
ニイハウ島
オアフ島
ホノルル
モロカイ島
ラナイ島
マウイ島
カホオラウェ島
ハワイ諸島
ハワイ島

200km

アメリカ合衆国
日本
ハワイ
ホノルル
太平洋
オーストラリア

太平洋
Pacific Ocean

クライムワークス・ケアナファーム
● Makahoa Pt.

ポリネシア・カルチャー・センター
ライエ Polynesian Cultural Center P66
LAIE

Lelani Bay
HAUULA

PUNALUU
Mamalu Bay
● Makalii Pt.
KAHANA
ライオン岩
● Crouching Lion Rock
Turnover
Puu Pauao ▲

クアロア牧場アクティビティー乗馬パッケージ P252
カアヴァの谷
クアロア・ランチ・ハワイ P56
Puu Ohulehule ▲ ● Kualoa Pt.
Kualoa Ranch Hawaii P56
クアロア・ビーチ
Kualoa Beach
Puu Kaaumakua ▲
WAIKANE

WAIAHOLE
天使の海 ピクニック・セイル P49,252
キャプテンブルース 天国の海シュノーケリングツアー P49
サンドバー
Eleao ▲ KAALAEA Sandbar P48
KAHALUU
カネオヘ湾
AHUIMANU Kaneohe Bay

Kealohi Pt.
830
HEEIA ウインド・ワード・モール
Puu Kawaipoo ▲
カネオヘ
KANEOHE
カイルア
KAILUA
P17

ズーリ記念館
Battleship Missouri Memorial
航空博物館
パールリッジ・センター
USSアリゾナ記念館
USS Arizona Memorial
アロハ・スタジアム
Aloha Stadium
Halawa
Aloha Stadium
Sta.
Moanalua Rd.
モアナルア・
ガーデンズ
Salt
Lake

H-3
Puu Keahiakahoe ▲

Likelike Hwy.

カイルア広域 P12

R ブーツ＆キモズ
P73,195

ヌアヌ・パリ展望台
Nuuanu Pali Lookout
Konahuanui ▲
マノア・フォールズ
Manoa Falls P65
ワイマナロ
WAIMANALO

ワイマナロ・ビーチ
Waimanalo Beach P47
マナナ
（ラビット）島
Manana
(Rabbit) Is.
マカプウ・ビーチ
Makapuu Beach

ダニエル・K・イノウエ
国際空港
Daniel K Inouye
International Airport
ブルー ハワイアン
ヘリコプターズ
P54
Keehi
Lagoon

ダウンタウン
DOWNTOWN
ホノルル
HONOLULU

H-1

シーライフ・パーク・ハワイ
P66 Sea Life Park Hawaii
マカプウ・ポイント・ライトハウス・トレイル
P64
ココ・クレーター・ボタニカル・ガーデン
P65
ペレの椅子

アラモアナ
ALA MOANA
ワイキキ
WAIKIKI
カハラ
KAHALA

ダイヤモンドヘッド
Diamond Head

ハワイ・カイ
HAWAII KAI

マウナルア湾
Maunalua Bay
ハワイカイ・タウン・センター
P74モエナ・カフェ R

サンディ・ビーチ
Sandy Beach
ハロナ潮吹き穴
Halona Blowhole
ハナウマ湾
Hanauma Bay P46
ココ・ヘッド
Koko Head
ココ・クレーター・
レイルウェイ・トレイル P65

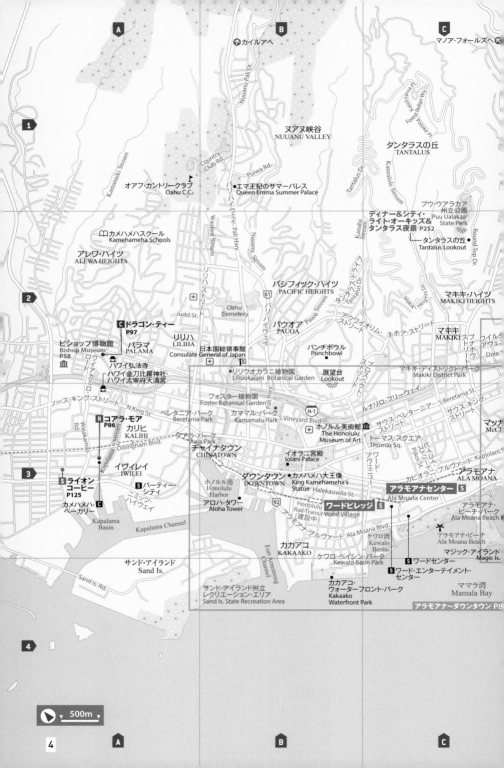

A ・カイルアへ

B

C ・マノア・フォールズへ

**1**

ヌウアヌ峡谷
NUUANU VALLEY

タンタラスの丘
TANTALUS

プウ・ウアラカア
州立公園
Puu Ulakaa
State Park

オアフ・カントリークラブ
Oahu C.C.

・エマ王妃のサマーパレス
Queen Emma Summer Palace

ディナー&シティ・
ライト・オーキッズ&
タンタラス夜景 P252

・タンタラスの丘
Tantalus Lookout

カメハメハスクール
Kamehameha Schools

アレワ・ハイツ
ALEWA HEIGHTS

パシフィック・ハイツ
PACIFIC HEIGHTS

マキキ・ハイツ
MAKIKI HEIGHTS

**2**

Oahu
Cemetery

パウオア
PAUOA

マキキ
MAKIKI

**C** ドラゴン・ティー
P97

リリハ
LILIHA

ビショップ博物館
Bishop Museum
P58

パラマ
PALAMA

ハワイ弘法寺

ハワイ金刀比羅神社・
ハワイ太宰府天満宮

日本国総領事館
Consulate General of Japan

パンチボウル
Punchbowl

マキキ・ディストリクト・パーク
Makiki District Park

リリウオカラニ植物園
Liliuokalani Botanical Garden

展望台
Lookout

**R** コアラ・モア
P86

カリヒ
KALIHI

フォスター植物園
Foster Botanical Garden

ベレタニア・パーク
Beretania Park

カママル・パーク
Kamamalu Park

ホノルル美術館
The Honolulu
Museum of Art

トーマス・スクエア
Thomas Sq.

**3**

**S** ライオン
コーヒー
P125

イヴィレイ
IWILEI

アアラ・パーク
Aala Park

チャイナタウン
CHINATOWN

**S** パーティー・
シティ

ダウンタウン
DOWNTOWN

イオラニ宮殿
Iolani Palace

・カメハメハ大王像
King Kamehameha's
Statue

アラモアナ
ALA MOANA

アラモアナセンター **S**
Ala Moana Center

カメハメハ・
ベーカリー **C**

ホノルル港
Honolulu
Harbor

アロハ・タワー
Aloha Tower

ワードビレッジ **S**
Ward Village

アラモアナ・
ビーチ・パーク
Ala Moana Beach

カパラマ・
ベイシン
Kapalama
Basin

カパラマ・チャンネル
Kapalama Channel

カカアコ
KAKAAKO

ケワロ・
ベイシン
Kewalo
Basin

ケワロ・ベイシン・パーク
Kewalo Basin Park

ワードセンター **S**
Ward Center

アラモアナ・ビーチ
Ala Moana Beach

マジック・アイランド
Magic Is.

**4**

サンド・アイランド
Sand Is.

Sand Is. Rd.

サンド・アイランド州立
レクリエーション・エリア
Sand Is. State Recreation Area

カカアコ・
ウォーターフロント・パーク
Kakaako
Waterfront Park

ワード・エンターテイメント・
センター **S**

ママラ湾
Mamala Bay

アラモアナ～ダウンタウン P8

500m

**4**

A

B

C

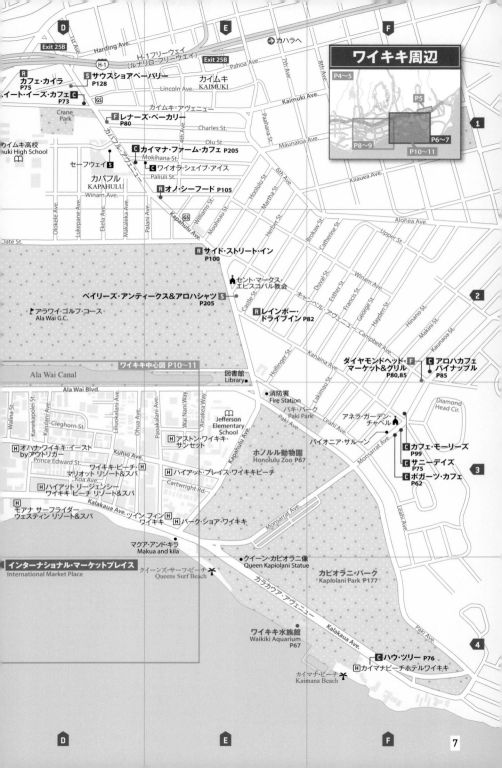

D

Exit 25B

Harding Ave.

H-1フリーウェイ
（ルナリロ・フリーウェイ）

E

⤷カハラへ

Pahoa Ave.

F

Exit 25B

7th Ave.

8th Ave.

R カフェ・カイラ
P75

S サウスショアベーカリー
P128

Lincoln Ave.

カイムキ
KAIMUKI

Kaimuki Ave.

ワイキキ周辺

P4〜5

P5

P8〜9

P6〜7

P10〜11

1

C イート・イーズ・カフェ
P73

Crane
Park

F レナーズ・ベーカリー
P80

カイムキ・アヴェニュー

4th St.

Charles St.

Olu St.

Paahana Ave.

Maunaloa Ave.

Kilauea Ave.

カイムキ高校
Kaimuki High School

C カイマナ・ファーム・カフェ P205

Mokihana St.

セーフウェイ S

ワイオラ・シェイブ・アイス

Paliuli St.

カパフル
KAPAHULU

Winam Ave.

R オノ・シーフード P105

Olokele Ave.

Lukepane Ave.

Ekela Ave.

Makaleka Ave.

Palani Ave.

Kapahulu Ave.

GS

Williams St.

Mooheau St.

Aloha Ave.

Date St.

R サイド・ストリート・イン
P100

Hooulu St.

6th Ave.

Herbert St.

Brokaw St.

Catherine St.

Upper St.

2

Castle St.

ベイリーズ・アンティークス＆アロハシャツ S
P205

セント・マークス・
エピスコパル教会

Duval St.

Esther St.

Francis St.

George St.

Hayden St.

Campbell Ave.

Hinano St.

Makini St.

Kaunaoa St.

アラワイ・ゴルフ・コース
Ala Wai G.C.

R レインボー・
ドライブイン P82

キャンベル・アヴェニュー

Kanaina Ave.

ダイヤモンドヘッド・ F
マーケット＆グリル
P80,85

C アロハカフェ
パイナップル
P85

ワイキキ中心図 P10〜11

Ala Wai Canal

図書館
Library

Hollinger St.

Lakimau St.

Leahi Ave.

Diamond
Head Cir.

Ala Wai Blvd.

消防署
Fire Station

パキ・パーク
Paki Park

アネラ・ガーデン・
チャペル

C カフェ・モーリーズ
P99

3

Walina St.

Kanekapolei St.

Kaiulani Ave.

Liliuokalani Ave.

Ohua Ave.

Paokalani Ave.

Wai Nani Way.

Ainakea Way.

Jefferson
Elementary
School

Paki Ave.

パイオニア・サルーン

Monsarrat Ave.

C サニーデイズ
P75

Cleghorn St.

H オハナ ワイキキ・イースト
by アウトリガー

Prince Edward St.

Kuhio Ave.

H

ホノルル動物園
Honolulu Zoo P67

C ボガーツ・カフェ
P62

H ワイキキ・ビーチ・
マリオット リゾート＆スパ

H ハイアット プレイス・ワイキキビーチ

Leahi Ave.

H ハイアット リージェンシー
ワイキキ ビーチ リゾート＆スパ

Cartwright Rd.

Kalakaua Ave.

ツイン フィン
ワイキキ

H モアナ サーフライダー
ウェスティン リゾート＆スパ

H パーク・ショア・ワイキキ

Monsarrat Ave.

4

マクア・アンド・キラ
Makua and kila

インターナショナル・マーケットプレイス
International Market Place

クイーンズ・サーフ・ビーチ
Queens Surf Beach

クイーン・カピオラニ像
Queen Kapiolani Statue

カピオラニ・パーク
Kapiolani Park P177

Paki Ave.

ワイキキ水族館
Waikiki Aquarium
P67

Kalakaua Ave.

C ハウ・ツリー P76

カイマナ・ビーチ
Kaimana Beach

H カイマナビーチホテルワイキキ

Exit 21A

ノース・ヴィンヤード・ブルヴァード

**1**

フォスター植物園
Foster Botanical Garden

Iolani Ave.

Exit 21B

R タイ・パン・ディム・サム P193
R ロイヤル・キッチン P190

S アサト・ファミリー・ショップ P93

Exit 22

ハワイ出雲大社 P190

ノース・ククイ・ストリート

チャイナタウン・カルチュラル・プラザ

N.Kukui St.
N. Vineyard Blvd.

S.Kukui St.

ククイ・プラザ
Kukui Plaza

セント・ピータース・エピスコパル教会

セント・アンドリュース大聖堂
Saint Andrew's Cathedral

ニース・ベレタニア・ストリート N.Beretania St.

Queen Emma St.

ワシントン・プレイス（州知事公邸）
Washington Place

ハワイ州立アート・ミュージアム
Hawaii State Art Museum

ハワイ州政庁
Hawaii State Capital

S.Beretania St.
サウス・ベレタニア・ストリート

P（地下）
Kalanimoku Bldg.

P（地下）

スカイゲート
Skygate

ロベルタ・オークス P192 S
ライブストック・タバーン P190 R

S ジンジャー 13 P192
R ラングーン
R パーミーズ・キッチン P193

ダウンタウン
DOWNTOWN

リリウオカラニ女王像

イオラニ宮殿
Iolani Palace P191

ホノルル・ハレ（ホノルル市庁舎）
Honolulu Hale
Honolulu Hale Annex

**2**

Chinatown駅
（建設中）

ビッグ&レディ P193 R

オーキムズ・コリアン・キッチン P104 R

S ファイディング・イール P192

ハワイ・シアター

カメハメハ大王像
King Kamehameha Statue P191

S.King St.

ハワイアン・ミッション・ハウス
Hawaiian Mission Houses

カワイアハオ教会
Kawaiahao Church

P79 フォートストリート・モール・ファーマーズ・マーケット S

バーガーズ・オン・ビショップ P91 R

ベーカー・デュード F
P191
Downtown駅
（建設中）

ハワイ州最高裁判所

アロハビール R

クイーン・ストリート

ホノルル港
Honolulu Harbor

アーウィン・パーク
Irwin Park

アロハ・タワー
Aloha Tower

イリフネ・レストラン P193

R マックス&ルーシーズ P84

消防署
Fire Station

Civic Center駅
（建設中）

カ・モアナ・ハワイアンディナーショー
セレブリティ・パッケージ P252

スター・オブ・ホノルル

アトランティス・アドベンチャーズ

連邦ビル
PK Federal Bldg

Mother Waldron Playground

**3**

3スター・サンセット・クルーズ
セレブレーション・プラン P252

ダウン・トゥ・アース（カカアコ店）S
P129,131,133,150,184

P96 サンティーミックス C

フィッシャー・ハワイ S
P184

カカアコ
KAKAAKO

セグウェイ・ハワイ P55 R

Ala Moana Blvd.

P189 ソルト・アット・アワ・カカアコ S

P124 ロノハナ・エステート・チョコレート

P138 カハラ S

P189 ヒア S

P85 パイオニア・サルーン R

P91 ブッチャー&バード R

P101 ハイウェイ・イン R

P189 モク・キッチン R

P189 ナイン・バー・ホノルル C

カカアコ・ウォールアートこのあたり P188

200m

**4**

ハイブレンド・
ヘルス・
バー&カフェ P97

キング・ストリート
KING STREET

マッカリー
MCCULLY

カートライト・
ネイバーフッド・パーク
Cartwright
Neighborhood
Park

セーフウェイ

ホノルル・バーガー・
カンパニー P90

マヌヘアリイ
P134

ホノルル美術館カフェ
ホノルル美術館 P59
Honolulu Museum of Art P59

トーマス・
スクエア

808センター

マッキンレー高校
McKinley High School

ヨーグル・ストーリー P74

パゴダ・ホテル

ドン・キホーテ
アラモアナ
ALA MOANA

消防署
Fire Station

アラモアナ・ホテル・
バイ・マントラ

サイド・
ストリート・イン
P99 バーヴェ・
ドーナツ・ストップ
ボックス・オフィス

ウォルマート

アラモアナ・ビル

Central
YMCA

スリルズ・ソフト・サーブ
P93

ウラク・タワー
Uraku Tower

Ala Moana Center駅
(建設中)

ヨット・ハーバー・タワー
Yacht Harbor Towers

Kapiolani Blvd.

アラモアナ・
プラザ

チョダン・
レストラン
P105

アラモアナセンター
Ala Moana Center P114
店舗リスト※参照①

ウイキキ・
ヨット・クラブ
Waikiki
Yacht Club

アラワイ・
マリーナ
Ala Wai Marina

ホールフーズ・
マーケット
(クイーン店)
P131,133,144,185

朝日グリル(ワード店)
P101

リンズ・
ハワイアン・
スナック P129

ナウル・タワー
Nauru Tower

アラモアナ・ブルーバード
Ala Moana Blvd.

アラワイ・ヨット・ハーバー
Ala Wai Yacht Habor

ワードビレッジ
Ward Village P186

アラモアナ・ビーチ・パーク
Ala Moana Beach Park

ハワイ・ヨット・クラブ
Hawaii Yacht Club

IBM

ワードビレッジショップス

サウスショア・マーケット

モリ・バイ・アート&フリー P187

サルベージ・パブリック P187

オフ・ザ・ウォール P187

スクラッチ・キッチン&ミータリー P72

ジャナ・ラム・スタジオ・ストア P133,141

T.J.マックス P143

アラモアナ・ビーチ
Ala Moana Beach

マジック・アイランド
Magic Island

ワード・エンターテイメント・
センター
P187 アン・ディ・ヨー

フィッシュケーキ
P185

ワードビレッジ
アナハ

カカアコ・
ファーマーズ・
マーケット
P79,185

アッド・ドーン・
オアフ
P134

ワード・センター

P187 ナ・メア・ハワイ

P187 ノアノア

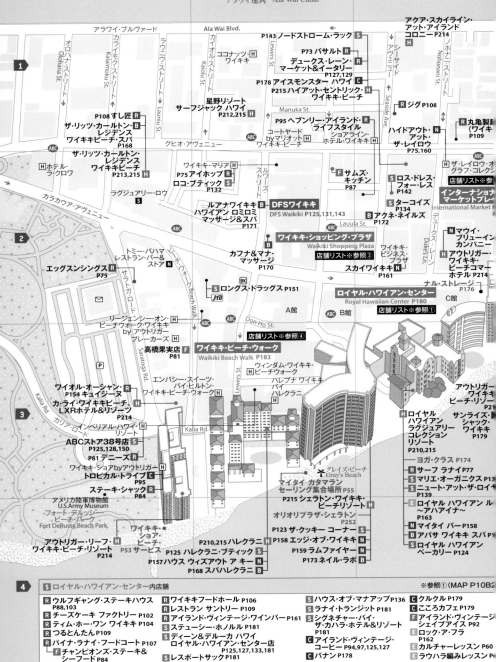

アラワイ・パーク
Ala Wai Park

アラワイ運河　Ala Wai Canal

A　B　C

1

アラワイ・ブルヴァード
オロハナ・ストリート
Olohana St.
カライモク・ストリート
Kalaimoku St.
ラウニウ・ストリート
Launiu St.
ウアウラ・ストリート

Ala Wai Blvd.

カイオル・ストリート
Kaiolu St.

レワーズ・ストリート
Lewers St.

P143 ノードストローム・ラック S
P73 バサルト R
デュークス・レーン・
マーケット＆イータリー P127,129
P178 アイスモンスター ハワイ S
P215 ハイアット・セントリック・
ワイキキ・ビーチ

アクア・スカイライン・
アット・アイランド
コロニー P214
シーサイド・アヴェニュー
ノホナニ・ストリート
Nohonani St.

ジグ P108

ココナッツ・
ワイキキ

星野リゾート
サーフジャック ハワイ H
P212,215

クヒオ・アヴェニュー

P108 すし匠 R
ザ・リッツ・カールトン・B
レジデンス
ワイキキビーチ・スパ
P168

ザ・リッツ・カールトン・
レジデンス
ワイキキ・ビーチ H
P213,215

ABC
H ホテル・
ラ・クロワ

マヌカ・ストリート Manuka St.

P95 ヘブンリー・アイランド・
ライフスタイル
コートヤード
by マリオット・
ワイキキ・ビーチ H

Seaside Ave.

ハイデアウト・
アット・N
ザ・レイロウ
P75,160

R 丸亀製麺
（ワイキ
P109

ABC

ワイキキ・マリア H
P75 アイホップ R
ロコ・ブティック P132

ルワーズ・ストリート

F サムズ・
キッチン
P87

S ロス・ドレス・
フォー・レス
P142

ターコイズ P134

B アクネ・ネイルズ
P172

ワイキキ・
ビジネス・
プラザ

ザ・レイロウ・オ
グラフ・コレクシ

店舗リスト※参
インターナショナ
マーケットプレ
International Market

カラカウア・アヴェニュー

ラグジュアリー・ロウ
S

ルアナワイキキ
ハワイアン ロミロミ
マッサージ＆スパ
P171

DFS ワイキキ
DFS Waikiki P125,131,143

Lauula St.

ワイキキ・ショッピング・プラザ B
Waikiki Shopping Plaza
店舗リスト※参照③

N マウイ・
ブリューイン
カンパニー

N アウトリガー・
ワイキキ・
ビーチコマー・
ホテル P214

2

トミー・バハマ・
レストラン・バー＆
ストア N

カフナ＆マナ・
マッサージ P170

スカイワイキキ P161

スカイ・
ワイキキ・
プラザ

エッグスンシングス
P75

S ロングス・ドラッグス P151
JTB

BK

ロイヤル・ハワイアン・センター
Royal Hawaiian Center P180
店舗リスト※参照①

ナル・ストレージ
P176
C 館

リージェンシー・オン・
ビーチウォーク・ワイキキ H
by アウトリガー
ブレーカーズ

A 館

ABC B 館

Don Ho St.

店舗リスト※参照④

高橋果実店
P81

ワイキキ・ビーチ・ウォーク
Waikiki Beach Walk P183

ウィンダム・ワイキキ・
ビーチウォーク

ハレプナ ワイキキ
バイ
ハレクラニ

アウトリガー・
ワイキキ・
ビーチ・リゾート
P21

3

ワイオル・オーシャン R
P154 キュイジーヌ
カ・ライ・ワイキキビーチ
LXR ホテル＆リゾーツ
P214

エンバシー・スイーツ・
バイ・ヒルトン・
ワイキキ・ビーチ・ウォーク H

H ロイヤル
ハワイアン
ラグジュアリー・
コレクション
リゾート
P210,215

サンライズ・
シャック・
ワイキキ
P179

パイナ・ラナイ・
インペリアル・ハワイ H
リゾート

Kalia Rd.

Kalia Rd.

ヨガ・クラス P174

R サーフ ラナイ P77

S マリエ・オーガニクス P13

ABC ストア 38 号店 S
P125,128,150
P81 デニーズ R

ニュート・アット・ザ・ロイ
P139

L ロイヤル ハワイアン ル
～アハアイナ～
P163

ワイキキ・ショア by アウトリガー H
トロピカル・トライブ C
P95
ステーキ・シャック
P84

グレイズ・ビーチ
Gray's Beach

N マイタイ バー P158

B アバサ ワイキキ スパ P

S ロイヤル ハワイアン
ベーカリー P124

アメリカ陸軍博物館
U.S.Army Museum
フォート・デ・ルッシー・
ビーチ・パーク
Fort DeRussy Beach Park

マイタイ カタマラン
セーリング集合場所 P55

P215 シェラトン・ワイキキ・
ビーチリゾート H

オリオリプラザ・シェラトン P252

アウトリガー・リーフ・
ワイキキ・ビーチ・リゾート H
P214

ワイキキ・
ショア・
サービス H

P123 ザ・クッキー コーナー S

P158 エッジ・オブ・ワイキキ N

P159 ラムファイヤー N

P173 ネイル・ラボ N

P210,215 ハレクラニ H

P125 ハレクラニ・ブティック S

P157 ハウス ウィズアウト ア キー N

P168 スパハレクラニ B

4 S ロイヤル・ハワイアン・センター内店舗

※参照①（MAP P10B2

10

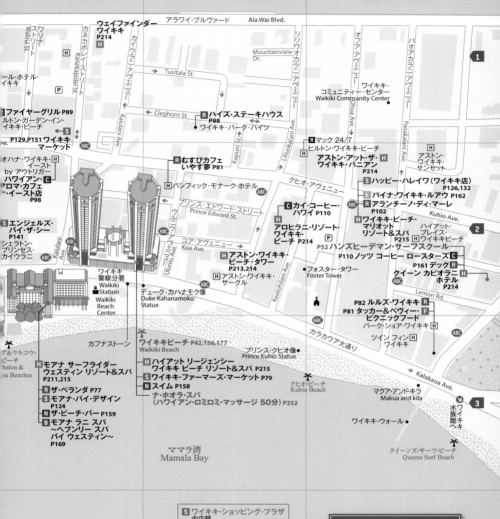

アラワイ運河　Ala Wai Canal

D　E　F

① ② ③ ④

ワリナ・ストリート Walina St.
カネカポレイ・ストリート Kanekapolei St.

アラワイ・ブルヴァード　Ala Wai Blvd.

ウェイファインダー ワイキキ P214

Mountainview Dr.

ツシタラ・ストリート Tusitala St.

ワイキキ・コミュニティー・センター Waikiki Community Center

ール・ホテル・イキキ

ファイヤーグリル P89
ルトン・ガーデン・イン・イキキ・ビーチ

クレゴーン・ストリート Cleghorn St.

R ハイズ・ステーキハウス P88
ワイキキ・パーク・ハイツ

R マック 24/7
ヒルトン・ワイキキ・ビーチ

P129,P151 ワイキキ マーケット

オハナ・ワイキキ・イースト by アウトリガー
ハワイアン・ロマ・カフェ・イースト店 P98

カイウラニ・アヴェニュー
カプニ・ストリート Kapuni St.
リリウオカラニ・アヴェニュー Liliuokalani Ave.
オフア・アヴェニュー Ohua Ave.
パオアカラニ・アヴェニュー Paoakalani Ave.

R むすびカフェ いやす夢 P81

アストン・アット・ザ・ワイキキ・バニアン P214

H アストン・ワイキキ・サンセット

S ハッピー・ハレイワ（ワイキキ店）P126,132

パシフィック・モナーク・ホテル

プリンス・エドワード・ストリート Prince Edward St.

C カイ・コーヒー・ハワイ P110

R パイナ・ワイキキ・ルアウ P162

R アランチーノ・ディ・マーレ P102

H ワイキキ・ビーチ・マリオット・リゾート&スパ P215

H ハイアット・プレイス・ワイキキビーチ P214

S エンジェルズ・バイ・ザ・シー P141
シェラトン・プリンセス・カイウラニ

アロヒラニ・リゾート・ワイキキ・ビーチ P214

コア・アヴェニュー Koa Ave.

ウルニウ・アヴェニュー

H アストン・ワイキキ・タワー P213,214

P52 ハンズヒーデマン・サーフスクール P215

P110 ノッツ コーヒー ロースターズ C

ワイキキ警察分署 Waikiki Station

H アストン・ワイキキ・サークル

フォスター・タワー Foster Tower

R P161 デック

クイーン カピオラニ ホテル P214

デューク・カハナモク像 Duke Kahanamoku Statue

ワイキキ ビーチ センター Waikiki Beach Center

カラカウア大通り Kalakaua Ave.

Lemon Rd.

P82 ルルズ・ワイキキ
P81 タッカー&ベヴィー・ピクニックフード F
パーク・ショア・ワイキキ H
ツイン フィン ワイキキ H

カフナストーン

ワイキキビーチ P42,156,177 Waikiki Beach

H モアナ サーフライダー ウェスティン リゾート&スパ P211,215

H ハイアット リージェンシー ワイキキ ビーチ リゾート&スパ P215

S ワイキキ・ファーマーズ・マーケット P79

R ザ・ベランダ P77
S モアナ・バイ・デザイン P124
S ザ・ビーチ・バー P159
B モアナ ラニ スパ 〜ヘブンリー スパ バイ ウェスティン〜 P169

S スイム P158

ナ・ホオラ・スパ （ハワイアン・ロミロミ・マッサージ 50分）P252

プリンス・クヒオ像 Prince Kuhio Statue

クヒオ・ビーチ Kuhio Beach

マクア・アンド・キラ Makua and kila

ワ水キ族キ館ヘキ

ママラ湾 Mamala Bay

ワイキキ・ウォール •

クイーンズ・サーフ・ビーチ Queens Surf Beach

A&ウルコウ・ビーチ haloa & ou Beaches

---

S インターナショナル・マーケットプレイス 内店舗　　※参照②（MAP P10C2）

R ショアファイヤー P82
R ストリップステーキ、ア・マイケル・ミーナ・レストラン P89
R イーティング・ハウス1849 by ロイ・ヤマグチ P103
F バンザイ・バーガー P90
C リリハ・ベーカリー（ワイキキ店）P101
C ホノルル・クッキー・カンパニー P123
S マリア・ラブ・デザイン P182
S フリー・ピープル P182
C マグノリア・アイスクリーム P178

S ワイキキ・ショッピング・プラザ 内店舗 ※参照③（MAP P10B2）

R スティックスアジア P109
R ココロミ マッサージ P170

S ワイキキ・ビーチ・ウォーク内店舗 ※参照④（MAP P10B3）

S オープンマーケット・アット・ワイキキ ビーチ・ウォーク P79
S ココ・マンゴー P183
S ソーハ・ケイキ P183
R ポケ・バー ダイス&ミックス P83
R ルースズ・クリス・ステーキハウス P89
N ヤードハウス P165
E ウクレレ・レッスン P61

ワイキキ中心図
P4〜5
P5
P8〜9
P6〜7
P10〜11

100m

D

E
F

## ハレイワ

ハレイワ

オアフ島
カイルア
コオリナ
ワイキキ

P203 スヌーピーズ サーフショップ S
P203 クラーク・リトルギャラリー・インテリア S
P92,201 マツモト・シェイブアイス S
P203 グアバ・ショップ S
P203 ボルーギャラリー S
P203 ハレイワ・ストア・ロッツ S

ナンバーセブン・
ジャパニーズ・ S
P202 フードトラック

ノースショア・
クレープス・カフェ P202 F
ジョバンニ P87,200 F

マライ・タイ

ノースショア・グッディーズ F

マヤズ・
タパス&ワイン R
ノース・ショア・ S
マーケットプレイス

バブルシャック・ハワイ S

Kamehameha Hwy.

コーヒー・
ギャラリー C

ハレイワ・ボート港
Haleiwa Boat Harbor
サーフ&シー P53,201

ハレイワ・ジョーズ R
セブン
イレブン
アオキズ
シェイブアイス P92 S

ハレイワ・
ビーチハウ

Lokoea

リリウオカラニ・
プロテスタント教会

ハッピー・ハレイワ（ハレイワ店）P201 S

ハレイワ・タウン・センター

レイズ・キアヴェ・ブロイルド・チキン P86 F
クリスピー・グラインズ P202 F
カマロン・シュリンプトラック P202 F

Twin Bridge Rd.

ジョセフ・レオン・ハイウェイ
Joseph P. Leong Hwy. (83)

200m

## カイルア中心部

カイルア中心部

ハレイワ
カイルア
オアフ島
コオリナ
ワイキキ

左図カイルア中心部

500m

カイルア湾
Kailua Bay

カラパワイ・マーケット
P44 S

カイルア・
ショッピングセンター

カイルア・ビーチ
Kailua Beach P44

## カイルア広域

カイルア・カヤック・
アドベンチャーズツアー・
2時間ガイド付き P252 S
カイルア・ビーチ・
アドベンチャーズ P52 S

ミッド・パシフィック・
カントリー・クラブ

ラニカイ・ビーチ
Lanikai Beach P

カイヴァ・リッジ・トレイル
Ka'iwa Ridge Trail P64

P198 シナモンズ・カイルア C
P124 マノア・チョコレート S
P197 ミューズ・カイルア S

セブンイレブン S

ビートボックス・
カフェ・カイルア C
P199

ウアヒ・ R
アイランド・グリル
P199

カイルア図書館
Kailua Public Library

カイルア ディストリクト・パーク
Kailua District Park

オリーブ・ S
ブティック
P197

マクドナルド F

コーヒー・オア・ティー？ C
カイルア

モケズ・ブレッド&
ブレックファスト C
P74,198

プロテアゼロウエストストア P137 S
レイナイア P134 S

レッド・バンブー

アイランド・スノー P197 S
ラニカイ・バス&ボディ P131 S
カイルア・ショッピングセンター
Kailua Shopping Center

カイルア中学校
Kailua Intermediate Sch

カラパワイ・ C
カフェ&デリ

ホールフーズ・
マーケット・
（カイルア店）
P194

ゴエン・
ダイニング+バー R
P198

ダウン・トゥ・アース
（カイルア店）S

フードランド・ S
ファームス

ソーハ・リビング・カイルア P195 S

カイルア・サーズデー・ナイト・
ファーマーズ・マーケット P79 S

アイランド・バンガロー・ハワイ P195 S

P140 ローレン・ロス・アート S

P196 ウォーベン・バイ・シャオリン S

バイオロジー・ピッツェリア R
P199

Hekili St.

ターゲット
（カイルア店）S
P195

ラニカイ・ブリューイング・ R
カンパニー P194

セーフウェイ S

100m

12

# アクセス早見表

目的地に行くには、
ワイキキトロリーとザ・バスどちらが便利？
どの路線に乗ればいいかなど、まずはここをチェック！

| 行き先 | ワイキキトロリー | ザ・バス | | ワイキキからの タクシー所要時間 |
|---|---|---|---|---|
| アラモアナセンター (→p114) | ピンク | ワイキキから | 8・20・23・42 | 約10分 |
| カパフル (→p204) | | ワイキキから | 13 | 約5分 |
| カイムキ (→p204) | | アラモアナ (カピオラニ通り)から | 3・9 | 約10〜15分 |
| ワードビレッジ (→p186) | レッド (ただし帰路なので 時間がかかる) | ワイキキから | 20・42 | 約15分 |
| | | アラモアナから | 6・20・42 | |
| カカアコ (→p184) | レッド | ワイキキから | 20・42 | 約15分〜20分 |
| | | アラモアナから | 20・42 | |
| マノア (→p206) | | ワイキキから | 13 | 約20分 |
| | | アラモアナから | 6・18 | |
| ダイヤモンドヘッド (→p62) | グリーン | ワイキキから | 2・23 | 約15分 |
| カハラモール (→p208) | ブルー | ワイキキから | 23 | 約20分 |
| | | アラモアナから | 23 | |
| シーライフ・パーク・ハワイ (→p66) | ブルー | ワイキキから | 23 | 約30〜40分 |
| | | アラモアナから | 23 | |
| ダウンタウン (→p190) | レッド (ただし帰路なので 時間がかかる) | ワイキキから | 2・13・20・42 | 約20分 |
| | | アラモアナから | 6・20・42ほか | |
| ホノルル美術館 (→p59) | レッド | ワイキキから | 2 | 約20分 |
| ビショップ博物館 (→p58) | | ワイキキから | 2 | 約30分 |
| カイルア (→p194) | | アラモアナから | 66・67 | 約40分 |
| ハレイワ (→p200) | | アラモアナから | 52・88A | 約60分 |

# せかたび
# こんな本！

はじめてハワイを訪れる人も、新しい発見をしたいリピーターも
「せかたび」一冊あれば、充実した旅になること間違いなし！

## 01 ☐ "本当に使える"モデルコース集
### ➡ 王道＋テーマ別でアレンジ自在
はじめてなら王道コース（→P26）、リピーターならテーマ別コース（→P32）をチェック！

## 02 ☐ 観光スポットは星付きで紹介
### ➡ 行くべき観光スポットがすぐわかる！
限られた時間でも、見るべきものは逃したくない！下の★を参考に行き先を検討。

★★★…絶対行くべき
★★…時間があれば行きたい
★…興味があれば行きたい

## 03 ☐ 「定番」「オススメ」をマーク化
### ➡ 行くべきところがひと目でわかる
レストランやショップは、人気の定番店はもちろん、特徴ある編集部おすすめ店も。

…ハワイを代表する有名店

オススメ！ …編集部のオススメ店

## 04 ☐ 詳細折りこみイラストマップ付き
### ➡ 注目エリアを"見て"楽しむ
表紙裏の折りこみMAPに注目！街のメインストリートから、話題のローカルエリアまで。

## 05 ☐ 「まとめ」インデックスが超便利
### ➡ 全掲載スポットを一覧・比較
巻末には掲載物件のインデックスを収録。営業時間から地図位置までひと目で確認。

## 06 ☐ 電子書籍付き
### ➡ スマホにダウンロードして持ち歩ける
本書の電子書籍版が無料でダウンロードできる！スマホで持ち歩けば街歩きに便利。

ダウンロードの仕方は
袋とじをチェック！

〔マークの見方〕
- 🚃…交通　駅や広場など、街歩きの基点となる場所などからのアクセス方法と所要時間の目安
- 🏠…所在地
- ☎…電話番号　現地の番号を市外局番から掲載
- 🕐…営業・開館時間　時期により変更の可能性あり
- ㊡…定休日
- ㊎…料金　大人1名分を表示。ホテルの場合は、1泊1室あたりの室料　時期や季節により変動あり。
- URL…ホームページアドレス　http://は省略
- 🈂…日本語スタッフ常駐
- 🈂…日本語メニューあり
- 予…予約が必要、または予約することが望ましい
- 🈪…クレジットカードでの支払い不可。カード可表示でも、特定のカード以外は使用できない場合がある
- 👔…ドレスコードあり　レストランでフォーマルな服装を義務付けていることを示す。一般に男性はネクタイ着用、女性はそれに準じた服装が望ましい

●本誌掲載の記事やデータは、特記のない限り2024年1〜3月のものです。その後の移転、閉店、料金改定などにより、記載の内容が変更になることや、臨時休業等で利用できない場合があります。
●各種データを含めた掲載内容の正確性には万全を期しておりますが、おでかけの際には電話などで事前に確認・予約されることをおすすめいたします。また、各種料金には別途サービス料・税などが加算される場合があります。
●本書に掲載された内容による損害等は、弊社では補償致しかねますので、あらかじめご了承くださいますようお願いいたします。
●休みは曜日ごとに決まっている定休日のみを記載しています。年末年始、クリスマス、サンクスギビング・デー、イースターなどの国の祝祭日は省略しています。特にハワイでは、クリスマスや年末年始には、飲食店、観光施設の多くが休みとなりますので、ご注意ください。

せかたび

ハワイ

Hawaii

# Contents

旅のスタートはワイキキビーチからがお約束

# 行くべきエリアを

ワイキキを中心に魅力あふれるビーチや街が点在するオアフ島。
グルメや自然、ショッピングまでみどころいっぱい！

★ *Hawaii Area Map* ★

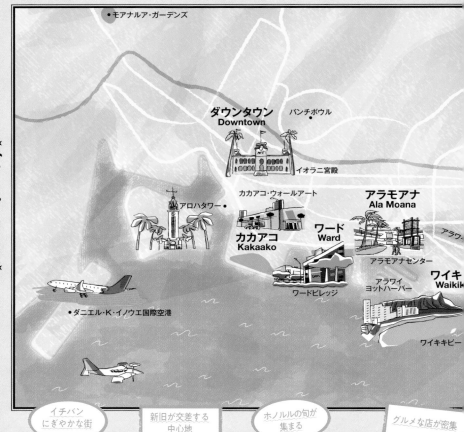

- モアナルア・ガーデンズ

ダウンタウン
**Downtown**

パンチボウル

イオラニ宮殿

カカアコ・ウォールアート

アロハタワー

アラモアナ
**Ala Moana**

アラワ

**カカアコ**
**Kakaako**

ワード
**Ward**

アラモアナセンター

ワイキ
**Waikik**

ワードビレッジ

アラワイ
ヨットハーバー

- ダニエル・K・イノウエ国際空港

ワイキキビー

---

イチバン
にぎやかな街

### ワイキキ ●Waikiki

オアフ島観光の拠点となる
エリア。グルメめぐりやシ
ョッピング、アクティビテ
ィなどワイキキで全部でき
るハワイの中心地。

新旧が交差する
中心地

### ダウンタウン ●Down Town

イオラニ宮殿など歴史的建
造物の観光ができる。オフ
ィス街がある場所やチャイ
ナタウンなどさまざまな顔
が見られるエリアだ。

ホノルルの旬が
集まる

### ワード＆カカアコ
●Ward&Kakaako

話題のショップや最旬カフ
ェ、スーパーめぐりのほか、
ウォールアートなどでSNS
映えする写真撮影を！

グルメな店が密集

### カパフル＆カイムキ
●Kapahul&Kaimuki

カパフル通りとワイアラ
通り沿いでは老舗レスト
ンやハワイを代表するシ
フの店で食事を楽しみたい

# チェック！

ZOOM UP!

ノース・ショア・マーケットプレイス

ハレイワ
Haleiwa

ドール・プランテーション

ポリネシア・カルチャー・センター

クアロア・ランチ

ラニカイ・ビーチ

カネオヘ湾

カイルア
Kailua

コオリナ

ホノルル
Honolulu

ハナウマ湾

下図

マノア
Manoa

マノア・マーケットプレイス

クイーン・シアター

カイムキ
Kaimuki

レナーズ・ベーカリー

カパフル
Kapahulu

カハラモール

ザ・カハラ・ホテル＆リゾート

カハラ
Kahala

レインボー・ドライブイン

デューク・カハナモク像

ダイヤモンドヘッド

---

## 超大事なことだけまとめ

### 通貨とレート

## $1＝約150円

※2024年3月現在
※日本の銀行で$100や$200などのパックされたものを両替すると、$1や$5など小額紙幣も入っていて便利。

### 時差

## マイナス19時間

※日付変更線を越えるため、日本の方が19時間先行している。日本の朝9時は前の日の午後2時になる。

### 物価の目安

☐ ミネラルウォーター(500ml) $2前後
☐ タクシーの初乗り $3.50〜(会社により異なる)

### フライト

## 日本→ホノルル　約7時間
## ホノルル→日本　約9時間
※偏西風の影響で行きと帰りでフライト時間が変わる。

---

豊かな自然と虹の街

**マノア** ●Manoa

雨がよく降るため山々の緑が深く、虹との遭遇率が高い。マノアの滝を目指す熱帯雨林のトレイルが人気で、豊かな自然に癒される。

高級住宅地が集まる

**カハラ** ●Kahala

個性的な店が集まるSCや健康志向の強いロコに支持されるスーパーなどで買物ができる。ワイキキとは違うハワイの魅力に出会える。

人気のオシャレタウン

**カイルア** ●Kailua

ホノルルから車で約40分のビーチタウン。全米屈指の美しいビーチやおしゃれな店が点在し、ローカルにも観光客にも人気。

サーファーの聖地

**ハレイワ** ●Haleiwa

世界的なサーフィンの大会も開催される、サーファーの聖地。オールドハワイの面影を残すタウンは、ショッピングスポットも充実。

でっかいハワイの自然をとことん体感！

# ハワイの 観光&アクティビティ

きれいなビーチでのんびりするのはもちろん、マリンスポーツに挑戦したり、
トレッキングしたり…。奥深いハワイの魅力を体全体で堪能しよう！

## ☐ ワイキキビーチ →P42
● Waikiki Beach ★★★
約3kmにわたる白砂のビーチ。世界中からツーリストが集まる観光の拠点。

所要：約1時間

## ☐ ラニカイ&カイルア・ビーチ →P44 Lanikai & Kailua Beach ★★
オアフ島屈指の美しい白砂カイルア・ビーチと、「天国の海」を意味するラニカイ・ビーチ。

所要：約2時間

## ☐ ハナウマ湾 →P46
● Hanauma Bay ★★★
広い遠浅の湾に約500種以上の生き物が生息する海洋保護区。シュノーケルも人気。

所要：約4時間

## ☐ サンドバー →P48
● Sandbar ★★★
潮が引くと白い砂浜が海面に出て歩ける絶景ビーチ。現地へはツアーで。

所要：約6時間

## ☐ ドルフィンウォッチング →P50
● Dolphin Watching ★★★
美しい自然が残る西海岸の海でイルカたちとスイミング。遭遇率が98%以上。

所要：約6時間

## ☐ カタマラン・クルーズ →P55・156
● Catamaran Cruise ★★
体全体で海風を感じることができる。サンセットクルーズの絶景は感動モノ。

所要：約2時間

ココで！
スピリット・オブ・アロハ→P156

## ☐ ダイヤモンドヘッド →P62
● Diamond Head ★★★
ワイキキを象徴するダイヤモンドヘッドは標高232m。頂上まで約40分。

所要：約2時間

## ☐ クアロア・ランチ・ハワイ →P56
● Kualoa Ranch Hawaii ★★★
コオラウ山脈の麓に広がり、映画ロケ地ツアーをはじめアクティビティが満載。

所要：約6時間

## ☐ カイヴァ・リッジ・トレイル →P64
● Ka'iwa Ridge Trail ★★
登り始めは急坂だが、難関さえクリアすれば、あとは小高い丘の峰を歩くだけ。

所要：約2時間

※ピンクピルボックスへはツアーやガイドと行くのが安心

## ☐ マノア・フォールズ →P65
● Manoa Falls ★
雨の多いマノア地区の原生林をトレッキングすると現れる滝。マイナスイオンをたっぷり浴びて自然の力に癒やされたい。

所要：約1.5時間

## 迷ったらコレBest3

### 1 ワイキキビーチ
王道ハワイなら まず、ここでしょ！

### 2 ダイヤモンドヘッド
ドリンクを準備して 絶景を見に行こう！

### 3 カタマラン
海上から見るワイキキは 格別な美しさです

---

### ☐ ビショップ博物館 →P58
●Bishop Museum ★★
太平洋諸島全域の自然や文化、歴史についての貴重な収蔵品を展示。

所要：約2時間

### ☐ ホノルル美術館 →P59
●Honolulu Museum of Art ★★
白壁と瓦屋根が印象的。ハワイのアートや浮世絵など、多彩な芸術品を収蔵。

所要：約2.5時間

### ☐ イオラニ宮殿 →P191
●Iolani Palace ★
第7代国王、カラカウアが1882年に建立した宮殿。栄華を極めた時代を伝える。

所要：約2時間

---

### ☐ ハワイ出雲大社 →P190
●Izumo Taishakyo Mission of Hawaii ★★
島根県の出雲大社の分社として1906年に建立。縁結びの神様として知られる。

所要：約1時間

### ☐ ポリネシア・カルチャー・センター →P66
●Polynesian Cultural Center ★★
ポリネシアの6つの国の文化に触れられるテーマパーク。ナイトショーは必見。

所要：約6時間

### ☐ シーライフ・パーク・ハワイ →P66
●Sea Life Park Hawaii ★★
風光明媚なオアフ東海岸にあるマリンパーク。イルカとふれ合う数々のプログラムが人気。

所要：約5時間

---

### ☐ ドールプランテーション →P67
●Dole Plantation ★★
パイナップルで知られるドールの施設。観光汽車や巨大ガーデン迷路がある。

所要：約1時間

### ☐ ワイキキ水族館 →P67
●Waikiki Aquarium ★★
熱帯太平洋の海洋生物の保護・研究に注力。珍しいハワイの固有種も数多く飼育している。日本語のオーディオガイドもある。

所要：約2時間

### ☐ ホノルル動物園 →P67
●Honolulu Zoo ★★
ワイキキから歩いて行ける動物園。自然な姿を観察できるサバンナ・エリアが人気。

所要：約2時間

---

### ☐ サタデー・ファーマーズ・マーケットKCC →P78
●Saturday Farmers' Market KCC ★★★
広大な敷地に農地直送の新鮮野菜からプレートランチまで多彩に揃う。

所要：約3時間

### ☐ カピオラニ・パーク →P177
●Kapiolani Park ★
ワイキキビーチの東にありダイヤモンドヘッドの絶景を望む気持ちのいい公園。芝生の広場でピクニックするのも◎。

所要：約1時間

### ☐ カカアコ・ウォールアート →P188
●Kakaako Wall Art ★★
ウォールペイントが楽しいアートスポット。ハワイだけでなく世界中のアーティストが制作。

所要：約1時間

スイーツからガッツリ系まで

# ハワイの おいしいもの

南国ならではのフルーツを使ったものはもちろん、アメリカンからアジアのエッセンスが香る一品までバラエティー豊か！　さあ、お腹を空かせて行きましょう。

朝食にもおやつにも◎

## □アサイボウル
●Acai Bowl

アサイのスムージーを盛りつけ、グラノーラなどのシリアルやさまざまな種類のフルーツをトッピング。

ココで！　トロピカル・トライブ→P95

## □ステーキ ●Steak

名だたるステーキハウスが揃う。店内でドライエイジングするなど、熟成肉を使うことが多い。

ココで！　ウルフギャング・ステーキハウス→P88

## □パンケーキ ●Pancake

バターミルクパンケーキに、ホイップやフルーツ、シロップなど、さまざまなトッピングで。

ココで！　エッグスンシングス→P75

## □シェイブアイス ●Shave Ice

きめ細かくふわふわとした氷が特徴のかき氷。オリジナルのシロップにこだわる店も。

ハワイの自然派シロップ

ココで！　アイランド・ヴィンテージ・シェイブアイス→P92

## □コーヒー ●Coffee

世界三大コーヒーのひとつと称されるのが、ハワイ島産の香り高いコナコーヒー。

ココで！　ハワイアン・アロマ・カフェ オハナ・イースト店→P98

## □スパムむすび ●Spam Musubi

四角く握ったおむすびに、醤油味で炒めた薄切りのスパムをオンし海苔で巻く。

玉子焼きを追加したものも

ココで！　むすびカフェいやす夢→P81

具にはカレーやココナッツも

## □マナプア
●Manapua

チャーシューなどを入れたハワイの肉まんのこと。蒸しだけでなく焼きのタイプもある。

ココで！　ロイヤル・キッチン→P190

## □マラサダ ●Marasada

ポルトガル生まれハワイ育ちの揚げパン。オーダーを受けてから揚げるので熱々。

ココで！　レナーズ・ベーカリー→P80

## □ロコモコ ●Locomoco

白いご飯の上にハンバーグとグレービーソース、目玉焼き。ロコはよくまぜて食べる。

ソースの味にも個性が

ココで！　レインボー・ドライブイン→P82

## □ドーナツ ●Donuts

カラフルでポップ、SNS映えも抜群のドーナツも人気。揚げたてを味わえる。

ココで！　パーヴェ・ドーナツ・ストップ→P99

## □フライドライス ●Fried Rice

フライドライスもハワイの朝食の定番。お店によってアレンジもいろいろ。

ココで！　サイド・ストリート・イン→P100

## □ポケボウル ●Poke Bowl

魚介類の切り身を塩、醤油、香味野菜、海藻などを混ぜ込み味付けし、白米の上にオン。カスタマイズできる店もある。

ココで！　オノ・シーフード→P105

## 迷ったらコレBest3

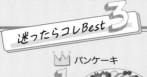

1 パンケーキ
フルーツたっぷりで朝から気分アップ!

2 ステーキ
アメリカンビーフのおいしさに開眼!

3 アサイボウル
美容効果も期待のスーパースイーツ

---

### モチコチキン
●Mochiko Chicken

もち米から作ったモチコを使ったフライドチキン。外はカリカリ、中はジューシー。

ご飯にマッチする醤油味

ココで! パイオニア・サルーン→P85

### ガーリック・シュリンプ
●Garlic Shrimp

殻付きのエビをガーリックバター(オイル)でじっくり炒め、ライスとともに。

ココで! ジョバンニ→P87

フードトラックでの販売が多い

### ハンバーガー
●Hamburger

フカフカのバンズにはさまれるのは肉厚のジューシーなビーフパテ。これぞアメリカ!

ココで! ホノルル・バーガー・カンパニー→P90

---

### クラフトビール
●Craft Beer

水のいいハワイはクラフトビールも盛ん。ピルスナーやスタウトなど種類豊富。

ココで! ワイキキ・ブリューイング・カンパニー→P165

### アヒ・ステーキ
●Ahi Steak

カットしたアヒ(マグロ)にガーリックなど風味を添えてソテー。フリカケをまぶすことも。

ハワイ近海のマグロを使用

ココで! パイオニア・サルーン→P85

### フリフリチキン
●Huli Huli Chicken

スパイスをまぶしたチキンを煙モクモクの中ぐるぐる回しながら焼きあげる。

ココで! レイズ・キアヴェ・ブロイルド・チキン→P86

---

### プレートランチ
●Plate Lunch

ご飯とおかずがセットになった手軽なプレート。メニューは肉から魚まである。

ココで! ヤミー・コリアン BBQ→P107

### スムージー
●Smoothie

フルーツや野菜を氷と一緒にミキシングしたドリンク。旅行中にビタミンチャージ!

ココで! ハイブレンド・ヘルス・バー&カフェ→P97

### オックステールスープ
●Ox Tail Soup

ぶつ切りの牛テールが入ったスープ。骨回りの肉を食べたあとごはんを投入し雑炊風に。

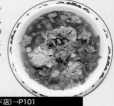

ココで! 朝日グリル(ワード店)→P101

---

### エッグベネディクト
●Eggs Benedict

マフィンにハムやベーコン、ポーチドエッグ。オランデーズソースを添える。

ココで! ザ・ベランダ→P77

サーモンなどかわりダネも

### ブルー・ハワイ
●Blue Hawaii

プレスリーの主演映画と同じ名前の爽やかなブルーが特徴的なトロピカルカクテル。

ココで! ヒルトン・ハワイアン・ビレッジ・ワイキキ・ビーチ・リゾート→P166、212

### ポークチョップ
●Pork Chop

厚切りの骨付き豚肉にスパイスを配合した衣をつけ、揚げ焼きに。ジューシー!

ココで! サイド・ストリート・イン→P100

グルメや雑貨、ファッションアイテムまで！

# ハワイの おかいもの

現地で着られるファッションアイテムは自分用にチェックしておきたい。
友人用のおみやげは、グルメギフトやメイドインハワイの雑貨がおすすめ。

パイナップル形ですよ

### ◻ クッキー

主流はショートブレッドで、サクッとした軽い食感。ハワイらしいフレーバーも多い。

`ココで！` ビッグアイランド・キャンディーズ→P122

ホノルル・クッキー・カンパニー→P123

### ◻ チョコレート

ハワイみやげの定番マカダミアナッツチョコも、プチプラから高級ラインまで豊富。

`ココで！` シグネチャー・アット・ザ・カハラ→P208

### ◻ コーヒー

いまやハワイ産のコーヒーは世界トップレベル。まろやかな香りがコーヒー愛好家を魅了。

希少なコナコーヒーを

`ココで！` ホノルルコーヒー・エクスペリエンス・センター→P110

### ◻ リリコイバター

パッションフルーツを使ったバタースプレッド。濃厚な甘みと酸味が絶妙なバランス。

`ココで！` フードランド・ファームズ→P146

### ◻ シーソルト

ハワイの海水から作る天然塩はおみやげにおすすめ。フレーバーを加えたものもある。

ハワイの自然の恵み

`ココで！` デュークス・レーン・マーケット＆イータリー→P127

### ◻ ハチミツ

マカダミアナッツやオヒアレフアなどハワイの花の香りで朝食がワンランクUP。

`ココで！` ハッピー・ハレイワ（ワイキキ店）→P126

### ◻ パンケーキミックス

ハワイの朝食を自宅で再現。ハワイらしいフレーバーが揃い、水を加えるだけで簡単に作れる手軽さもいい。

`ココで！` フードランド・ファームズ→P146

### ◻ ミント缶

キュートでおしゃれなパッケージが多いミント缶。サイズ的にもかさばらないのが◎。バラまきにおすすめ。

`ココで！` ABCストア→P150

### ◻ ハワイアンコスメ

ハワイ生まれのコスメは天然素材を使用し、肌にやさしく植物やフルーツの香り。

パッケージもハワイ

`ココで！` マリエ・オーガニクス→P131

### ◻ ソープ

ココナッツやハワイの花、ナッツオイルなど、天然素材をたっぷり使用した石けんはおみやげにも◎

`ココで！` ラニカイ・バス＆ボディ→P131

### ◻ キッチングッズ

ポップでカラフルなキッチングッズは女子みやげの定番アイテム。調理が楽しくなる！

`ココで！` ターゲット→P148

**迷ったらコレBest 3**

👑 **1** チョコディップクッキー
喜ばれるギフトなら
クッキーがおすすめ

👑 **2** チョコレート
ハワイ産カカオの
グルメチョコも

👑 **3** トートバッグ
日用使いできる
おしゃれトート

DEAN & DELUCA
HAWAII

## □ステーショナリー
文房具もカラフル＆ハワイらしいデザインなら持っているだけで気分があがる。

ココで！
サウスショアペーパリー→P128

## □ウォーターボトル
ロコガールの間で大流行。カラーも大きさもバラエティ豊かで、高機能のボトルもある。

温冷両用が人気です

ココで！
ホールフーズ・マーケット→P144

## □リゾートドレス
楽園ハワイに似合うドレスは現地調達がおすすめ。リゾート感いっぱいのウエアで旅を満喫！

ココで！
ターコイズ→P134

## □Tシャツ
ハワイに欠かせないTシャツ、ロゴ入り、キャラ入り、コラボTなど色使いもデザインも豊富。

ココで！
ステューシー・ホノルル→P181

## □サンダル
リゾートハワイでのマストアイテム。履きやすいと評判のブランドも多い。

ココで！
ターコイズ→P134

## □アロハシャツ
ヴィンテージ風から個性豊かなデザインまで多彩。レディースやキッズを展開する店も。

1枚あると重宝します

ココで！
レイン・スプーナー→P139

## □水着
色使いもデザインも多彩だから、自分に似合う一着が絶対見つかる。リーズナブルに購入するならオフプライスショップへ。

ココで！
ロス・ドレス・フォー・レス→P142

## □アクセサリー
ハワイモチーフのキュートなリゾートジュエリー。おしゃれに南国ムードを。

ココで！
レイニアー→P134

## □クラッチ・ポーチ
ロコデザイナーが日々の感性を作品に表現。身に着けてハワイの風や光を感じて。

ココで！
ジャナ・ラム・スタジオ・ストア→P141

## □トートバッグ
素材やロゴデザインにこだわったものが揃う。入手困難なショップオリジナルのトートも。

DEAN & DELUCA
HAWAII

ココで！
ハッピー・ハレイワ（ワイキキ店）→P132
ディーン＆デルーカ ハワイ→P181

## □スーパーマーケットのエコバッグ
レジ袋有料のハワイではエコバッグが大活躍。各スーパーには多彩なオリジナルバッグが。

日本でも使ってね

Foodland

ココで！
ホールフーズ・マーケット→P145

フードランドファームズ→P146

ターゲット→P148

# Perfect モデルコース

3泊5日

## Day 1

### 到着日は無理せず近場を探索
# ワイキキ中心に攻める！

日本発は夜でハワイ到着は午前中。移動の疲れもあってホテルで休みたいところだが、時差ボケを避けるためには太陽の光を浴びるのがおすすめ。カラカウア大通りやワイキキビーチを散歩して写真を撮ったり、おしゃれなカフェでひと息ついたり。ワイキキの空気を体感しよう。

ハワイ版、鯛焼きはこころカフェで
→P179

行列が絶えない人気店、バンザイ・バーガー
→P90

SNS映えするスポットがあちこちに

歩き疲れたらひと息つけるカフェもいろいろあります

サンライズ・シャック
(→P179) はヘルシーな
ドリンクがいろいろ

**09:00** ホノルル到着＆ワイキキへ

空港から市内へは、参加しているツアーの
送迎バス、個人旅行ならタクシーや
エアポート・シャトルを利用しよう。

**11:30** ランチはハワイらしい料理を

最初の食事は、気軽な雰囲気で食べられる
ハンバーガーやプレートランチを。→P84、90

**14:00** ワイキキビーチ＆
カラカウア大通りを散策

ワイキキビーチやワイキキのメインストリート、
カラカウア大通りを散歩。SNS映えする
スイーツやショップがいっぱい！
→P176、178

**15:00** ホテルにチェックイン

時差ボケにならないように、
荷物を置いたら、さあ出発！

**16:00** ロイヤル・ハワイアン・
センターでお買物

ワイキキのメインスポットでお買物。
頼まれたおみやげは初日に
調達しておくのがおすすめ。→P180

**18:00** フードコートで夜ごはん

初日は食べたいものを食べるのが一番。フード
コートならみんなが食べたいものがあるし、
カジュアルな雰囲気で気分も楽。→P106

Choice!

●パイナ・ラナイ・フードコート
ハンバーガー専門店やベトナム料理、ス
テーキにスイーツも。→P107
●ワイキキフードホール
ガーリックシュリンプの人気店やイタリ
アンのお店も。→P106

**20:00** ロングス・ドラッグスに立ち寄り！

ドリンク類やスナック、サンスクリーンなど、
滞在中に必要なものを買っておこう。→P151

サーフボードが並ぶナル・ストレージ →P176

3泊5日　モデルコース

FOOD·GAS·SHOPS·BEACHES
HALEIWA NORTH SHORE

WAVE OF THE WINTER
$30,000
WHO'S NEXT?

カイルアは
個性的なショップが
多いのでチェック

SCUBA

RIP CURL
BOARDSHORTS

$40　$20　NOW $44

# Day 2

## 脱ホノルル！
## 憧れのロコタウンへ

ワイキキとは違った魅力をもつ
ローカルタウン。ノスタルジック
な雰囲気が残るハレイワや、ヘ
ルスコンシャスなカイルアなど、
ちょっと足をのばしてみよう。戻
ったらアラモアナセンターへ。
ハイブランドからローカルショッ
プまで300店以上もある巨大な
アラモアナセンターで買物三昧
の午後を過ごしたい。

ハレイワでのどを
潤すなら
シェイブアイス！ →P92、201

ディナーは
ワイキキに戻ってから
ゆっくりと

おしゃれな雑貨が買えるウォーベン・バイ・シャオリン →P196

★ Hawaii Perfect Model Course ★

ハレイワには
フォトジェニックな
スポットがいっぱい❤

手作りアクセや
おしゃれ雑貨の
レイナイア →P134

**10:00** カイルアorハレイワさんぽ
ヘルスコンシャスなカイルア、古きよきハワイ
を感じるハレイワ、どっちへ行く？ →P194,200

**14:00** アラモアナセンターでお買物
300以上もの店舗が集まるハワイ最大の
ショッピングセンターへ。
おしゃれ雑貨やグルメなギフトも買える。 →P114

**17:00** 海の上からサンセットを眺める
夕日に染まるワイキキの海を
カタマランから眺めるロマンティックな
クルーズに参加してみよう。 →P156

スピリット・オブ・アロハの
サンセットクルーズ
→P156

**19:00** お得ディナーで充実の夜
ロコ御用達のおいしくてリーズナブルなレストランへ。
ビアレストランでカジュアルな夕食もおすすめ。

Choice!
●ティム・ホー・ワン ワイキキ
おいしいうえにコスパもよい有名なレス
トランで飲茶料理を。 →P104

**21:00** ワイキキの夜に乾杯
ハワイアンライブも楽しめるビーチバーや、夜景が
きれいなテラスバーで、ハワイの夜に乾杯！

Choice!
●ザ・ビーチ・バー
ワイキキビーチを見ながらハワイアンラ
イブも楽しめる。 →P159
●スカイワイキキ
ネオンきらめくワイキキの夜景を楽しめ
るルーフトップオイスターバー。 →P161

モデルコース

3泊5日

©KEVIN LYONS

# Day 3

## ワイキキ〜カカアコ〜ワードで
# 最旬ハワイを発信！

かつて倉庫街だったエリアがクールなアートスポットに変わったカカアコ、ハイセンスなコンドミニアムと商業施設が融合するワード、進化を続けるワイキキ、これからのハワイを発信する、最旬ハワイを体感しておこう。

ダウン・トゥ・アースではベジタリアンバーガーや、オーガニックのピタヤボウルも
→P150

ソルトにもウォールアートがあります

ダウン・トゥ・アースのトートバッグコーナー →P150

**08:00　ホテルのレストランで優雅な朝食**
波の音を聞きながらオーシャンフロントのレストランでおいしい朝食を。（→P76）

**10:00　カカアコ・ウォールアートを見学**
お気に入りのアートをパシャ！事前に地図で場所を確認しておこう。（→P188）

**12:00　話題のソルトでランチ**
おしゃれなカフェやレストランがあるソルトでランチを楽しもう。（→P189）

**15:00　カカアコ＆ワードでスーパー三昧**
オーガニックでヘルシーなアイテムを扱うスーパーマーケットへ。

**Choice!**
●ホールフーズ・マーケット
イートインスペースでデリやドリンクも楽しめる。（→P144）
●ダウン・トゥ・アース
ヴィーガン向けのフードやオーガニックな食材などが揃う。（→P150）

**18:00　ビッグステーキでディナー**
せっかくハワイへ来たのだから、最終夜のディナーはアメリカンなステーキを堪能したい。肉厚ステーキでお腹も大満足！（→P88）

**Choice!**
●ウルフギャング・ステーキハウス
店内の熟成庫でドライエイジングした熟成肉を豪快に！（→P88）
●ストリップステーキ、ア・マイケル・ミーナ・レストラン
有名シェフ、マイケル・ミーナ氏がプロデュース。（→P89）

**18:00　最後のナイトショッピング**
ワイキキの店は22時頃まで空いているところも多いので、ロス・ドレス・フォーレスなどチェックしよう。（→P142）

夜のワイキキ・ビーチ・ウォーク →P183

ハウ・ツリー（→P76）のテラス席も素敵

**Day 4**
帰国日だってムダにしない
**最後まで**ワイキキを**楽しむ！**

フライトの時間によりホノルルに何時まで滞在できるかはさまざま。午前の早い時間に発つ便の場合は空港で朝ごはんと最後のショッピングを。午後発ならば午前中に最後のお楽しみを。

## Short Short モデルコース

ハワイ旅を深めるために
テーマに沿って回ってみよう。
グルメや文化、トレッキングなどやりたいことを
とことん楽しもう。

➡揚げたてを食べたいマラサダ

🍩ロコが大好きなロコモコを一度は食べすべし！

←お気に入りのウォールアートを見つけに行こう

## フォトジェニックコース

写真を撮ることをメインに、ウォールアートで話題の街、カカアコや周辺のおしゃれスポットをめぐろう！カカアコ内の移動はビキ(→P227)を使うのもあり。

**TIME 10時間**

**Start**

**8:00** ワイキキのハワイアン・アロマ・カフェで
**おしゃれ朝食**
フレンチトーストやアサイボウルなど、絵になるメニューがいっぱい。→ P98

ザ・バスで約30分

**10:00 カカアコでウォールアートを**
カカアコを散策。お気に入りのウォールアートをパシャ！ P188

徒歩で約15分

**12:00 絵になるスーパーマーケットへ**
カカアコのダウン・トゥ・アースでヘルシーなアイテムやロゴグッズをお買物。→P150

徒歩で約15分

**13:00 SALTでグルメなプレートランチ**
ヘルシーなメニューで人気のパイオニア・サルーン。いろどりもキレイだから旅の記念にパシャっと一枚。→ P85

**15:00 ワイキキに戻ってビーチ散策**
ビーチを散歩しながら、思い出の写真をいっぱい撮ろう。疲れたら、フォトジェニックなスイーツで糖分チャージ！ → P42

**18:00 ワイキキのサンセットもお忘れなく**
赤く染まるワイキキの街や、空を眺めるならハウス ウィズ アウト ア キーがおすすめ。→P157

**Goal**

↓どこを撮っても絵になるのがワイキキビーチだ

↑おいしくて、ヘルシーで、フォトジェニック

## おいしいものシェアコース

ハワイでは食べたいものがいっぱい。だから同行者と料理をシェアするのがおすすめ。おいしいものをちょっとずつ、数多く食べてお腹も心も満足。

**TIME 9時間**

**Start**

**8:00** ワイキキの高橋果実店で
**サンドイッチ朝食**
朝は軽くサンドイッチで朝食。→ P81

ザ・バスで約10分

**10:00** カパフルの
**レインボー・ドライブインへ**
ロコ御用達のレインボー・ドライブインで名物のロコモコをシェア。→ P82

徒歩で約15分

**12:00** カパフル通りを歩いて
**レナーズへ**
こちらも王道！マラサダの老舗レナーズへ。店頭でアツアツを頬張ろう。→ P80

ザ・バスで約25分

**13:00** ヨーグル・ストーリーで
**紫色のパンケーキを**
紫色のイモ、ウベを使ったパンケーキは必食。→ P74

徒歩で約5分

**14:30** アラモアナセンターのフードランド・ファームズで
**グルメみやげ探し**
小腹が空いたらデリを買ってイートインコーナーで食べることもできる。→P146

ザ・バスで約20分

**17:00 夜はポケ丼をテイクアウト**
ポケ・バー ダイス＆ミックスでゲットして、ホテルでビールでも飲みながらしめくくり。→ P83

**Goal**

↓甘いものチャージと水分補給を忘れずに

↑気軽に食べるならテイクアウトするのもおすすめ

↑ロイヤル・ハワイアン・センターのウクレレレッスン

## カルチャー体験コース

ハワイ文化を食も含めて体験するコース。ハワイでなきゃできない、食べられない、ハワイを実感するグルメとアクティビティの半日。

**TIME 5時間**

**9:00** ザ・ベランダで
**ワイキキビーチを見ながら朝食**

歴史あるホテルでワイキキビーチを眺めながら、古きよきハワイに思いをはせながら極上の朝を。（→ P77）

*Start*

徒歩で約5分

**11:00** ロイヤル・ハワイアン・センターの
**カルチャー体験に参加**

無料のカルチャーレッスンに参加。予約不要なので気軽に参加できるのがうれしい。（→ P60）

徒歩で約3分

**12:30** サムズ・キッチンで
**ガーリックシュリンプ**

名物のガーリックシュリンプをワイキキで。（→ P87）

徒歩で約15分

**14:00** コナ・ベイ・ハワイで
**アロハシャツに触れる**

アロハシャツはハワイ発祥の文化。移民の歴史にも思いを馳せよう。（→ P138）

*Goal*

➡ハワイの文化、アロハシャツにも触れてみたい

⬆朝はハワイの食材からたっぷりチャージを ⬇ハワイでないとできないカルチャー体験だ

---

↓ワイキキをダイヤモンドヘッドの頂上から眺めよう

## ワイキキ絶景コース

ワイキキを少し遠くからみてみよう。緑多い自然と林立するホテル群がなんともいえない美しいコントラストをみせてくれる。

**TIME 6時間**

**7:00** ワイキキからザ・バスで
**ダイヤモンドヘッドへ**

前日に軽めの朝食を買っておこう。

*Start*

ザ・バスで約20分

**7:30** **ダイヤモンドヘッド登頂**

気温が高くない朝早い時間に登るのがおすすめ。日陰があまりないので、帽子など日焼け対策は万全に。（→ P62）

ザ・バスで約10分

**9:30** モンサラット通りに立ち寄って
**パンケーキ朝食**

おしゃれなカフェが多いモンサラット通り。フルーツたっぷりのパンケーキで人気のカフェ・モーリーズには、アサイボウルやフライドライス、エッグベネディクトなど選択肢もたくさん。（→ P99）

ザ・バスで約30分

**11:00** アトランティス・サブマリンで
**海中探検！**

今度は海中の美しさを体験。トロピカルフィッシュやウミガメなどの生き物に出会えるハワイの海を満喫しよう。（→ P55）

*Goal*

⬆ワイキキは海に潜っても美しい。カラフルな熱帯魚もたくさん

⬇フルーツたっぷりでゴージャスなパンケーキは登頂のご褒美

⬆トレッキング途中にもフォトスポットがいろいろ

⬇途中難所もあるが、ダイヤモンドヘッドは初心者でも登りやすい

DIAMOND HEAD
STATE MONUMENT

↑イオラニはハワイ語で「天国の鷹」という意味

←カピオラニ・パークでジョギングするロコも多い

## ヘルシーハワイコース

いつもよりちょっと早起きして、ワイキキを散歩。海を眺めながらジョギングするのも気持ちいい。午後はオーガニックスーパーへ。

**TIME 6時間**

### 7:00 早起きしてジョギング

ワイキキの朝はとっても気持ちいい。朝の光を浴びながら、ワイキキビーチやカピオラニ・パークでジョギングするのもおすすめ。（→P174）

徒歩で約5分

### 8:00 ワイキキビーチで朝ピクニック

タッカー＆ベヴィー・ピクニックフードでサンドイッチやスムージーをテイクアウト。ビーチでゆっくり朝食を。→P81

ホテルに戻って着替えたらザ・バスで移動。ザ・バスで約20分

### 11:00 ヘルスコンシャスなスーパーマーケットで買物

ワードのオーガニックフードのスーパーマーケット、ホールフーズ・マーケットで買物。ヘルシーなグルメアイテムなどをチェック。トートバッグも。→P144

徒歩で約10分

### 13:00 アラモアナのハイブレンド・ヘルス・バー＆カフェでランチ

オーガニックにこだわったカフェでヘルシーランチを楽しもう。→P97

**Goal**

← 限定デザインのトートバッグは絶対ゲットしたい

↑ハワイ産のフルーツが並び甘い香りも漂う

↑野菜たっぷりのヘルシーサンド

## ヒストリカル☆ハワイコース

ダウンタウンには古きよきハワイを感じる建物が残されていて、そこがおしゃれなレストランやセレクトショップに。美術館めぐりしながらタウン散策も。

**TIME 10時間**

### 8:00 ワイキキを出発

朝食は軽めに済ませて出発！（→P81）

ザ・バスで約30分

### 9:00 イオラニ宮殿でツアーに参加

日本語オーディオツアーもあり、深く学ぶことができる。→P191

徒歩で約15分

### 11:30 ダウンタウンで早めのランチ

飲茶やエスニックなどの店が多いエリア。オーキムズ・コリアン・キッチンはロコに話題のヘルシーコリアン。→P104

徒歩で約5分

### 13:00 セレクトショップでおしゃれ雑貨を探す

昔ながらの古い建物の中が、実は最先端のカルチャーを発信するショップだったりするのがダウンタウンのユニークなところ。→P192

ザ・バスで約10分

### 14:30 ホノルル美術館でアート鑑賞

オアシス的な存在の静かなミュージアム。ショップでおみやげ探しもいい。→P59

ザ・バスで約20分

### 18:00 カカアコのハイウェイ・インでハワイアン・プレート・ディナーを

1947年創業の店で、カカアコ店は3号店。正統派のハワイ料理が味わえる。→P101

**Goal**

↓17〜18世紀のヨーロッパ美術を展示する部屋

↓中庭にも美術品が展示され回廊を歩くだけでも楽しい

↓公式行事が行われていたイオラニ宮殿の「王座の間」

↑フレッシュな素材の味を堪能しよう

↑オープンエアで歩くだけでも気持ちいいアラモアナセンター

## アラモアナセンター攻略コース

ハイブランドからローカルブランド、スーパーマーケットまで何でもある大型ショッピングセンター。まずはココをチェックしておくべし！

TIME
3時間

**10:00 店内MAPを手に入れる**

まずはインフォメーションかゲストサービスで館内マップを入手。最新情報もゲット。(→P114)

Start

徒歩で約5分

**10:10 かわいい旬なものや限定アイテムをチェック**

見ているだけでも楽しい雑貨がいっぱい。友だちへのおみやげ探しに。(→P117)

↑デパートのオリジナルアイテムもおみやげにいい

徒歩で約15分

**10:50 気軽にフードコートでドリンクブレイク**

オープンエアなので少し動くとのどがカラカラ。こまめに水分補給を。(→P107)

徒歩で約15分

**11:15 ターゲットでプチプラみやげ探し**

センスのいいグッズが揃う大型スーパーで手ごろな雑貨や文具をチェック。(→P148)

徒歩で約15分

**11:45 高級デパートで限定アイテムをハント**

センター内の高級デパートには限定品もラインナップ。ここでしか買えないアイテムをゲットしよう。(→P116)

徒歩で約15分

**12:15 フードランド・ファームズでデリランチ**

Goal

アラモアナセンターのフードランド・ファームズはデリやイートインスペースが充実！(→P146)

↓お腹が空いたらフードコートへ直行！

↓ハワイ限定デザインも多いのでチェックしてみて

←手軽に楽しめるスーパーのデリはロコにも好評

---

↑ロック・ア・フラはワイキキ最大級のハワイアンショー

## ワイキキの夜あそびコース

フラなどのエンターテイメントを楽しめるショーやバー、ホテルのテラスバーなど、ワイキキの夜遊びは楽しいメニューがいっぱい。

TIME
5時間

**18:00 ビーチサイドのバーでサンセットを楽しむ**

ザ・ビーチバーなどホテルのビーチサイドにあるバーで、ププ（おつまみ）とカクテルを。(→P159)

Start

**19:30 エンターテインメントを堪能**

ハワイの音楽を堪能できるロック・ア・フラのショーへ。食事が付いたコースもあり。(→P162)

徒歩で約5分

**21:30 ハワイ産クラフトビールを飲みに**

ローカルや本土からのツーリストで遅くまで賑わっているのがビアレストラン。ヤードハウスやマウイ・ブリューイング・カンパニーは料理も評判。(→P164)

OR

**23:00 テラスバーでまったりと**

オープンエアが心地いいバーで夜を楽しむのもアリ。ハイドアウト・アット・ザ・レイロウなどホテル内にあるバーがおすすめ。(→P160)

Goal

↓おいしいビールとププでハワイの夜に乾杯

↓ファイヤーピットに火が入り幻想的になる

↑これぞアメリカ！といったビッグな料理も楽しい

↓ホテルのビーチサイドバーでは優雅な気分になれる

# ★荷物のすべて★

常夏の島・ハワイには何を持って行く？
持っていてよかったもの、
あると便利なものはなに？
パッキングのコツも含めてご紹介。

## スーツケースサイズ

滞在日数にもよるが、60ℓのサイズが運びやすさの面でもおすすめ。大切な荷物を守るためにもハードタイプのものを。

## 行きのパッキング

ホテルに着いてから使うものはスーツケースへ。荷物の仕分けにはジップロックを活用すると便利。帰りのおみやげ用に空間に余裕を持たせて。

ホテル到着後に必要なものはスーツケースにイン！

シューズやバスグッズなど重いものは下にいれよう

---

## ★衣類

### 乾季 5～10月

気温は高いが湿度が低いので夏服で快適に過ごせる。場所によっては冷房が効きすぎているところもあるので、薄手の上着で調節を。

| 男性 | 女性 |
|---|---|
| Tシャツ | Tシャツ |
| ショートパンツ | リゾートワンピ |
| 長ズボン | ショートパンツまたはスカート |
| | 長ズボン |

### 雨季 11～4月

スコールが多くなるため折り畳み傘があると便利。日が差せば半袖OKだが、朝夕は気温が下がり、肌寒いので上着は必携。

| 男性 | 女性 |
|---|---|
| Tシャツ | Tシャツ |
| 上着 | 上着 |
| ショートパンツ | ショートパンツまたはスカート |
| 長ズボン | 長ズボン |

### ＋ オールシーズンあると便利

**パーカーやカーディガン**
冷房対策に薄手のものが一枚あると重宝。シワになりにくいものがおすすめ

**サングラス**
ハワイの日差しは強烈。眩しさを軽減して目を保護するためにも必需品

**帽子**
直射日光を避けて熱中症を予防する。日焼け防止にはツバ広タイプを

---

## ★ビーチグッズ

ハワイに水着は必需品。濡れた物に備えてビニール袋を何枚か持参しよう。

**水着**
現地でも買えるが、すぐに海やビーチに向かいたいなら1枚は持っていこう

**防水スマホケース**
スマホは水が大敵。防水仕様でないタイプの人は、ぜひ装着して使いたい

---

## ★シューズ

シューズ類はビーチサンダルだけでなくTPOに合わせて持参。かさばるので、スーツケースの底が定位置。

**ビーチサンダル**
海やプールへの必需品。ハワイはデザイン豊富に揃っているので現地調達しても

**スニーカー**
タウン散策や長丁場のショッピング、トレイルなどに必要。履きなれたものを持参

**靴**
ちょっと高級なディナーを楽しむ予定がある人は必須。ヒールのある靴を

---

## 意外と気づかない！あると便利なもの

| | |
|---|---|
| ☐ ウェットティッシュ | 汗拭き、トイレ、レストランなどで活躍 |
| ☐ 筆記用具 | 機内での税関申告書の記入などで必要 |
| ☐ 歯ブラシ・歯磨き粉 | ホテルのアメニティにないことも |
| ☐ ジップロック | 買物、機内でちょっとした荷物入れにも |
| ☐ ビニール袋 | 濡れた物や洗濯物を入れるのに重宝 |
| ☐ エコバッグ | スーパーでレジ袋はもらえない |
| ☐ 小さなリュック | トレッキングなどの必需品 |
| ☐ 延長コード | ホテルのコンセントの数が少ないケースもあり |
| ☐ 輪ゴム | ものをまとめるのに何かと便利 |
| ☐ マスク | 機内が乾燥するので最低行き帰り分は必要 |
| ☐ 雨具 | 雨に備えて、あると安心 |

---

## ★コスメ

機内で使うもの以外はスーツケースに。もし試供品があるなら、それを持参。スペース削減になる。

**コンパクト**
ケースの中にコットンをはさめば中の化粧品のひび割れ防止になる

**リップ**
ジェル状のリップクリームや口紅は液体扱いになるため持ち込み制限の対象に

## 帰り のパッキング

楽しい旅のあとはおみやげもたくさん。増えた荷物は隙間を埋めるようにして詰めこもう。荷分け袋の空気をしっかり抜くこともポイント。

> おみやげをいっぱいいれたいなら、半分空けておくと便利！

## ★スーツケースにいれる食品

重たい食品やかさばる食品はスーツケースへ。ただし、検疫を通さなければならないものは手荷物へ。

破損が心配なビン入りの食品は、タオルや衣類にくるんでビニール袋に入れると安心

## ★コスメもスーツケースへ

人気のハワイアンコスメもいろいろ買うと重くてかさばる。形や大きさもさまざまなので詰め方に工夫を。

同じ形をまとめたり、似通った形のものを互い違いに詰めたり。荷物の隙間に入れるのもひとつの方法

## ★おみやげの定番、チョコやクッキーも

チョコやクッキーをおみやげにする人も多いはず。スーツケースの上方に入れて持ち運ぼう。

箱がつぶれて中身が壊れないように、重い荷物や角のある荷物のそばに入れることは避けたい

## ★手荷物のこと

危険物の持ち込み禁止。機内への無料預け入れ荷物は重量やサイズ制限があるので詳細は利用する航空会社に確認を。

◎マスト　○あると便利　△必要ならば

| | |
|:---:|:---|
| ◎ | パスポート |
| ◎ | 航空券（または引換券） |
| ◎ | 旅行関連書類（日程表、予約関連書類など） |
| ◎ | お金（日本円＋アメリカドル） |
| ◎ | クレジットカード |
| ◎ | 海外旅行保険の控え |
| ◎ | スマートフォン（スマートフォン充電器） |
| ○ | ポケットWi-Fi |
| ○ | カメラ（予備バッテリー、SDカード） |
| ○ | 筆記用具 |
| ○ | ガイドブック |
| ○ | サングラス |
| ○ | 携帯用スリッパ |
| ○ | 上着 |
| ○ | マスク |
| ○ | 耳栓 |
| ○ | 歯磨き粉※ |
| ○ | 日焼け止め※ |
| △ | ハンドクリーム※ |
| △ | 薬用リップクリーム※ |
| △ | メイク落としシート※ |
| △ | 化粧水※ |
| △ | コンタクトケース、保存液※ |
| △ | パソコン |

※液体物は100mℓの個々の容器に入れて1ℓ以下のジッパー付き袋に入れること

## ホテルにたいていあるもの・ないもの

**ある**
- □ バスタオル
- □ ヘアドライヤー
- □ シャンプー
- □ コンディショナー
- □ ボディソープ

**ない**
- □ 歯ブラシ
- □ スリッパ
- □ 寝巻き
- □ 変圧器

# ★シーズンカレンダー★

ハワイのイベントに合わせて旅に出るのも楽しみのひとつ。
旅行プランを立てるときの参考にしてみて。

## 旅の目的になるBIGイベント3

### ハワイ・フード&ワイン・フェスティバル…10月中旬～11月上旬

ハワイ最大の美食の祭典。有名シェフ、ワインメーカーなどが多数集結。オアフ、ハワイ、マウイの3島でハワイの食材をいかしたイベントを開催。

### ホノルルマラソン…12月上旬

アメリカ3大マラソンに次ぐ規模の大きさで、日本からの参加者が多い。同じコースでフルマラソン車椅子、ラン&ウォーク（10km）も行われる。

### ホノルル・シティ・ライツ…12月上旬～下旬

ダウンタウンの市庁舎や街並みが美しいイルミネーションで飾られる。初日は、点灯式のあとにエレクトリック・パレードも開催。

## 3大祝日は店は休業

4/20　イースター★（2025年の予定）
11/28　サンクスギビング・デー★（2024年の予定）
12/25　クリスマス

ワイキキにあるショップやレストラン以外は休業するため、観光客がワイキキに集中。レストランの予約も取りにくくなるので注意。

## ビッグセールは夏と冬の2回

夏のセールは7月～8月中旬。サンクスギビング・デー翌日からお正月まで開催される冬のセールの初日、"ブラックフライデー"は特に大盛況。

## ハワイのフルーツにも旬がある!

常夏とはいえハワイにも季節があり、フルーツがおいしい時期がある。日本では高級なフルーツも旬を狙えばお手ごろな値段に。

| フルーツ名 | 旬の時期 | 備考 |
|---|---|---|
| マンゴー | 5～10月 | 甘味が強い |
| パパイヤ | 5～9月 | 栄養が豊富 |
| パイナップル | 5～9月 | バランスの良い甘味 |

## ホエールウォッチングは冬!

雨季の12～4月頃は、ザトウクジラが子育てや出産で暖かいハワイの海にやってくる。ツアーも多数出ているのでチェックしよう。

## 虹が出やすいのは10～3月!

レインボーステート（虹の州）とよばれるハワイ。雨季の冬は虹が出やすくなる。雨が止む頃、太陽と反対方向を見てみよう。

## 主な祝祭日

平均気温（℃）　日の出　日の入り

**1月**
●1日…ニューイヤーズ・デー
世界共通の新年。クリスマスの飾りが残るなか、門松を見ることも
●20日…キング牧師記念日 ★
人種差別の撤廃を求めた指導者、キング牧師をたたえる日
東京 5.4　ホノルル 23.0
45.7　59.7
出 7:11　入 18:12

**2月**
●17日…プレジデント・デー ★
歴代の大統領をたたえる日。全米各地でさまざまな行事を開催
23.3　6.1
49.4　56.5
出 7:01　入 18:30

**3月**
●26日…プリンス・クヒオ・デー
ハワイ王朝の王子の誕生日。のちにアメリカ合衆国議会のハワイ準州代表を務めた
9.4　23.7
46.5　116.0
出 6:38　入 18:42

**4月**
●18日…グッド・フライデー（聖金曜日）★
●20日…イースター（復活祭）★
イエス・キリストの復活を祝うとともに春の訪れを祝う。ほとんどの店や銀行などが休業する
14.3　24.7
19.8　133.7
出 6:11　入 18:51

**5月**
●27日…メモリアル・デー ★
アメリカのために亡くなった戦没者を追悼する日
18.8　25.7
21.9　139.7
出 5:52　入 19:03

**6月**
●11日…キング・カメハメハ・デー
ハワイ諸島を初めて統一し、ハワイ王国を建国した初代国王・カメハメハ大王の功績をたたえる日
21.9　26.8
7.6　167.8
出 5:49　入 19:15

**7月**
●4日…アメリカ合衆国独立記念日
アメリカがイギリスから独立した日。赤・白・青のアメリカ国旗の色のものを身に着けて祝う
25.7　27.5
11.2　156.2
出 5:58　入 19:16

**8月**
●16日…州制施行記念日 ★
ハワイがアメリカ50番目の州になったことを記念する日
26.9　27.9
14.3　154.8
出 6:10　入 19:02

**9月**
●2日…レイバー・デー ★
労働者の日
23.3　27.5
21.7　224.9
出 6:18　入 18:36

**10月**
18.0　26.8
38.4　234.8
出 6:27　入 18:08

**11月**
●5日…選挙の日（偶数年のみ）★
●11日…退役軍人の日
●28日…サンクスギビング・デー ★
イギリスからの入植者が先住民とともに最初の収穫を祝ったことに由来。多くの店や銀行が休業する
12.5　25.5
42.3　96.3
出 6:41　入 17:50

**12月**
●25日…クリスマス
イエス・キリストの誕生を記念する日。この時期、ホノルルの街がイルミネーションで彩られる。多くの店や銀行が休業する
7.7　24.1
47.4　57.9
出 7:00　入 17:51

降水量（mm）

※上記の祝祭日、イベントの日程は、2024年5月～2025年4月のものです。★印の祝祭日は年によって日にちが変動します。
※平均気温・降水量は理科年表2024年版によります。日の出・日の入りは国立天文台サイト2024年のものです。

♪

*Sightseeing & Activity*

あそぶ

# Contents

# 知っておきたいこと10

## #観光&アクティビティ

はじめてでもリピーターでも、旅行前の不安はあるもの。それを解消する
お役立ち情報と、知っていれば何かとお得なスペシャル情報をここでご紹介。

## 01 ⚠

### 知らないと大変！
### ビーチでのNG行動まとめ

知らずにやってしまったことが法律違反
になることも。ビーチにでかける前に、
マナーとルールを確認しておこう。

**・公共の場所では飲酒禁止**
ホテルのビーチサイドバーやプライベート
エリアは問題なし。

**・ビーチは禁煙**
もちろん、電子たばこも不可。

**・ウミガメやモンクシールとの
　接触禁止**
絶滅が危ぶまれているアオウミガメ（ホ
ヌ）やモンクシールには一定の距離以上
に近づいてはいけない。当然、エサをあ
げたりさわったりするのもNG。高額な
罰金対象となる。

## 02 ⚠

### 海で、ビーチで
### 一年中泳げる？

ハワイの平均気温は20℃以上だが1〜3
月は肌寒い。当然水温も低いので泳ぐに
は時間帯を選ぶこと。

**・ビーチは
　要ラッシュガード**
強い日差しから肌を守って
くれるラッシュガードを着
るようにしよう。肌寒い冬
期は寒さ対策にもなる。

**・プールは午後に
　水温が上がる**
建物の陰になって午前中は
日があたらないというプー
ルもある。冬期や水温があ
がる午後がおすすめ。

## 03 ⚠

### ワイキキビーチの
### レンタル用品は
### 午前中には売り切れちゃう!?

ビーチパラソルやチェアは、ビーチにあ
るアクティビティデスクでレンタルでき
るが、数に限りがある。時間借りよりも
1日単位で借りたほうがお得なので、観
光客が多い時期は午前中にすべてレンタ
ル中ということもある。

## 04 🦻

### 被写体別
### 撮影テクニック

デューク・カハナモク像を通り側から撮
ろうとすると日中はほぼ逆光。午前の早
い時間か夕方近くがおすすめ。ダイヤモ
ンドヘッドなら太陽がしっかりあたる遅
めの午後に、ワイキキの西側から撮ると
きれい。

## 05 ⚠

### ビーチリゾートだけど
### 水着でホテル、はNG

たとえリゾートホテルでも水着でロビー
を歩き回るのはマナー違反。おしゃれな
パレオを巻いたり、ゆったりしたTシャ
ツやワンピースを羽織ったりするといい。
カバーアップを買ってリゾートならでは
のファッションを楽しむのがおすすめ。

知っておきたいこと

10

40

##  定額料金で安心のザ・バスは オアフ島一周が可能!

約80のルートがあるザ・バスは、オアフ島を網羅するように路線が伸びる。しかもどこまで乗っても一律1回$3。多くの路線の起点はアラモアナセンター（→P114）。ノース方面へは、西回りの52番を利用するのが一般的だが、時間に余裕がある場合は、東回りの88A番を利用すると、時間はかかるが海岸沿いを走り気持ちがいいのでおすすめだ。（→P224）

## 07  開放感がたまらない! テーマパークのサマーコンサート

例年夏季には、ワイキキ水族館（→P67）で「ケ・カニ・オ・ケ・カイ・サマーコンサート」が、ホノルル動物園（→P67）では「ワイルデスト・ショー」が、閉園後に何回か開催される。地元のエンターテイメントのライブが行われることで有名だ。開催日やアーティストの情報は、それぞれのサイトでチェックしよう。

## 08  イオラニ宮殿では 日本語ツアーがおすすめ

イオラニ宮殿（→P191）を見学するには、セルフガイドもあるが、日本人ドーセント（ガイド）によるツアー$32.95が、濃厚な話が聞けておすすめ。ドーセントによって専門分野が異なるので、通常のツアーとは違ったアプローチで深く、濃く宮殿を見られる。日本語ツアーの催行は、水・木曜の15時30分〜。時間や開催日は予告なく変更されるので、開催日や時間はサイトで確認してから予約を入れておくのがおすすめ。

## 09  泊まっていなくても タクシー乗車はホテルから

日本と違って流しのタクシーがないので、タクシーを利用するならホテルのフロント、レストランなどで呼んでもらおう。宿泊していない場合は、フロントかドアマンにいえばOK。大きなショッピングセンターにもタクシー乗り場がある。

### 【編集MEMO】

コレだけはいいたい!

ビーチでは荷物をおいたままにしない。貴重品は持っていかないか、ロッカーを利用すること。

道路の斜め横断、横断歩道を渡りながらのスマホは、歩行者でも罰金対象です。

人気のツアーは日本で予約しておきましょう!急に思い立っても満席なことがあります。

## 10  配車アプリをいれておこう

レンタカーを利用しないのなら、Uber（ウーバー）などの配車アプリが便利。日本でダウンロード、登録をしておこう。利用料金の支払はカード決済で、チップも後付けできる。配車を手配したときに金額が決まるので、メーターが上がるのを心配する必要もなし。

世界中のツーリストが集まる
# やっぱりNo.1なワイキキビーチへ!

**Read me!**

日々ツーリストで賑わいを見せる、ハワイを代表する一大リゾートビーチ。マリンアクティビティも盛んで思い思いに過ごせる。ハワイアンブルーな海に癒されよう。

ハワイのビーチといえば、ここ!
## ワイキキビーチ
● Waikiki Beach ★★★

東西約3kmにわたって広がるワイキキビーチは、クヒオ・ビーチ、グレイズ・ビーチなど複数のビーチの総称。ビーチによって雰囲気が異なるので、散策するのも楽しい。

**ワイキキ MAP：P11E3**

DATA
- 駐車場
- トイレ
- シャワー
- ライフガード

*Photogenic*
### ジェニックポイントいっぱい!
青い海や空をバックにしたヌケ感で、何気ない日常の風景が絵になる

*Catamaran Cruise*
### 脱・人混み!
### カタマラン・クルーズ
シェラトン・ワイキキ前のビーチに複数停泊するカタマラン。$30〜40で乗れるお気軽クルーズとして人気が高い。

あそぶ

ビーチ

アクティビティ

文化&歴史

トレイル

テーマパーク

On the bench, on the beach

## ベンチで、ビーチで ひたすらのんびり

穏やかに打ち寄せる波を見ながらリラックス。忙しい日常から解放される

クヒオ・ビーチにいます

デューク・カハナモク像はテッパンの撮影スポット

## お気に入りビーチを探そう

カラカウアアベニュー
ロイヤル・ハワイアン・センター S
デューク
●カハナモク像
N
200m

ロイヤル ハワイアン
ラグジュアリー コレクション リゾート H
シェラトン・ワイキキ・ビーチリゾート H
ハレクラニ H
C カハロア＆ウルコウ・ビーチ
D クヒオ・ビーチ
Kalakaua Ave.
カピオラニ・パーク

B グレイズ・ビーチ
徒歩7分
徒歩6分
E
徒歩9分

A フォート・デルッシー・ビーチ・パーク
徒歩5分
クイーンズ・サーフ・ビーチ
ワイキキ水族館

徒歩7分
徒歩4分
カイマナ・ビーチ F

| | | | |
|---|---|---|---|
| A | フォート・デルッシー・ビーチ・パーク<br>Fort DeRussy Beach | 🚶🚶🚶 | アラモアナ寄りにあり、後ろが公園になっていて木陰がある。ローカルが多く全体的にのんびりした雰囲気。毎週金曜夜のヒルトンの花火が見える。 |
| B | グレイズ・ビーチ<br>Grays Beach | 🚶🚶🚶 | ハレクラニやアウトリガーホテル前あたりのビーチ。その昔「カヴェヘヴェヘ」と呼ばれた癒しの海で、パワースポットとしても知られる。 |
| C | カハロア＆ウルコウ・ビーチ<br>Kahaloa & Ulukou Beach | 🚶🚶🚶 | 有名なホテル群の前に広がる、最も華やかなワイキキビーチの中心。澄んだ朝のビーチならダイヤモンドヘッドがくっきり映えてきれいに見える。 |
| D | クヒオ・ビーチ<br>Kuhio Beach | 🚶🚶🚶 | デューク・カハナモク像があり、いつも観光客で賑わっている。波が穏やかでファミリーが多い。無料のフラショーが行われるのもこのビーチ。 |
| E | クイーンズ・サーフ・ビーチ<br>Queen's Surf Beach | 🚶🚶🚶 | カピオラニ公園の前に広がるビーチで、ローカルが多く観光客は少なめ。比較的静かな雰囲気で、混雑していないので散歩におすすめ。 |
| F | カイマナ・ビーチ<br>Kaimana Beach | 🚶🚶🚶 | ワイキキの東、ワイキキ水族館の先に広がる。ローカルが週末出かけるビーチとして知られ、落ち着いた雰囲気。ここから見る美しい夕日は必見。 |

43

オアフ島屈指の美しい白砂ビーチはここ

# カイルアの2大ビーチをハシゴ

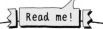
**Read me!**

オアフ島東側にある住宅地、カイルア。近所に住むロコが犬の散歩をしていたり、ファミリーで遊んでいたりと、ローカル感がたっぷり。エメラルドグリーンの海は必見！

ロコファミリーに愛されるビーチ
## カイルア・ビーチ
●Kailua Beach ★★

カイルアの街から徒歩で25分ほど白い砂浜とエメラルドグリーンの海のバランスが絶妙だ。ウインドサーフィンのポイントでもある。トイレやシャワーも完備。

`カイルア` **MAP：P12C2**

DATA
駐車場
トイレ
シャワー
ライフガード

約3km続く白砂のビーチを歩くのも楽しいわよ

魅力 **3** ポイント

### 1 カエレプル川
カイルア・ビーチパークの間を流れ、カイルア・ビーチへと流れる穏やかな運河。地元の住民がカヌーを楽しんでいる姿も。

### 2 木陰が多い
砂浜は陸に近づくほど木の実が混じった砂に。ビーチに木が多いので木陰でのんびり海を眺めたり昼寝したりするのもいい。

### 3 マリンスポーツに挑戦
一年中貿易風が吹いているため、カヤックやウインドサーフィンなどマリンスポーツが盛ん。レンタルショップもある。

---

**+ Plus!** | **カイルア・ビーチ近くでビーチランチを調達**

街のシンボル的マーケット
## カラパワイ・マーケット ●Kalapawai Market

カイルア・ビーチパーク駐車場からすぐ近くのノスタルジックな外観のマーケット。サンドイッチやデリ、ドリンクを販売。雑貨も扱っていてロゴアイテムはおみやげにもおすすめ。

`カイルア` **MAP：P12C2**

🏠306 S.Kalaheo Ave.
☎808-262-4359 ⏰6〜21時 ㊡なし

街から少し距離があるけどビーチは最高にキレイ！

一度は訪れたい隠れ家ビーチ

# ラニカイ・ビーチ
● Lanikai Beach ★★

カイルア・ビーチの東側、高級住宅が並ぶ海岸線の一角にある。ラニカイとはハワイ語で「天国の海」の意味。白砂のビーチに透明度が高いソーダ色の海は天国のよう。

カイルア　MAP:P12C2

DATA
駐車場
トイレ
シャワー
ライフガード

**アクセス**

**ザ・バス**…ワイキキから、8・20・23・42・E番などでアラモアナセンターへ。67番に乗り換え、約1時間でカイルアタウン着。カイルアビーチは「ワナアオ通り＋アワケア通り」で下車、徒歩15分ほど。ラニカイビーチは671番に乗り換え「アアラパパ通り＋カエレプル通り」で下車し徒歩約5分。カイルアの街の中心部から歩くと25分ほどかかる。

**車**…ワイキキの各エリアからH-1ウエスト、パリ・ハイウェイ、カイルア・ロードを経由して約30分。

モクヌイ島

モクイキ島

## 1 オーシャンアクセスがSNS映え

住宅街の細い道を抜けた先にあるラニカイ・ビーチ。白い小道と視界に飛び込んでくる青い海のコントラストが美しい。

## 2 絵になるのどかな風景

「天国の海」といわれるほどの美景で、波が穏やかなので子どもでも遊びやすい。ローカルが多くのどかな雰囲気。

## 3 プライベート感たっぷり

トイレやシャワー、パラソルなどの公共設備もない静かなビーチ。住宅街の先にあり、まさに隠れ家的な存在。

観光客にもローカルにも愛されるビーチ

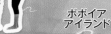

カイルア・ビーチ

ポポイア・アイランド

モクルア・アイランズ

ラニカイ・ビーチ

カラパワイ・マーケット

カオハオ・パブリック・チャータースクール

カイルア・ビーチ・センター

カエレプル川

ミッド・パシフィック・カントリー・クラブ

ラニカイ・カイヴァリッジ・トレイル

・カイルア・ディストリクト・パーク
・カイルア・ショッピングセンター

♪ 絵になるポイントがいっぱい

# まだある！絶景ビーチずかん

**Read me!**

サーファーが挑むような荒々しいビーチ、波が穏やかなビーチ…。オアフ島には個性的なビーチがいろいろ。ここでは思わず写真を撮りたくなる、絶景ビーチをご紹介。

熱帯魚にも会えます！

リーフ内には海の生き物がたくさん！

浅瀬までいろんな魚がいるよ〜

## DATA
- 駐車場
- トイレ
- シャワー
- ライフガード

シュノーケリングといえばここ！

## ハナウマ湾
●Hanauma Bay ★★★

オアフ島東南部に位置し、広く遠浅の湾に約500種以上の生き物たちが生息する海洋保護区。サンゴ礁が広がる湾は崖の上からの景観も美しい。環境保護のため入場前に環境保護動画の視聴義務があり、オンラインで要事前予約（予約は2日前の7時〜）。
URL pros10.hnl.info/hanauma-bay

**ハワイ・カイ** MAP：P3F4

☎808-768-6861（自動音声ガイダンス/英語） ⏰6時45分〜16時（ビーチ利用は〜15時30分/変更の場合あり） 休月・火曜 料$25（事前クレジット決済）、駐車場は1台$3（現金のみ）

**アクセス**
車…ザ・バスでは行きづらいため、アクセスは車で。H-1フリーウェイ・イースト終点からハワイ・カイ方面を走行。ココ・マリーナ・ショッピングセンターを通過し、坂を上った右側に入口がある。駐車場はすぐ満車になるので、早めの出発がおすすめ。

## シミュレーション

**1 受付**
自然保護のレクチャー（ビデオなど）を受けたら、坂を下ってビーチへ。

**2 用具レンタル**
マスク、フィン、シュノーケルのレンタルセットは1日$20。ロッカーレンタルは1日$10〜。⏰7〜15時（時期によって変わる）

**3 いざビーチへ**
ビーチの入江は水深35cm程度なので、初心者がシュノーケリングするのにおすすめ

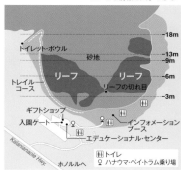

→ライフガードが常駐しているので安心

→案内所ではハナウマ湾のいろいろな情報を入手できる

-18m / -13m / -9m / -6m / -3m
トイレット・ボウル
砂地
トレイル・コース
リーフ
リーフ
リーフの切れ目
ギフトショップ
入園ゲート
インフォメーションブース
エデュケーショナル・センター
トイレ
ハナウマ・ベイ・トラム乗り場
Kalanianaole Hwy
ホノルルへ

## ウミガメに遭遇できるかも!?
# ハレイワ・アリイ・ビーチ
● Haleiwa Ali'i Beach ★★

ハレイワの住宅街の外れにあるビーチ。駐車場やトイレ、ベンチなどの設備が整っている。サーファーの姿も見られ、特に波の高い冬季には数多くのサーフィン大会の舞台となる。夏は静かで穏やかな海。

ハレイワ **MAP：P2B2**

アクセス H2フリーウェイを終点で降り、カメハメハ・ハイウェイをハレイワへ進む。

DATA
- 駐車場
- トイレ
- シャワー
- ライフガード

## ロコで賑やか、緑多いビーチ
# ワイメア・ベイ・ビーチ
● Waimea Bay Beach ★

冬は大波、夏は静かな入江で、シュノーケリングやスイミングにもおすすめのビーチ。ビーチ周辺には木々がしげり、木陰でのんびり過ごすのにちょうどいい。大きな岩の上からロコたちが海へ豪快にジャンプする様子をみるのも楽しい。

ワイメア **MAP：P2C1**

アクセス H2フリーウェイを終点で降り、カメハメハ・ハイウェイをワイメアへ進む。

DATA
- 駐車場
- トイレ
- シャワー
- ライフガード

## ローカルファミリーの憩いのビーチ
# ワイマナロ・ビーチ
● Waimanalo Beach ★

オアフ島の東部、雄大な自然が広がるワイマナロ地区にあるロコに人気のビーチ。広い白砂ビーチと遠浅で透明なクリスタルブルーの海は息をのむほど美しい。観光客が少ないので、荷物の安全対策は万全にして絶景を楽しもう。

ワイマナロ **MAP：P3F4**

アクセス カラニアナオレ・ハイウェイを東へ。カイルアの手前がワイマナロ。

DATA
- 駐車場
- トイレ
- シャワー
- ライフガード

## オアフ島でトップクラスの晴天率
# コオリナ・ビーチ
● Ko Olina Beach ★★

オアフ島の中でも西部のコオリナは晴天率が高く、湿度も低く過ごしやすい。4つの美しい人工入江の砂は素足で歩いても気持ちいい真っ白なパウダーサンド。近隣は高級リゾートホテルが立ち並ぶ。ワイキキとはまた違った魅力のあるビーチだ。

コオリナ **MAP：P2B4**

アクセス H1フリーウェイを西方向へ。ファーリントン・ハイウェイからコオリナへ。

DATA
- 駐車場
- トイレ
- シャワー
- ライフガード

- ワイメア・ベイ・ビーチ
- カイルア・ビーチ
- ラニカイ・ビーチ
- ハレイワ・アリイ・ビーチ
- コオリナ・ビーチ
- ワイマナロ・ビーチ
- ハナウマ湾

## +Plus! ハワイとウミガメの関係

ハワイ語でウミガメのことをホヌという。ハワイの人々にとって大切な守り神となっていて、キルトやステッカーなどにもよく使われる。

**意外と出会えるウミガメ**
人々に大切にされているホヌは身近なビーチなどでも見ることができる。

**ワイキキ沖でも見かける**
カタマランなどでも出会えることも。

**ウミガメに近づいても触ってもダメ**
ウミガメはハワイ州法で保護されている。6フィート（約2m）より近づいてはいけない。

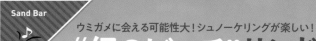

ウミガメに会える可能性大！シュノーケリングが楽しい！

# "幻のビーチ"サンドバーへGO!

## Read me!

サラサラの白い砂とエメラルドグリーンの海が美しい絶景ビーチ。砂浜へ行けるのは限られたツアーのみだが、マリンアクティビティもできて楽しい！

### シュノーケリングが楽しい！
水位が高いときはシュノーケリングを堪能。カラフルな魚を見られるチャンスも

### カヌーも人気です
広大な自然の中を思うままに漕いでいこう！すぐそこにウミガメがいるかも！

### 海上散歩でリラックス
どこまでも歩いていけるような遠浅の海に感激。潮位により砂浜が出現する

### SUPに挑戦！
幅の広いボードに乗ってパドルを漕ぐ。波が穏やかなので初心者も安心だ

◤ホヌ（ウミガメ）との遭遇率が高いのもサンドバーの特徴
◥遠浅なので子どもも楽しめる。天気のいい日は日焼け対策もお忘れなく

絶景の海はアクティビティ満載
# サンドバー
●Sandbar ★★★

潮の流れなどによって砂が堆積した浅瀬がサンドバー。潮が引くと白い砂浜が海面に出現。長袖があると安心。

**カネオヘ** MAP：P3E3

**アクセス** リケリケ・ハイウェイから830号線（カメハメハ・ハイウェイ）を左折し、直進すると港が見えてくる。ワイキキから約50分

潮の満ち引きや天候などで
水位や見え方が異なる

---

**+ Plus!** **おすすめツアーをPICK UP!** 下記のツアーならマリンアクティビティが楽しめるほか、おいしいランチも用意されている。

最も浅くて美しいポイントへ
## キャプテンブルース
## 天国の海シュノーケリングツアー ★★★
●Captain Bruce Tengoku no Umi Snorkeling Tour

**所要 約3時間**

カネオヘ湾での営業許可を最初に取得したツアー会社。ボートで向かう、一番大きくて広いメインサンドバーはまさに天国！数に限りはあるが、SUPや浮き輪の無料貸し出しも。

**カネオヘ** MAP：P3E3

☎ 808-922-2343 ⏰1便は9時〜、2便は12時15分〜（送迎時間除く）※夏季は変更あり ㊡日曜 ￥$149、2〜11歳$139、2歳未満無料（送迎、用具レンタル、軽食、飲み物代含む）URL cptbruce.com

ウミガメウォッチングもできる
## 天使の海ピクニック・セイル ★★★
●Tenshi no Umi Picnic Sail

**所要 約6時間**

ウミガメウォッチングやウォーターバレーボールなどのマリンアクティビティが充実。ランチは絶品と評判のハンバーガー。パテは船上で焼くので、美しい海を目の前にして熱々を味わえる。

**カネオヘ** MAP：P3E3

⏰9〜15時30分 ㊡日曜 ￥$181〜、3〜11歳$159〜、3歳未満無料（往復送迎、シュノーケルなどの用具レンタル、昼食、飲み物代含む）URL www.hawaiioption.com/tour/309521

あそぶ

ビーチ

アクティビティ

文化&歴史

トレイル

テーマパーク

青い海であこがれの体験！

# ドルフィンウォッチング ♥

**Read me!**

日本では沖縄や離島に行かないとなかなか見られない野生のイルカ。ハワイでは大自然の中をゆうゆうと泳ぐイルカを見に行くツアーがあり、大人気。遭遇率も高い！

海の守り神ホヌ
（ウミガメ）発見！

水着を着て、
コンパクトな
荷物できてね

シュノーケリングで熱帯
魚やウミガメに遭遇

イルカとの遭遇率は98％以上！

## ドルフィン＆ユー
●Dolphin & You ★★★

野生のイルカに会いに行くイルカウォッチングツアー。約30年の実績があり、イルカとの遭遇率は98％以上と評判。美しい自然が残るウエストコーストの海でイルカの姿に癒されたあとは、カヤックやスライダーで遊んだり。ハワイの青い海を満喫できる大満足の半日ツアーだ。

ワイアナエ **MAP：P2A3**

🏢307 Lewers St. 4F（オフィス）
☎808-696-4414
🕐6時〜12時30分（日本時間での問い合わせ）
❌なし URLwww.dolphinsandyou.com/ja/英
※日本語ガイドは1日1便のみ

**イルカ** *Profile*

| 和名 | ハシナガイルカ（くちばしが長いことに由来） |
| --- | --- |
| 体長 | 最大約2.4m |
| 体重 | 最大約90kg |
| 生息地 | ハワイ沿岸など暖かい海 |
| 習性 | 大きな群れで生息。生活パターンが決まっており、日中は沿岸の浅瀬にいる。スピンしながらジャンプする姿が英語名の由来 |

*Splash !*

群れで泳ぐイルカの
姿は壮観

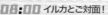

## Attention

### イルカに出合ったときの注意点

イルカは人間が急に海に飛び込んだり、水中で触れようと手をのばしたりすると驚いて逃げてしまうことも。もしイルカに近づくことができたら、手は背中の後ろで組んでバタ足しながら横にそっと寄り添うようにしよう。

---

### Plus!

### 11〜3月ならクジラにもあえる!

冬になるとアラスカからザトウクジラが育児と出産のためにハワイ沖へやってくる。豪快なジャンプは迫力満点!

---

## ツアー Schedule

ツアーは1日2便。ここでは1stツアー(1便)をご紹介。

### 体験 info

| 所要時間 | 約7時間30分 |
| --- | --- |
| レベル | 初心者〜中級者向け |
| 年齢制限 | 2歳以上から |

料金目安 $189、2〜11歳$146(ワイキキからのバス送迎、シュノーケルセットとライフジャケットのレンタル、ランチ、ドリンクを含む)

**05:00 START 集合場所へGO!**

**05:30**
大型バスで出発
Wi-Fi完備の大型バスで集合場所へお出迎え! オアフ島のウエストコーストへ約1時間のドライブ。1便には日本語を話せるガイドが同行。

**06:45**
ワイアナエハーバーに到着、乗船
ドルフィン&ユーのボート「Ariya号」でいよいよイルカを探しに出発! 安定性があり揺れが少ないボートは船内も広く、トイレも完備。

**07:00 航海の安全を祈る**
まずはエホマイというハワイアンチャントを唱え、プルメリアの花を海の神様に捧げる安全祈願のセレモニーを行う。そのあと、大海原へ。

**07:30**
目的地に到着。
シュノーケル、フィン(足ヒレ)、ライフジャケットはツアー代込み。泳ぎに自信のない人には浮き棒もある。ウエットスーツレンタルもあり(別途$10)。セキュリティの注意を聞いたらイルカ探しへ。

**08:00 イルカとご対面!**
イルカを探してオアフ島にウエストサイドをクルーズ。この辺りで見られるのはハシナガイルカ(スピナードルフィン)。

**09:00**
アクティビティも満載
イルカウォッチングのあとは、シュノーケリングスポットへ移動。ウミガメに出会ったり、カヤックや海上すべり台などで思い切り楽しもう。

**09:30**
ランチタイム
たっぷり遊んでお腹が空いたら、おいしいサンドイッチでランチタイム。みんなで楽しいひとときを。

**09:45**
フラエンターテイメント
旅の終わりは、クルーたちのフラショーを。最後は、みんなで一緒に踊ろう。船の上で撮った集合写真はEメールでプレゼントしてくれる。

**12:15頃 GOAL ワイキキ到着**

あそぶ

ビーチ

アクティビティ

文化&歴史

トレイル

テーマパーク

51

ハワイの海を思いっきり遊ぼう！

# 人気ビーチで楽しむアクティビティ

**Read me!**

ビーチでのんびりするのもいいけれど、ハワイに来たなら遊ばなくちゃもったいない。経験がなくても、用具がなくても、気軽に参加できるものを選んで体験してみよう。

ボードの上でバランスをとるのが難しい〜

パドルで漕いでゆっくり進もう

コツをつかめばスイスイ進むよ！

**Waikiki Beach** ワイキキビーチ DATA→P42

波に乗ることをイメージして陸上で練習

本場ハワイでSUPデビュー！

## ハンズヒーデマン・サーフスクール
●Hans Hedemann Surf School ★★

サーフィンの世界チャンピオンに2度輝いた経歴を持つハンズ氏のスクール。グループレッスンからハンズ氏の直接指導が受けられるプライベートレッスンまで、各種コースあり。

**ワイキキ** MAP：P11F2

🏨Ｈ クイーン カピオラニ ホテル1F
☎808-926-7778 ⏰9時〜、12時〜、15時〜 ㉡なし URL hhsurf.com 📱

**体験 info**
**SUPグループレッスン**
| 所要時間 | 約2時間 |
|---|---|
| 料金目安 | グループ（3〜4人）$95／1人 |
| 年齢制限 | グループレッスンは14歳以上 |
| レベル | 初心者向け |

ツアーでしか体験できない場所へ！

## カイルア・ビーチ・アドベンチャーズ
●Kailua Beach Adventures ★★

約2時間のカヤックツアーで、目指すは約500m沖にあるフラット島。ここはハワイ州が管轄する海鳥の保護区で、アクセス方法はカヤックのみ。ツアーでしかできない体験だ。

**カイルア** MAP：P12C2

🏨130 Kailua Rd., Kailua ☎808-262-2555 ⏰8〜17時 ㉡日曜 URL www.kailuabeachadventures.com/ 📱

**Kailua Beach** カイルア・ビーチ DATA→P44

ふたりで漕ぐとスイスイ進んで気持ちいい〜

一周約300mのフラット島を散策

カラフルな熱帯魚にも会えるかな?!

まずはパドルの漕ぎ方をレクチャー

**体験 info**
**ガイド付きカヤックツアー**
| 所要時間 | 約7時間（カヤック2.5時間、自由時間2.5時間含む） |
|---|---|
| 料金目安 | $179（※送迎、各種レンタル、昼食、ロッカー、更衣室含む） |
| 年齢制限 | 13歳以上（18歳未満は親権者の同伴、17歳未満はカヤックに親権者の同乗が必要）。妊娠中の人、泳げない人は参加不可 |
| レベル | 初心者〜中級者向け |

## レンタルでいろいろ楽しむ
# ワイキキ・ショア・ビーチ・サービス
●Waikiki Shore Beach Service ★★

アウトリガー・リーフ・ワイキキ・ビーチ・リゾートの堤防近くにある。サーフボードをはじめ、カヤックやSUPのパドルボードなど、さまざまなアイテムを取り揃えている。

**ワイキキ** MAP：P10A4

🏠 2161 Kalia Rd. ☎808-922-2999 ⏰8～18時（6～9月は～19時）🌧雨天時
URL www.wsbservice.com

ワイキキビーチ

パラソルのレンタルで快適ビーチ遊び

### 体験 info
**パラソル＆ビーチチェアレンタル**

| 所要時間 | 終日利用可 |
|---|---|
| 料金目安 | $22～60 |

※10時までにパラソルとビーチチェアを申し込むと通常料金よりも割安になる

---

ワイキキビーチ

空の上からのワイキキビーチは絶景

横並びのシートだから散歩中の会話も弾む

## まるで鳥になった気分
# ハワイアン・パラセイル
●Hawaiian Parasail ★

最高高度150mからハワイの絶景を楽しむことができるアクティビティ。2～3人横並びのシートで会話をしながら美しい海と陸地のコントラストを堪能。爽快な風が最高に気持ちいい。

**ワイキキ** MAP：P6A4

🏠Ⓗヒルトン・ハワイアン・ビレッジ・ワイキキ・ビーチ・リゾートのラグーン向かいの駐車場横に集合 ☎808-591-1280 ⏰8～17時 🚫なし
URL hawaiianparasail.com/ 🎫

鳥になった気分で楽しんで

### 体験 info
**パラセイリング**（高度122m）

| 所要時間 | 1.5時間 | 料金目安 | $84 |
|---|---|---|---|
| 年齢制限 | 5歳以上 | | |
| レベル | 中級～上級者向け | | |

---

## 水中を泳ぐウミガメに出合う
# ワイキキカメ大学
●Waikiki Kame Daigaku ★★

ワイキキ沖のダイヤモンドヘッド周辺で野生のウミガメや熱帯魚と感動のシュノーケリング。ポイントまではクルーズも楽しめ、ラッキーな日にはイルカや冬季はザトウクジラが見られることも。

**ワイキキ**

🏠 PO Box 8042 Honolulu HI, 96830 ☎808-636-8440
⏰9時～ 🚫ホノルルマラソン開催日 📅🎫
URL www.iruka.com/Oahu.htm ✉info@iruka.com

ワイキキビーチ

つかの間のクルーズも楽しもう

ウミガメは「幸せをよぶ」といわれる

### 体験 info
**シュノーケリングツアー**

| 所要時間 | 2.5～3時間 |
|---|---|
| 料金目安 | $125、3～11歳$100、乗船のみ$90 |
| 年齢制限 | 特になし |
| レベル | 初心者向け |

---

Haleiwa Ally Beach
ハレイワ・アリイ・ビーチ
DATA→P47

レンタルボードも豊富に揃う

カヤックのレンタルもある

## 街きってのサーフショップ
# サーフ＆シー
●Surf-n-Sea ★

オーシャンスポーツ全般のアイテムを扱い、サーフィンSUPなどのレンタル＆レッスンも。建物は州から歴史的建造物の指定を受けている。

**ハレイワ** MAP：P12C1

🏠 62-595 Kamehameha Hwy.
☎808-637-7873 ⏰9～19時（レッスンは10時～、13時～）🚫なし

### 体験 info
**サーフィンレッスン**（初心者）

| 所要時間 | 2～3時間 | 料金目安 | $85 |
|---|---|---|---|
| 年齢制限 | 特になし | | |
| レベル | 初心者向け | | |

53

空でも、海でも、陸でも遊びつくそう！

# 話題の乗り物でホノルルをEnjoy♪

**Read me!**

ダイヤモンドヘッドやワイキキビーチなど、まさにハワイという絶景を空から眺めよう。普段地上から見ていた風景が、また違う魅力で心にズンと響いてくるはず。

\絶景かな！/

**Helicopter**
ヘリコプター

空から眺めるオアフの自然
## ブルー ハワイアン ヘリコプターズ
Blue Hawaiian Helicopters

ダニエル・K・イノウエ国際空港のヘリポートから出発する遊覧ツアー。空から眺めるダイヤモンドヘッドやハナウマ湾、カネオヘ湾の美しいサンゴ礁はまさに絶景！45分間のツアーは、美しい海岸線から熱帯雨林緑の渓谷、真珠湾を上空から眺める充実の内容。オアフ島を1周するツアーもある。

**ホノルル** MAP：P3D4

⌂ 99 Kaulele Pl.（ダニエル・K・イノウエ国際空港ヘリポート）☎ 808-640-0299 ◉ ブルー・スカイズ・オブ・オアフは8時発～15時30分発の間に7便 ※ツアーにより異なる。日本語パイロットは月～木曜9時05分、13時20分発のツアーのみ（変更の場合あり）
⊘ なし URL bluehawaiian-jp.com 🌐

**体験 info**
ブルー・スカイズ・オブ・オアフ
| | |
|---|---|
| 所要時間 | 45分 |
| 料金目安 | $379～ |

コンプリート・アイランド・オアフ
| | |
|---|---|
| 所要時間 | 60分 |
| 料金目安 | $455～ |

↑オアフ島の風景を空から満喫♪

▶上空から真珠湾を眺めることも

←街を周遊するのにちょうどいいスピード感！

憧れのセグウェイで観光ツアー！

## セグウェイ・オブ・ハワイ ★★

●Segway of Hawaii

あそぶ

ビーチ

アクティビティ

文化&歴史

トレイル

テーマパーク

### Segway
セグウェイ

体重移動で動く電動式の乗り物、セグウェイ。ヘルメットをつけて、ショップで乗り方をしっかり教わってから出発するので初めてでも安心。ダイヤモンドヘッドや、ダウンタウン周遊、歴史を学ぶツアーなどがある。

**カカアコ** MAP：P8C3

⌂H670 Auahi St.
☎808-591-2100 ⊕カカアコ・ウォーターフロント・パーク＆ウォールアート壁画ツアー11時30分発 ㊡なし
URL jp.segwayofhawaii.com

**体験info**
カカアコ・ウォーターフロント・パーク＆ウォールアート壁画ツアー

| | |
|---|---|
| 所要時間 | 90分 |
| 料金目安 | $160 |
| 参加条件 | 10歳以上（コースによって異なる） |
| レベル | 初心者向け |

→インストラクターがついているので各スポットもしっかり説明してくれる

---

潜水艦で海中散歩

## アトランティス・サブマリン・ワイキキ ★★

●Atlantis Submarines Waikiki

### Submarine
サブマリン

←大きな窓から水深30mの世界を体験！

潜水艦アトランティス号でワイキキの海を探検。トロピカルフィッシュやウミガメなどの生き物、沈没船や飛行機の残骸なども必見だ。ナレーションを聞きながら新しいハワイを発見しよう。

**ワイキキ** MAP：P6B4

⌂Hヒルトン・ハワイアン・ビレッジ・ワイキキ・ビーチ・リゾート前の桟橋 ☎808-973-9811 ⊕9～14時の1時間おき ㊡なし
URL atlantisadventures.com/submarines

**体験info**

| | |
|---|---|
| 所要時間 | 1時間30分 |
| 料金目安 | 大人$148、子ども$66 |
| 参加条件 | 身長92㎝以上、はしご（長さ約274cm）を昇り降りできる方 |
| レベル | 初心者向け |

←沖合でボートからサブマリンに乗り換えて潜る

---

ハワイの海風が最高に気持ちいい！

## マイタイ カタマラン セーリング ★★

●Mai Tai Catamaran Sailing

### Sailing
セーリング

ワイキキのビーチを出発して、ダイヤモンドヘッドを背景にセーリング。ゆっくりと海面を走るので揺れが少なく、カクテルのマイタイなどを飲みながらのんびり楽しめる。サンセットタイムは特にロマンティック。

**ワイキキ** MAP：P10B3

⌂2255 Kalakaua Ave.（集合場所）☎808-922-8887（アロハワイ）⊕11時～、13時～、15時～（アフタヌーン）、17時～（サンセット）㊡なし
URL www.alohawaiitour.jp

**体験info**

| | |
|---|---|
| 所要時間 | 90分 |
| 料金目安 | 15時、17時発は$79（ドリンク含）、11時、13時発は$49（ドリンクなし） |
| 参加条件 | なし |
| レベル | 初心者向け |

↑ダイヤモンドヘッドを眺めながらリゾート気分を満喫

大自然の中で思いっきり遊ぼう

# クアロア・ランチで大冒険！

ゴジラの足あと！

**Read me！**

クアロア・ランチ・ハワイは多くのハリウッド映画やTVドラマの撮影が行われた場所。そのロケ地を巡ったり、乗馬やバギーで大自然を満喫したりできるツアーがある。

↓オアフ島東部に横たわるコオラウ山脈の麓にある

シークレットアイランド

ビジターセンター

カアヴァの谷

乗馬ロード

映画の世界＆ワイルド体験！

## クアロア・ランチ・ハワイ
●Kualoa Ranch Hawaii ★★★

東京ドームの約450倍という広大な牧場。かつては王族のみが立ち入ることができた神聖な土地だった牧場は、数々の映画やテレビのロケ地として有名になった。映画ロケ地ツアーはもちろん、さまざまなアクティビティが楽しめる。ひとつだけアクティビティに参加するより、複数のアクティビティを選べるパッケージがお得。

クアロア　**MAP：P3E2**

🏠49-560 Kamehameha Hwy.
☎808-237-7321
🕐7時30分〜18時 ®なし URL www.kualoa.jp 🅑

↑UTVラプターで渓谷や森へ。スリルあるライドに気分が盛り上がる

←起伏に富んだオフロードを駆け抜ける。絶景ポイントも通る

56

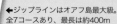
←ジップラインはオアフ島最大級。全7コースあり、最長は約400m

↑窓にガラスのない開放的なバスで、有名映画のロケ地を巡る

←いざ、話題の映画の世界にトリップ。記念撮影も忘れずに！

最大高低差30m。大自然を眼下にスリル満点！

あそぶ

ビーチ

アクティビティ

文化&歴史

トレイル

テーマパーク

## 人気のパッケージ・プランはコレ

複数のアクティビティがセットになった、お得なパッケージ。
たくさん遊んで、さらにお得感満載のプランをご紹介！

### エクスペリエンスパッケージ

映画ロケ地を訪れ、ジャングルを車で駆け抜け、現地でとれる作物を試食。
目いっぱいクアロア・ランチを満喫！

**含まれるもの&所要時間**

| 所要時間 | 約9.5時間 | 料金目安 | 大人$189.95、子ども$129.95 ※送迎なしの場合はマイナス$30 |

参加条件 ジャングルエクスペディションツアーは3歳未満は参加不可。オーシャンボヤージに変更
その他 ※ワイキキから送迎付き／送迎なしも選べる ※ランチビュッフェ付き

#### 映画ロケ地ツアー

『ゴジラ』ほかハリウッド映画やＴＶドラマのロケ地を巡る。写真撮影も可。

所要約90分

↑『ジュラシック・パーク』ロケ地

#### ジャングルエクスペディション

特別仕様車でジャングルへ。2015年公開の『ジュラシック・ワールド』のセットも。

所要約90分

↑高台からは太平洋を一望

#### クアロアグロウンツアー

トロリーに乗ってハワイの農作物を学ぶ。フルーツやナッツなどの試食ができる。

所要約90分

↑おいしい発見があるかも

**ツアースケジュール**

07:15 ～ 07:45 ワイキキ内ホテルお迎え　08:30 ～ 08:45 クアロア・ランチ到着
09:45 ～ 15:00 ツアーに参加　12:30 ランチビュッフェ
15:30 クアロア・ランチ出発（送迎付の場合）
16:30 ワイキキ内ホテル着

のんびりしたい派は…

### シークレット・アイランド1日パッケージ

手つかずの自然に囲まれたプライベートビーチで、カヌーや海水浴を。ハンモックでのお昼寝もOK。

**含まれるもの&所要時間** シークレット・アイランド1日　ランチボックス

| 所要時間 | 約9.5時間 | 参加条件 | 特になし | 料金目安 | $119.95、子ども$74.95（送迎なし） |

↓乗馬ツアーでは、心地よい揺れを感じながら自然のなかをのんびり進む（ツアー中はヘルメットを着用する）

帰りたくなくなる海辺！

知らなかったハワイが、そこにある

# 博物館&美術館でハワイをSTUDY!

**ハワイアン・ホール** 古代ハワイの生活や王族にゆかりのある品々を展示している

**Read me!**

ハワイにも長い歴史と特別な文化がある。そんなハワイを知るためにはミュージアムを訪れるのがいちばん。酋長から王朝、移民時代とハワイの歴史が語りかけてくる。

**カメハメハ王家のマント**

鳥の羽で作った王族のマント。一枚作るのに長い年月がかけられた

ハワイをより深く、面白く知る

## ビショップ博物館
● Bishop Museum ★★

ハワイ州最大級の博物館。ハワイを含めた太平洋諸島全域の自然や文化、歴史についての貴重な収蔵品を展示。プラネタリウムやサイエンスセンターもある。

**カリヒ MAP：P4A2**

🏠1525 Bernice St. ☎808-847-8291
🕐9〜17時 🈳なし 🈯$33.95、4〜17歳$25.95、3歳以下無料 🈺
URL www.bishopmuseum.org/日本語/

**日本語ツアーInfo**
月〜土曜は10時30分、11時30分、不定期で13時30分、14時30分から無料で日本語ツアーを開催。(要予約)☎808-847-8291 (日本語)

**本館**
玄武岩を積んで造られている

**スリットドラム**
バヌアツ共和国で製作

**サイエンス・アドベンチャー・センター**
ハワイの自然をテーマにした科学館

**ショップ・パシフィカ**
ミュージアム・ギフトショップ。ハワイアンクラフトやロゴグッズなどさまざまなアイテムが揃う

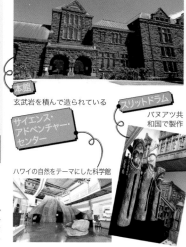

自家製レモネードをはじめ、サラダやサンドイッチなどを提供

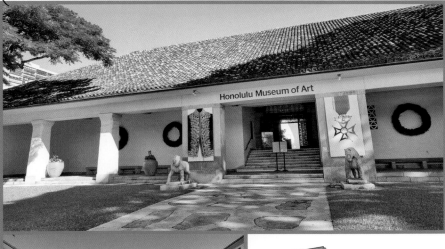

正面入口(上)とセントラル・コートヤード

5万点以上の美術品を収蔵。中庭では不定期でイベントも

カフェもステキ!

美術館の中庭にあるオープンエアのカフェ。営業時間が短いので要チェック!

肖像画の間

オレンジ色の壁に、女性を描いた3枚の大きな肖像画が印象的

世界の巨匠のアートを揃える

# ホノルル美術館
●Honolulu Museum of Art ★★

白壁と瓦屋根が印象的。アジア美術ギャラリーの中庭には池や緑を配し、欧米のギャラリーの中庭は地中海風にするなど、回廊を歩くだけでも楽しい。

ダウンタウン MAP:P9D1

🏠900 S. Beretania St.
☎808-532-8700 ⏰10～18時(金・土曜は～21時)、カフェは11～14時(金・土曜は17時～20時30分) 🈺月・火曜(美術館・カフェ) 💰$20(カフェまたはショップのみ利用の場合は不要)
URL honolulumuseum.org

チャイニーズ・コートヤード

池がある小さなオアシス。東洋美術を展示する建物のそばにある

17～18世紀ヨーロッパ美術

心落ち着くブルーの空間に、著名な画家や彫刻家の作品を展示

ホノルル・ミュージアム・オブ・アート・ショップ

ここでしか買えない、美術館ならではのアートグッズがいろいろ

見るだけなんてもったいない！
# 本場で体感！ハワイアンカルチャー

**Read me!**

フラやレイなどハワイの伝統文化には特徴的なものが多い。それらを学ぶアクティビティは、気軽に参加できるものから本格的にレッスンを受けられるものまでさまざま。

## ウクレレ・レッスン

プロシンガーのワイナニ・イム先生とプアケアラ・マン先生から基本コードと曲を学ぶ。ウクレレと楽譜は無料レンタルできる。

所要 1時間

ショッピングセンターで気軽に体験

## ロイヤル・ハワイアン・センター カルチャーレッスン
●Royal Hawaiian Center Cultural Classes ★★

より多くの人にハワイアン文化を親しんでもらうため、日替わりのカルチャー体験イベントを無料で開催。当日申し込むだけで、誰でも自由に参加できる。

`ワイキキ`
MAP：P10B2
DATA⇨P180

所要 1時間

## レイ・メイキング

ハワイで大切にされているレイ。生花を使ってひとつひとつ縫い合わせるレイ作りを学べる。

`週間レッスンスケジュール`

**月 Monday**
11:00〜12:00… `ウクレレ`
ヘルモアハレ
ゲストサービス＆
ヘリテージルーム

**火 Tuesday**
11:00〜12:00… `フラ`
ロイヤルグローブ

**水 Wednesday**
11:00〜12:00
… `ラウハラ編み`
C棟2F

**木 Thursday**
11:00 スタート
… `ケイキフラレッスン`
ロイヤルグローブ

**金 Friday**
11:00〜12:00
… `レイメイキング`
C棟2F

## フラ・レッスン

中庭ロイヤルグローブで開催。メレ(歌)やチャント(詠唱)に合わせた体の基本の動かし方が学べる。

フラの振付にはそれぞれ意味があるのよ〜

所要 1時間

フラ・レッスン

日本語で丁寧にレッスン
## フラ・シャック
●Hula Shack ★

ビーチで海の音、ハワイの風感じながら本格的なフラ・レッスンが受けられる。プライベートなので初心者でも気軽に楽しめる。

ワイキキ
㊟マジックアイランドほか
㊡なし㊐ URL marihayes.com

**体験 info**
**プライベートグループレッスン**
所要時間 1時間
料金目安 $125(1名)※人数により割引きあり
参加条件 希望により開催地は異なる

所要
1時間
クムフラ資格を
持つプロのレッスン

ラウハラ編み

ハワイの伝統工芸を学ぶ
## ロイヤル・ハワイアン・センター ラウハラ編みレッスン
●Lauhala Weaving Lessons ★

所要
1時間

ラウハラ編みとは、ハワイ固有の「ハラ」の木の「葉(ラウ)」を編んで作る伝統工芸品。基本的な編み方を教わり、ブレスレットなどを仕上げる。

ワイキキ **MAP:P10B2**
㊟ロイヤル・ハワイアン・センター(→P180)C棟2F ㊕水曜11～12時

**体験 info**
**ラフハラ編み**
所要時間 1時間
料金目安 無料
参加条件 10歳以上、先着24名

毎日開催のウクレレ・レッスン
## ワイキキ・ビーチ・ウォーク ウクレレ・レッスン
●Ukulele Lessons ★

ウクレレ・レッスン

所要
15分

ワイキキ・ビーチ・ウォークにも無料のカルチャーレッスンが。2階のウクレレストアでは毎日ウクレレ入門レッスンを開催。

ワイキキ **MAP:P10B3**
㊟ワイキキ・ビーチ・ウォーク(→P183)2F ウクレレストア ㊕毎日16時30分～(15分間) ㊡なし

**体験 info**
**ウクレレ・レッスン**
所要時間 15分
料金目安 無料
参加条件 12歳以上、先着順10名まで(予約不要)

### ハワイアンカルチャーいろいろ

**フラ**…文字のない時代に、神への感謝や日常の出来事を伝えるために生まれた伝統舞踊。踊り(フラ)のほかに演奏や詠唱、歌唱を含む。

**レイ**…古から悪霊を退散させる力があると信じられてきた、ロコの生活に密着した首飾り。歓迎や愛情の気持ちを表す贈り物としても使われる。

**ウクレレ**…ハワイアンミュージックに欠かせない楽器。音域は2オクターブ程度だが、音色に独特の味わいがある。弦は柔らかく初心者でも弾きやすい。

**ハワイアン・キルト**…19世紀、アメリカ本土から来た宣教師の妻たちから伝わったキルトがハワイ独自のスタイルに発展。自然をモチーフにしたシンメトリーなデザインが特徴だ。

ワイキキから至近距離の絶景スポット

# ダイヤモンドヘッドのテッペンへ！

**Read me!**

ワイキキビーチから眺めるダイヤモンドヘッドは絶景だが、ダイヤモンドヘッドから見るワイキキもまた見事。初心者でも比較的気軽に楽しめるからトライしてみよう。

## ＊ホノルルの日の出時刻表

| | |
|---|---|
| 1 月 | 7時11分頃 |
| 2 月 | 7時1分頃 |
| 3 月 | 6時38分頃 |
| 4 月 | 6時11分頃 |
| 5 月 | 5時52分頃 |
| 6 月 | 5時49分頃 |
| 7 月 | 5時58分頃 |
| 8 月 | 6時10分頃 |
| 9 月 | 6時18分頃 |
| 10 月 | 6時27分頃 |
| 11 月 | 6時41分頃 |
| 12 月 | 7時頃 |

※日の出は国立天文台サイト2024年のものです

季節によっては山頂からサンライズも！

### 事前予約が必要に！
環境保護のために入山には予約が必要。1時間ごとに予約できる。車の場合は駐車場の予約も忘れずに。予約は希望日の30日前から。当日は予約時間の30分前までにチェックインを。
URL gostateparks.hawaii.gov/diamondhead

### トレイル DATA
◈ 所要：片道約40分
◈ 距離：往復2.4km
◈ 高低差：約171m

整備されたトレイルで初心者も安心

## ダイヤモンドヘッド●Diamond Head ★★★

標高232mのワイキキを象徴する山。トレッキングコースは舗装路も含む、比較的穏やかな傾斜で初心者向け。山頂の展望台まで、歩きやすい靴であれば気軽に登れる。山頂の展望台から360度の大パノラマが最高に気持ちいい。

UVカットの上着があるといいわよ！

ダイヤモンドヘッド MAP：P5E3

図ザ・バス23番で約20分 ⊙6〜16時（最終入山可能時刻）⑭なし ⑭入山料$5（駐車場は1台$10）※クレジットカード払いのみ（支払い時に別途手数料要）URL gostateparks.hawaii.gov/diamondhead ⑰

➡足元は履きなれたスニーカーなどで。ドリンクも忘れずに

Start
Goal
レアヒ展望台
カピオラニ・パーク
ワイキキビーチ

---

## + Plus!

**登山後に行きたいおいしいカフェ**

地元グルメアワードの受賞を何度もしているヘルシーカフェ。アサイボウルやエッグベネディクトなどが人気だ。

地元で愛されるヘルシーカフェ

## ボガーツ・カフェ●Bogart's Café

フードが充実していて、アサイボウルやエッグベネディクトはロコ溺愛の朝食メニュー。人気の味をぜひ。

モンサラット MAP：P7F3

🏠 3045 Monsarrat Ave. ☎ 808-739-0999 ⊙7〜15時 ⑭なし

$14.50
アサイボウル
4種類のアサイボウルが楽しめる。ピューレとグラノーラの食感がベストマッチ

### Start

## 1 予約時間の30分前までにチェックイン

2022年から事前予約制に。中にはフードトラックがあり、水やおみやげ、軽食を販売している。

↑この先に売店はないので、飲み物などはここで入手

↑この先にトイレはないので登山前にすませておこう

## 2 インフォメーションセンターからスタート

ここで案内パンフレットを入手。日本語版もある。

## 3 はじめは快適な歩道を進む

スタートして10分ほどは舗装された道なので歩きやすい。

## 4 本格的な山道が

未舗装の本格的な登山道になると道幅も狭くなる。足元をしっかり見て歩こう。

## 5 最初の展望台に到着

歩き始めて30分弱で最初の展望台に到着。写真スポットもあるのでまずは記念撮影を。

## 6 急こう配コンクリート階段

74段のコンクリート階段を上ったところに最初のトンネルがある。

## 7 さらにまた99段の階段

トンネルを抜けるとそこはまた階段だった…。

## 8 クライマックスはトンネルとらせん階段

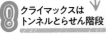

99段の階段のあとにトンネルと、建物3階分のらせん階段が…。

### Goal

## 10 ついに頂上到着

歩き始めて50分ほどで頂上到着。頂上の展望台はスペースが狭いので譲り合いの気持ちを忘れずに。

## 9 緩やかなう回路もあるのだ！

99段の階段を回避してう回路を行くのもあり。途中絶景も見える。

ココが迂回路

DIAMOND HEAD

休憩所(トイレ)

カバラトンネル

展望台

バス停

バス停

あそぶ

ビーチ

アクティビティ

文化&歴史

トレイル

テーマパーク

初心者もOKなコースがいろいろ

# 見たい景色で探す絶景トレイル

↓なだらかな丘陵を登り山頂へ

## Read me!

ビーチリゾートのイメージが強いオアフ島だが、内陸部には亜熱帯雨林があり、トレッキング天国としても有名。トレイルも整備されているので、絶景を眺めに挑戦してみよう!

→ピンクピルボックスへはツアーやガイドをつけて行くのが安心。

↑住宅地の向こうにオアフ屈指の美しいビーチが

東海岸の名ビーチを山頂から一望!

爽快トレッキングコースへ!

## カイヴァ・リッジ・トレイル ★★
●Ka'iwa Ridge Trail

登り始めは急坂だが、難関さえクリアすれば、あとは小高い丘の峰を歩く爽快なコースが続く。日を遮るところがないので、ドリンクを準備して午前中に登るのがおすすめ。

カイルア MAP:P12C2
図ワイキキから車で約40分、カイルア中心部から車で約5分 ◎日の出〜日没

### トレイルMAP

ココ・クレーター・ボタニカル・ガーデン
カイヴァ・リッジ・トレイル
マカプウ・ポイント・ライトハウス・トレイル
ココ・クレーター・レイルウェイ・トレイル
マノア・フォールズ

### トレイル DATA
✦ 所要:約2時間
✦ 距離:往復2.7km
✦ 高低差:約182m

### オアフ島の地形
島の北西から南東方向にかけてワイアナエ山脈とコオラウ山脈が走っていて、最高峰はワイアナエ山脈の標高1220mのカアラ山。ダイヤモンドヘッドは、コオラウ山脈の南端に接する火山。山脈の間には平原が広がる。

### トレイル DATA
✦ 所要:約2時間
✦ 距離:往復3.2km
✦ 高低差:約152m

↓木陰がないので日焼け対策を万全にしていこう

自然の遺産、ペレの椅子

オアフ島東海岸の景色を堪能

## マカプウ・ポイント・ライトハウス・トレイル
●Makapu'u Point Lighthouse Trail★

オアフ島東部、マカプウ岬にあるトレッキングコース。舗装された道路がほとんどで、気軽に挑戦できる。クジラが見られる時期(12〜3月)は、ホエールウォッチングできる場所も。

マカプウ MAP:P3F4
図ワイキキから車で約30分 ◎日の出〜日没
※駐車場は7時〜18時45分(季節によって異なる)

↑東海岸の絶景を眺めながらトレッキング

←岬の展望台からは絶景が望める

### トレイル注意点
安全面は動植物を守るためにもトレイル内を歩くこと。また森林には希少なハワイ固有種が生えている。外来種を増やさないためにも森林に入る前に靴の泥をしっかり落とすように。当日の天候も調べておこう。

←磁場が強く、パワースポットでもある

あそぶ

ビーチ

アクティビティ

文化＆歴史

トレイル

テーマパーク

巨大なサボテンと2ショット！

珍しいサボテンも発見！
## ココ・クレーター・ボタニカル・ガーデン
●Koko Crater Botanical Garden ★

ココクレーターにある広大な植物園で、1周約3km強。プルメリアの林や雄大なサボテンの庭、希少な絶滅の危機に瀕した乾燥地植物の栽培が行われている。

[ハワイ・カイ] **MAP：P3F4**
🏠7491 Kokonani St. ⏰日の出〜日没
なし 無料
←驚くような大きさのサボテンは必撮だ

トレイル DATA
✤ 所要：約1.5時間
✤ 距離：往復3.6km
✤ 高低差：ほぼなし

↓滝までの道の周辺はまさにジャングルのよう

↑サボテンはドライランドパームスにある

マイナスイオンたっぷりの水しぶき

木々と滝によるヒーリングパワー！
## マノア・フォールズ
●Manoa Falls ★

多雨湿潤のマノア地区ある、雨の恵みにより育まれた緑の原生林。ひんやりとした空気が心地よく、ハワイ固有の動植物など貴重な自然観察ができるのも魅力だ。

[マノア] **MAP：P3E4**
🚗ワイキキから車で約25分 ⏰日の出〜日没（駐車場は8〜18時） 無料（駐車場は$7）

トレイル DATA
✤ 所要：約1.5時間
✤ 距離：往復2.6km
✤ 高低差：約240m

→緑に囲まれた落差30mのマノア・フォールズ

頂上まで続く一本道

テッペンは360度の眺望
## ココ・クレーター・レイルウェイ・トレイル
●Koko Crater Railway Trail ★

かつて軍の展望台だった頂上に、資材や人を運ぶために造られたトロッコの線路がトレイルになっている。1048段の枕木を一直線に登るので、意外と体力を使う。

[ハワイ・カイ] **MAP：P3F4**
🚗ワイキキから車で約25分
⏰日の出〜日没 なし
無料

トレイル DATA
✤ 所要：約3時間
✤ 距離：往復2.6km
✤ 高低差：約278m

↓日陰がないので、帽子など準備は万全に

↓ハードなトレイルのごほうびは360度のビュー

↓少しずつ休憩しながら登るようにしよう

65

ハワイの大自然を体感しよう

# ビッグスケールのテーマパークで遊ぶ

**Read me!**

ハワイだけでなくポリネシアの文化をまるごと体験するのにぴったりなテーマパーク。見て、食べて、遊んで、奥深いポリネシアの魅力を体感しよう。

**ハワイ体験**

ポリネシアの島々を旅した気分に

## ポリネシア・カルチャー・センター
●Polynesian Cultural Center ★★

敷地は東京ドームの3倍以上。ポリネシアの6つの国(サモア、トンガ、ニュージーランド、タヒチ、ハワイ)の文化に触れることができるテーマパーク。エンターテインメントも充実。お昼過ぎから夜までまるっと半日遊べる。

**ライエ MAP：P3D1**
⌂55-370 Kamehameha Hwy. ☎808-367-7060 ⏰12時30分〜21時(フキラウマーケットプレイスは11時〜19時30分) 休水・日曜(6月下旬〜8月下旬は日曜のみ) 料パッケージにより異なる。日本語ガイドが付くルアウパッケージがおすすめ URL polynesia.jp 🅑

**所要 5〜6 時間**

**こんな過ごし方がオススメ**

### 各国やエリアの文化を体験
ハワイ村ではフラダンスや、ハワイの伝統料理「ポイ」の試食や作り方を学べる。

### ビュッフェやルアウでハワイの味を
ハワイの伝統料理ならルアウ。日本人からも高評価のビュッフェ、ゲイトウェイレストランがおすすめ。

### ナイトショーは必見
キャスト100人超えのハワイ最大規模のナイトショーは迫力満点!

**イルカ**

プログラム充実のマリンパーク

## シーライフ・パーク・ハワイ
●Sea Life Park Hawaii ★★

**所要 5時間**

風光明媚なオアフ東海岸にあるマリンパークで、イルカをはじめ、ペンギン、アシカなどのショーが見られる。イルカと触れ合える数々のプログラムがある。人気なので早めの予約がおすすめ。

**マカプウ MAP：P3F4**
⌂41-202 Kalaninaole Highway #7 ☎808-259-2500(ハワイ)／03-3544-5281(日本) ⏰10〜16時 休なし 料入園料$47.11(税込、送迎料別) URL hawaiisealifepark.jp

**この体験がスゴイ!**

### ドルフィン・エンカウンター
イルカと握手したり、餌をあげられる。
料$198.94(税・入園料込、送迎料別)※4歳以上

### ドルフィン・エクスプロレーション
腰の深さのプールでイルカと遊べる少人数のプログラム。
料$282.71(税・入園料込、送迎料別)※8歳以上

### ウミガメ触れ合い体験
野生のカメの保護活動を行っている園内のタッチプールで、ウミガメを触ることができる。

➥全長約4kmの巨大ガーデン迷路は世界最大級としてギネスに認定されたことも

**ハワイアンモンクシール**
ハワイに約1000頭しかいない絶滅危惧種

あそぶ

ビーチ

アクティビティ

文化&歴史

トレイル

テーマパーク

### 農園見学

➥パイン味のソフトクリーム、ドールウィップが人気

見て食べて楽しむパイナップル農園
## ドールプランテーション ●Dole Plantation ★★

パイナップルで有名なドールの歴史が学べる。施設内に汽車が走り、巨大な迷路があるなど、年間約100万人が訪れる一大観光名所だ。オリジナルギフトやパイナップルグルメもある。

**所要 約1時間**

`ワヒアワ` MAP:P2C2

🏠64-1550 Kamehameha Hwy. ☎808-621-8408 🕘9時30分～17時30分(アトラクションは～17時) 🅟なし パイナップル・エクスプレスは大人$13.75、4～12歳$11.75、30分ごと運行。迷路は$9.25、4～12歳$7.25 🔗 doleplantation.com/jp

### 水族館

コンパクトな館内に魅力がつまった水族館
## ワイキキ水族館 ●Waikiki Aquarium ★★

熱帯太平洋の海洋生物の保護・研究に力を入れていて、飼育する400種類以上の海洋生物が暮らす。その多くは珍しいハワイの固有種だ。日本語のオーディオガイドもある。

**所要 約2時間**

`ワイキキ` MAP:P7E4

🏠2777 Kalakaua Ave. ☎808-923-9741 🕘9～17時(最終入館16時30分)※変動あり 🅟なし $12(13歳以上)、子ども$5(4～12歳)、3歳以下無料 🔗 www.waikikiaquarium.org/

### プール

↓サーフィンのようにボードに乗るアトラクション、ダ・フローライダー(別料金)

➥巨大な竜巻を約15mの落差で滑り下りる絶叫スライド、トルネード

西オアフのウォーター・テーマパーク
## ウェット・アンド・ワイルド・ハワイ
●Wet'n'Wild Hawaii ★★

ハワイ州唯一のウォーターパーク。東京ドーム約3倍の広さを誇る敷地内には、子ども用の遊び場からスリル満点の大人向けスライダーまで、25を超えるアトラクションが揃う。

**所要 約6時間**

`カポレイ` MAP:P2B4

🏠400 Farrington Hwy. ☎808-440-2914
🕘10時30分～15時 🅟月・火曜※営業時間、休業日は月や日によって異なるのでHPで要確認
🅟$68.05、3～11歳$57.58、2歳以下は無料(送迎は要問合せ)
※アトラクションにより身長制限のあるものや追加料金が必要なものあり 🔗 www.jpwetnwildhawaii.com

### 動物園

ほのぼのとしたアットホームな雰囲気
## ホノルル動物園 ●Honolulu Zoo ★★

カピオラニ公園に隣接する敷地に約900種の動物が暮らす。自然な姿を観察できるサバンナ・エリアが人気だ。小動物とふれ合えるエリアもある。

**所要 約2時間**

`ワイキキ` MAP:P7E3

🏠151 Kapahulu Ave. ☎808-971-7171(24時間受付) 🕘10～16時(最終入園15時) 🅟なし 大人$21(13歳以上)、子ども$13(3～12歳)、2歳以下無料 🔗 www.honoluluzoo.org/

↓赤ちゃん動物や小動物が集められ、動物に直接触れられるケイキ・ズー

➥アフリカサバンナのエリアでは、ゾウやシマウマが至近距離で見られる

ハワイ諸島を統一した

# カメハメハ大王のこと

ハワイ島の首長一族の家に生まれたカメハメハ。
1810年にハワイ全島の統一を成し遂げたハワイ王朝の初代大王である。
彼にはさまざまなエピソードが残されている。その一部をご紹介しよう。

## キャプテン・クックが
## 諸島統一の力に？

1778年頃、ハワイ島に到来した
英国の探検家、キャプテン・クック。
カメハメハはクックの帆船を訪れ、
西洋式武器に興味を持つ。各島で
勢力争いが行われていたとき、カ
メハメハはアメリカ人軍事顧問を
やとい、大砲などの西洋武器を備
えていたため、確実に勢力を拡大
していったのだ。クックに出会わ
なければ、武器の必要性を知らず
に戦っていたはず。そうなると、
ハワイの歴史も今とは違っていた
かも。

## カメハメハのお墓がない

古代ハワイでは、英雄の遺骨には
マナ（霊力）が宿っていると信じら
れていたので、首長などが亡くな
ると、墓を作らず、誰も知らない
ところに隠したのだとか。もちろん、
カメハメハも例外ではない。生ま
れ故郷であるハワイ島のどこかに
埋葬されているというが、未だに
見つかっていない。

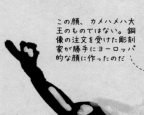

この顔、カメハメハ大
王のものではない。銅
像の注文を受けた彫刻
家が勝手にヨーロッパ
的な顔に作ったのだ

ハワイ語で
マヒオレと
いわれるヘ
ルメット。
鳥の羽で作
られている

左手にもってい
るが、カメハ
メハは右利き。
ローマの初代
皇帝、アウグ
ストゥスの像を
真似したので
左手に…

マフウラというケー
プは、今は絶滅し
たマモという鳥の
羽を約45万枚使っ
ている。実物はビ
ショップ博物館
（→P58）で見られる

1758年生まれ
らしいです。
ちなみに没年は
1819年です

### ハワイには3体のカメハメハ

ホノルルのダウン
タウンにある像は
記念撮影スポット

カメハメハが誕生
したハワイ島ハヴ
ィにある像

ハワイ第2の都市、
ヒロにある像は一
番新しい

巨体で力持ちだっ
というウワサ

身長が2m近くあり、筋骨隆々
だったそう。ヒロにあるこの
巨石を一人で持ち上げたとい
う逸話が残っている

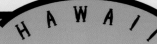

Gourmet

# おいしいもの

## Contents

# 知っておきたいこと11

## #おいしいもの

滞在中にあれこれ試してみたい、ハワイならではのおいしいもの。
どうせならリーズナブルに、魅力いっぱいの最新メニューもチェックしたい！

## 01

### ハッピーアワーの攻略術

お酒やププ（おつまみ）がリーズナブルに味わえるハッピーアワー。「予約不可」などの制約を守り、お得な食事を楽しもう。レイトナイトといって遅い時間に開催する店も。

| ジャンル | 店名 | 開催時間 | データ |
|---|---|---|---|
| ステーキハウス | ウルフギャング・ステーキハウス | 15時〜18時30分（土・日曜、祝日、イベントデーを除く） | →P88 |
| | ストリップステーキ、ア・マイケル・ミーナ・レストラン | 16〜18時 | →P89 |
| | ファイヤーグリル | 15〜18時 | →P89 |
| | ルースズ・クリス・ステーキハウス | 16〜19時 | →P89 |
| レストラン | イーティング・ハウス1849 by ロイ・ヤマグチ | 16〜17時 | →P103 |
| | チャートハウス | 15時30分〜18時、21〜23時 | →P157 |
| ビーチサイドバー | スイム | 16〜18時 | →P158 |
| クラフトビール | マウイ・ブリューイング・カンパニー | 15時30分〜16時30分（月〜金曜） | →P164 |
| | ヤードハウス | 14時〜17時30分（月〜金曜）、22時30分〜閉店（日〜水曜） | →P165 |
| | ワイキキ・ブリューイング・カンパニー | 15〜17時、19時〜閉店 | →P165 |

## 02

### ターゲットのスタバ限定

スーパーのターゲット（→P148）にはスタバが併設されていて、買物後の休憩にぴったりだが、限定のスイーツがあるのはご存じ？オリジナルキャラのブルズアイをモチーフにしたクッキー（$2.65）とケーキポップ（$3.75）で、めちゃかわ！

## 05

### レストランでスマートに会計

レストランで会計するときは、日本でやりがちな、指や腕で×を作って伝えるのはNG。テーブル担当に「Check please（会計お願いします）」と言う、または、空中に署名をするようなジェスチャーをしても通じる。

## 06

### クレジットカードでも割り勘OK

会計時、「誰がいくら払う？」とテーブルでやるのは粋じゃない。クレジットカードでも割り勘ができるのだ。テーブル担当に会計を頼む際、クレジットカードを提示しながら「Split the check (bill), please」といえば割って精算してくれる。

## 03

### 人気カフェのごはんメニューに注目

コーヒーやアサイボウルスイーツだけじゃない！ 実はアイランド・ヴィンテージ・コーヒー（→P94）はごはんメニューも充実。なかでもポケボウルは、マグロを1本買いするほどこだわっているのだ。ごはんが五穀米でヘルシーなのも◎。

## 04

### 中華系プレートランチ店のお得な注文方法

パイナ・ラナイ・フードコート（→P107）やマカイ・マーケット・フードコート（→P107）にあるパンダ・エクスプレスに代表される中華系プレートランチ店。最初にチャーハンかチャオメン（焼きそば）かを選択するが、ハーフ＆ハーフもOK！

## 07 耳より

### ビショップ博物館で穴場グルメが楽しめる!

ビショップ博物館(→P58)には、ソルトにあるハイウェイ・イン(→P101)がカフェとして入っている。ハワイアンカルチャーに浸ったあとは、老舗ハワイアンレストランの味でしめくくろう。一番人気はビーフシチュー・プレート。

## 08 耳より

### 人気のリリハ・ベーカリーはアラモアナやワイキキにも!

誰もが知っている老舗、リリハ・ベーカリー。ツーリストにはちょっと行きづらいカリヒエリアにしかなかったが、アラモアナ店やワイキキ店(→P101)がオープン。アラモアナ店にはベーカリーコーナーのほか、ゆったりとしたダイニングエリアを設置。昔ながらのメニューはもちろん、時流に合わせヘルシーメニューも用意されている。

### リリハ・ベーカリー(アラモアナ店)
●Liliha Bakery

アラモアナ MAP:P9F2
🏠アラモアナセンター(→P114)ダイヤモンドヘッドウィング3Fメイシーズ内
☎808-944-4088
🕐7〜20時(金・土曜は〜21時)
🈳なし

## 09 耳より

### 行列店の時短テク

| 店名 | 主なTo Goメニュー | データ |
| --- | --- | --- |
| チーズケーキ ファクトリー | チーズケーキ | →P102 |
| ブーツ&キモズ | 全メニュー(オンライン注文) | →P73 |
| 丸亀製麺(ワイキキ店) | 全メニュー(一部ドリンク除く) | →P109 |
| エッグスンシングス | 全メニュー | →P75 |

行列店はおいしいに決まってる! 並びたいけど、時間も惜しい! そんなときに活用したいのがTo Go(お持ち帰り)。ブーツ&キモズは、あらかじめオンラインオーダーしておけば待ち時間なし。チーズケーキ・ファクトリーもチーズケーキならその場で選んで持ち帰りOK。エッグスン・シングスの場合も、1階カウンターで全メニューテイクアウトが可能だ。
また、Uber EatsやBite Squadなど、ホテルへデリバリーしてくれるサイトを利用するのも手。手数料などがかかるが、丸亀製麺を利用できるサイトもある。

## 10 得

### 第3のボウルは「スムージーボウル」!

アサイボウル、ポケボウル、どちらもハワイに来たら食べたい大人気グルメ。さらにロコにも人気なのが、スムージーボウル! 美肌や生活習慣病予防の効果もあるとか!? サニーデイズ(→P75)やサンライズ・シャック・ワイキキ(→P179)で食べられる。

## 11 得

### レストランの予約はOpen Tableで

「レストランを予約したいけれど英語を話すのは苦手…」、そんな人におすすめなのが、レストラン予約サイト「Open Table」。加盟店が増えていることもあり、ロコもレストラン利用はほぼこれだとか。簡単な英語で入力OK。リマインドもしてくれるので助かる!

 www.opentable.jp

### 【編集MEMO】

コレだけはいいたい!

ワイキキマーケット(→P151)のデリは、クオリティが高いし種類も豊富だから滞在中に一度は行きたい!

ウベのスイーツが流行中!インパクトの強い紫色だけど甘いやさしい味で、ドリンクやお酒でもフレーバーになっているほど。

フードコートが熱い!映えな店内のワイキキフードホール(→P106)やアジア料理を中心にしたスティックスアジア(→P109)など新店舗もオープン!

ハワイの朝はビジュアルも最高♥

# 日本未上陸パンケーキをねらえ!

**Read me!**

「ハワイに来たらパンケーキ」を合言葉にロコから絶大な支持を集めるおいしい店を厳選!まずは個性あふれる日本未上陸店からご紹介!

☆LOVELY☆

**$15**

**ミルク・シリアル・パンケーキ**
パンケーキにサクっとしたシリアルをオン。ミルクシロップをかけて召しあがれ

シリアル&ミルクの斬新テイスト

## スクラッチ・キッチン&ミータリー
●Scratch Kitchen & Meatery

パンケーキをはじめ、創造性豊かな、ここでしか楽しめないアメリカ料理が若いロコを中心に大好評。季節によってメニューが替わるので、訪れるたびに新しい味わいに出合える。

**ワード MAP:P9E3**
🏢ワードビレッジ(→P186)サウスショア・マーケット内 ☎808-589-1669 ⏰9〜21時(土・日曜は8時〜) 🅿なし

**オススメ!**

$22.35

## バターミルク・パンケーキ
（フルーツトッピング$各3.95含む）

もっちり生地に季節のフルー
ツをデコラティブにトッピン
グして見た目もカラフルに

カラフル♪

キュートなデコレーションが◎
### スイート・イーズ・カフェ ●Sweet E's Cafe

白を基調にしたマリンテイストのインテリアはおし
ゃれでコージー。見た目も美しいメニューの数々は
この店ならではのアレンジをほどこし、グルメなロ
コも太鼓判を押す。

カパフル MAP：P7D1

📍1006 Kapahulu Ave. ☎808-737-7771 🕐7〜14時
㊡なし

$19.99

## マカダミアナッツ・パンケーキ

パンケーキの上には、たっぷ
りのソースとクラッシュした
マカダミアナッツがかかる

$17

## バサルト特製チャコールバターミルク パンケーキ

甘さ控えめの炭入りパンケーキは健康志向の人にも評判がいい

チャコール入りのブラックパンケーキ！

### バサルト ●Basalt

唯一無二のマカダミアナッツソース
### ブーツ＆キモズ ●Boots & Kimos

オリジナルレシピのバターミルクパンケーキ
にとろりとかかるのは、バニラ風味のマカダ
ミアナッツソース。しっとり素朴なおいしさ
に、これを目当てにカイルアに来る人も多い。

カイルア MAP：P3F3

📍1020 Keolu Dr. ☎808-263-7929 🕐8〜13時
（土・日曜は〜14時）㊡火曜 🍴

高級スーパーの一画に構えるレストラン。ハワ
イ産食材を使った、シェフによるコンフォート
フードが人気。朝から晩まで、さまざまな場面
で利用でき、ワイキキ滞在の強い味方に。

ワイキキ MAP：P10C2

📍デュークス・レーン・マーケット＆イータリー（→P127）
内☎808-923-5689 🕐8〜13時（土・日曜は7〜13
時30分）、17〜21時 ㊡なし 🍴

**＋ Plus！** 〔NEXTパンケーキはフレンチトースト！〕

バターと玉子の風味が香るフレンチトーストは、パン
ケーキと並ぶ朝食の定番。P72のスクラッチ・キッチン
＆ミータリーでも、パンケーキと人気を二分するほど。

$15

### ブリュレ・フレンチトースト

スイートブレッドとココナッツの
風味がふんわり香り、ひと口目か
ら幸せな気分に。

朝ごはん

ハワイアン

アメリカン

スイーツ＆カフェ

レストラン

なにかと便利

生地もソースもバラエティ豊か!

# 全部食べたい パンケーキ ずかん

生地のこだわりはもちろん、ソースやトッピングのアレンジなど、バリエが充実! クリームやフルーツがたっぷりのハワイアン・パンケーキで、食べる前から幸せ気分に。

**$12.95(2枚)**

**リリコイ・パンケーキ** Ⓑ
おばあちゃんレシピのパンケーキは甘ずっぱいリリコイのソースが決め手

**$16(2枚)**

**バナナ・シャンティ・パンケーキ** Ⓐ
バナナの甘い風味にたっぷりシロップとローストココナッツがマッチ!

**$14.50**

**ウベ・パンケーキ** Ⓒ
紫のイモ、ウベを練りこんだ生地に、ウベとココナッツをブレンドしたソースを

**$16.95**

**ストロベリー・ホイップクリーム&マカダミアナッツ** Ⓓ
パンケーキ5枚に口当たりの軽いホイップと酸味のあるイチゴがのって、バランスのいい味

**$13.75~**

**グアバ・シフォン・パンケーキ** Ⓔ
甘めとすっぱめ、2種類のグアバソースがたっぷりかかり、味のバランスも◎

**$29.50**

**ミックスベリー・スフレ・パンケーキ** Ⓕ
メレンゲ主体のふわふわ食感が至福。4種のベリーと生クリームを添えて

---

**Ⓐ** ハワイカイのロコ御用達カフェ
### モエナ・カフェ ●Moena Café
個性的なビジュアルのパンケーキが揃い、SNS映えすると評判。

**ハワイ・カイ** MAP:P3F4

🏠7192 Kalanianaole Hwy. ココ・マリーナ・センター内 ☎808-888-7716 ⏰7時～14時30分 ㊡なし

**Ⓑ** カイルア散策の休憩スポット
### モケズ・ブレッド&ブレックファスト
●Moke's Bread & Breakfast
オムレツやロコモコなどが味わえるアットホームな人気カフェ。

**カイルア** MAP:P12A3

**DATA⇨P198**

**Ⓒ** 衝撃カラーのメニューにドキッ
### ヨーグル・ストーリー
●Yogur Story
朝食&ランチメニューを取り揃えたカフェ。SNS映えメニューは必食!

**アラモアナ** MAP:P9E2

🏠 745 Keeaumoku St. #100
☎808-942-0505
⏰7時～15時30分
㊡なし

オススメ!

おいしいもの

パンケーキ

朝ごはん

ハワイアン

アメリカン

スイーツ&カフェ

レストラン

なにかと便利

**$22**

シェフズスペシャル"メガ"パンケーキ Ⓙ
スフレのふわふわ感×ホットケーキのもちもち
しっとり感が融合した自慢の一品

---

Ⓙ SNS映え間違いなしのパンケーキ
# サニーデイズ
● Sunny Days
センスのいい空間でいただく、野菜
とフルーツたっぷりのメニューはど
れも評判。

モンサラット MAP：P7F3

🏠3045 Monsarrat
Ave.
☎808-367-0059
🕐8〜15時(LO14時)
休なし

---

**$18.39**

NYチーズケーキ・
パンケーキ Ⓘ
バターミルク生地にNYチ
ーズケーキを盛り込んだリ
ッチな味わい

---

Ⓘ ロコも行きつけの人気店
# アイホップ
● IHop
アメリカンなファミレスメニューを
揃える。クレープも人気メニュー。

ワイキキ MAP：P10B2

🏠日ワイキキ・マリア
ロビー階 ☎808-921-
2400 🕐7〜21時
休なし

---

Ⓗ スタイリッシュなバーで朝食を
# ハイドアウト・アット・ザ・レイロウ
● Hideout at the Laylow
ロビーエリアにあるバー。カフェや
レストランとしても終日営業。

ワイキキ MAP：P10C2

DATA⇨P160

---

**$20**

バックウィート・パンケーキ Ⓗ
食物繊維が豊富で栄養価の
高いそば粉が入っている。
外側はカリッとした食感

---

**$25〜**

パンケーキ・フルーツ
全部のせ Ⓖ
パンケーキが隠れるほどの
新鮮フルーツてんこ盛りに
テンションアップ！

---

Ⓖ フレッシュなトッピングにこだわり
# カフェ・カイラ
● Café Kaila
オーナー、カイラさんの選りすぐり
メニューが楽しめる有名店。

カイムキ MAP：P7D1

🏠2919 Kapiolani
Blvd. ☎808-732-
3330 🕐7〜15時
30分 休なし

---

Ⓓ パンケーキミックスをおみやげに
# エッグスンシングス
● Eggs'n Things
山盛りのホイップクリームでおなじ
みの店。朝食メニューも充実。

ワイキキ MAP：P10A2

🏠339 Saratoga Rd.
☎808-923-3447
🕐7〜14時
休なし

---

Ⓔ オリジナルのソースがポイント
# シナモンズ アット ザ
イリカイ
● Cinamon's at the Ilikai
ベスト朝食レストランに選ばれたカ
イルアで人気のレストランの姉妹店。

ワイキキ MAP：P6A3

🏠日イリカイ・ホテル&
ラグジュアリー・スイ
ーツ内 ☎808-670-
1915 🕐7〜21時(ラ
ンチは11時〜) 休なし

---

Ⓕ スフレパンケーキ発祥のお店
# クリーム・ポット
● Cream Pot
日本未上陸店。口溶けなめらかなパン
ケーキに虜になるリピート客も。

ワイキキ MAP：P6B3

🏠444 Niu St. ワイキ
キ モナーク ホテル内
☎808-429-0945
🕐8〜14時 休火・水曜

※精算時、チップが含まれるチップポリシーあり

**Hotel Breakfast**

フードも景色もすばらしい！

# オーシャンビューのホテル朝食

**Read me!**

せっかくのハワイバカンスだもの、スペシャルな眺めとともにゆったりと朝食を楽しみたい。ビーチフロントのラグジュアリーホテルでなら、なおさら最高！

↓カイマナビーチを一望する開放感いっぱいのテラス席

**オススメ！**

**Brunch**
**8:00～13:30**

幸運を呼ぶ木の下で朝食を

## ハウ・ツリー ●Hau Tree

作家のマーク・トウェインも愛した樹齢100年以上の幸運を呼ぶ木の下に広がるレストラン。ブランチメニューのエッグベネディクトは全部で4種類。予約がベター。

**ワイキキ MAP：P7F4**

🏠 カイマナビーチホテルワイキキ1F ☎ 808-921-7066
🕐 ブランチ8時～13時30分、バー13時30分～17時、ディナー17～21時、レイトナイトバー21～22時 ⑭なし

↓定番人気のハウツリー・エッグベネディクト $28

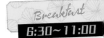

**Breakfast**
**6:30～11:00**

→カハラ特製のマラサダ「カハラサダ」もビュッフェで

↑創業当時からのメニュー、薄焼きパンケーキ（奥）も忘れずに

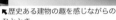

## Breakfast 6:00〜10:30

### 歴史あるレストランで贅沢な朝時間

# ザ・ベランダ ●The Veranda

クラシックなホテルで提供されるのは、フルーツや野菜などバランスの取れた朝食。ビュッフェ$44のほか、パンケーキやオムレツなどのアラカルトも。

**ワイキキ** MAP：P11D2

🏨🗽モアナ サーフライダー ウェスティン リゾート&スパ1F ☎808-931-8646

🕐6時〜10時30分、（金〜日曜は11時30分〜14時30分も営業）㊡なし 🅱 リゾートカジュアルで

↓人気の「モアナ・パンケーキ マンゴーの美力」$34

↖歴史ある建物の趣を感じながらのひととき

←ジャガイモ炒めを添えた特製エッグベネディクト$37

---

### 名物スイーツも忘れずに

# プルメリアビーチハウス
●Plumeria Beach House

白砂のカハラビーチが目の前のレストラン。朝食ビュッフェ$50では、シェフがその場で作ってくれるオムレツをはじめ、肉類、ペストリー、フルーツなどがずらり。

**カハラ** MAP：P5F2

🏨🗽ザ・カハラ・ホテル&リゾートロビー階下 ☎808-739-8760 🕐6時30分〜11時、11時30分〜14時、17時30分〜20時30分 ㊡火・水曜のディナー 🅱

↓波の音が聞こえる、オープンエアのテラス席が人気

---

## Breakfast 6:30〜10:30

### ピンクパレスでパンケーキ！

# サーフ ラナイ ●Surf Lanai

ダイヤモンドヘッドを望むテラス席で、ハワイらしい優雅な朝を。朝食メニューはアラカルトで、テンションの上がるピンクのパンケーキも！

**ワイキキ** MAP：P10C3

🏨🗽ロイヤル ハワイアン ラグジュアリー コレクション リゾート1F ☎808-921-4600 🕐6時30分〜10時30分 ㊡なし 🅱

↓生地にグアバやラズベリーを練りこんだキュートなピンクパレス・パンケーキ $27

←ワイキキビーチを目の前にした抜群のロケーションで朝食タイム

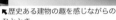

おいしいもの

パンケーキ

朝ごはん

ハワイアン

アメリカン

スイーツ&カフェ

レストラン

なにかと便利

77

ハワイの恵みをたっぷりいただこう

# 土曜の朝はKCCへ直行!

7:30〜11:00
土曜 Saturday

## ▶ Read me! ◀

とれたての野菜やフルーツ、フードブースがいっぱい集まるマーケット。ツーリストに大人気のスポットで、朝食を楽しんだり、グルメギフトを調達したりして土曜の朝を満喫しよう。

トーストしたココナッツがのったアサイボウル $12

### サタデー・ファーマーズ・マーケットKCC
*Saturday Farmers' Market KCC*

ファーマーズ・マーケットの先駆け的存在で、ホノルルを代表する朝市。広大な敷地に約95店のベンダーが出店。

**ダイヤモンドヘッド MAP:P5F2**

🏠 4303 Diamond Head Rd.（カピオラニ・コミュニティ・カレッジ敷地内）☎ 808-848-2074（事務局）
URL www.hfbf.org

**トロリー** グリーンラインでKCCファーマーズ・マーケットで下車。

**ザ・バス** ワイキキからはクヒオ通りで23番に乗車。KCC（カピオラニ・コミュニティ・カレッジ）で下車。

**車** モンサラット通りをダイヤモンドヘッド通り方面に行くのが一番わかりやすい。駐車場は混雑しているが、回転は早いので少し待てば駐車できる。9時前なら比較的すいている。

## 1 グローイング・ルーツ・ハワイ

新鮮フルーツで水分と元気をチャージ!

地元の新鮮なフルーツや野菜をふんだんに使ったドリンクとスイーツを販売。ハワイ産のココナッツ・ウォーター $10も人気。

やさしい甘みと酸味が特徴のグアバ・パイナップル・スラッシー $8

マグロのステーキが美味!アヒステーキ+シュリンププレート $18

## 2 ハワイアン・スタイル・チリ・カンパニー

ローカルの味をガッツリ味わう

オアフ島の中央、ワヒアワで人気の店。ハワイ産牛肉を使ったステーキやカルアピッグなどを食べられるとあり大盛況!

### How to ファーマーズ・マーケットの楽しみ方

**1, 何時に行くべき?**
ゆっくり楽しみたいなら7時30分のオープンを目指そう。10時を過ぎると空いてくるが11時と同時に閉店になるので、全部を見て回るのは難しいかも。

**2, クレジットカードは使える?**
利用できる店も増えているが、少額のものが多いので現金を用意しておこう。小額紙幣やコインを多めに準備しておくといい。

**3, 持っていくべきものは?**
ショッピングバッグは有料なうえ、用意していない店もあるので、エコバッグを持参しよう。現地でグルメを楽しむなら、ウエットティッシュもあるといい。

## 3 アイランドバナナジュース

濃厚なバナナジュースが人気!

ハワイ産のバナナを使用したバナナジュースのお店。凍らせた熟れたバナナとミルクのみをミックスしているので、甘くて濃厚!

レギュラーサイズのバナナジュース（プレーン） $5

おいしいもの

パンケーキ

朝ごはん

ハワイアン

アメリカン

スイーツ&カフェ

レストラン

なにかと便利

**5** ハワイ産のジャムをおみやげに
## アカカフォールズファーム
ハワイ島の農場で作られたジャムやフルーツバターを販売。商品は全て無添加無農薬。ジャムは料理にも使用するのもおすすめだとか。

> おすすめのパッショフルーツジャム $14

> 一番人気の100% パイナップルジュース $8.50

**4** ボリューム満点でブランチにもピッタリ！
## ククイ・ソーセージ
ハワイのソーセージメーカー。グリルで焼き上げるジューシーなジャンボソーセージを豪快にほおばろう。

**6** 新鮮なパイナップルジュースが絶品
## ハワイアンクラウン
パイナップル農家が経営するお店。100%無添加でフレッシュなジュースを味わうことができる、ドライフルーツやジャムなども販売。

> カレーソースがかかったキングコングホットドッグ $12

## 主なファーマーズ・マーケット

| 名称 | エリア | 曜日　時間 | ひと言コメント | 場所 | MAP |
|------|--------|-----------|---------------|------|-----|
| カカアコ・ファーマーズ・マーケット | ワード | 土曜/8〜12時 | 地元産やオーガニックにこだわった出店が多い。 | DATA⇨P185 | MAP P9D3 |
| ワイキキ・ファーマーズ・マーケット | ワイキキ | 月・水曜/16〜20時 | 観光客目線の品揃えになっているのでみやげ探しにも。 | ハイアット リージェンシー ワイキキ ビーチ リゾート&スパ1F | MAP P11D2 |
| オープンマーケット・アット・ワイキキ・ビーチ・ウォーク | ワイキキ | 月曜/16〜20時 | ワイキキ・ビーチ・ウォークで開催。15店舗ほどの出店。 | ワイキキビーチウォーク(→P183) ☎808-931-3591 | MAP P10B3 |
| フォートストリート・モール・ファーマーズマーケット | ダウンタウン | 火・金曜/7〜13時30分 | 高層ビルに囲まれたファーマーズ・マーケット。 | ウィルコックス・パーク(キング通りとフォートストリートモールの角) | MAP P8B2 |
| ハレイワ・ファーマーズ・マーケット | ハレイワ | 木曜/14〜18時 | ノース在住アーティストたちが作る手工芸品もある。 | 59-864Kamehameha Hwy.,Haleiwaワイメア・バレー | MAP P2C1 |
| カイルア・サーズデー・ナイト・ファーマーズ・マーケット | カイルア | 木曜/16〜19時 | プレートランチなどのフードの出店が多いのが特徴。 | 609 Kailua Rd.駐車場内 | MAP P12B4 |

**To Go Breakfast**

朝はサクッとグラブ&ゴー！

# 手軽でおいしいTo Go朝食

カパフルアヴェニューから見えるこの看板が目印

### Read me!

朝はそんなに食欲がないけれど、でかける前に少しお腹に入れておきたい。そんなときに便利な、ワンハンドで食べられてハワイらしさあふれるメニューをご紹介！

↑常に行列ができている

## Malasada
マラサダ

揚げたてはアツアツモチモチ！

ポルトガル生まれハワイ育ちの菓子
### レナーズ・ベーカリー
●Leonard's Bakery

1952年の創業。マラサダをハワイに広めた元祖の店。オーダーを受けてから揚げるので、できたて熱々を楽しめる。ハウピアやグアバなどクリームが入ったものもある。

**カパフル** MAP：P7D1
🏠933 Kapahulu Ave.
☎808-737-5591
🕐5時30分〜19時 🈳なし

$2.25
マラサダパフ（グァバ）

$2.25
マラサダパフ（ハウピア）

各$1.85
シュガー、シナモンシュガー

$5.65
クランベリーマンダリンオレンジクリームチーズ

直径約10cmのビッグサイズ！

↓スコーンはセルフで取ってレジで会計する

## Scoon
スコーン

自家製デリとプレートランチの店
### ダイヤモンドヘッド・マーケット&グリル
●Diamond Head Market & Grill

店は、右が窓口で注文する各種プレートランチのコーナー、左は種類豊富な作りたてのデリを販売するマーケット。スコーンは1日500〜800個売れる人気アイテム。

**モンサラット** MAP：P7F2
🏠3158 Monsarrat Ave. ☎808-732-0077
🕐7時30分〜20時30分（グリルは11〜20時）🈳なし

↓スコーンはマーケットの店内で販売。早い時間に売り切れることも！

$5.65
ブルーベリークリームチーズ

### スコーンメニュー一覧

| | |
|---|---|
| 毎日………………… | ブルーベリークリームチーズ、バナナクリームチーズ |
| 日・金曜限定……… | クランベリーマンダリンオレンジクリームチーズ |
| 月・水曜限定……… | パイナップルクリームチーズ |
| 火・木・土曜限定… | アップル クリームチーズ クラム |

オススメ！

おいしいもの

パンケーキ

朝ごはん

ハワイアン

アメリカン

スイーツ&カフェ

レストラン

なにかと便利

←イートインはもちろん、ビーチが近いからTo Goにも便利

→アイスやサンドイッチは冷蔵庫（冷凍庫）内にある

## Sandwich
サンドイッチ

野菜たっぷり！笑顔になるおいしさ
### タッカー＆ベヴィー・ピクニックフード
●Tucker & Bevvy Picnic Food

ワイキキビーチのすぐ近く。サンドイッチやサラダ、ナチュラルジュースなど、すでにパッケージされた軽食のほか、店頭で注文を受け、その場で作る温かいフードもある。

**ワイキキ　MAP：P11F3**
⌂国 パーク・ショア・ワイキキ1F
☎808-922-0099
🕐6時30分〜19時（月・水・日曜は〜15時）
㊡なし 国

$10.99
ターキークラブパニーニ

$9.89
カレーチキン・サンドイッチ

## Sandwich & Ice Cream
サンドイッチ & アイスクリーム

シンプルだけど手頃でおいしい
### 高橋果実店
●Henry's Place

完熟したフルーツを使ったアイスクリームやシャーベットが有名。サンドイッチもシンプルながらボリュームがあり、ワイキキとは思えない価格の手頃さからもリピーターが多い。

**ワイキキ　MAP：P10A3**
⌂234 Beach Walk Drive 🕐10〜22時
㊡なし

$8.60
ウォーターメロンソルベ

$8.60
マンゴーソルベ

$7
ハム＆チーズ・サンドイッチ

←カウンターやテーブル席などイートインスペースも

## musubi
おむすび

疲れた胃にやさしいおむすび専門店
### むすびカフェいやす夢
●Musubi Cafe Iyasume

日本最高級米、北海道のななつぼしを使い、注文を受けてから作るおむすびやスパムむすびは30〜35種類を用意。弁当や牛丼もある。

**ワイキキ　MAP：P11E2**
⌂国 パシフィック・モナーク・ホテル1F
☎808-921-0168 🕐6時30分〜21時 ㊡なし

$2.68
卵ときゅうりをのせたスパムむすび

$7.24〜
おむすびと豚汁のセット

---

+ Plus! **ハワイのデニーズでコスパ◎な朝食を発見！**

伝統的なアメリカンダイナー
### デニーズ
●Denny's

日本でも展開するファミレスチェーン。ハワイ店はメインランドからの観光客を中心に大賑わい！ワイキキの中心にあるにもかかわらず価格が手頃なのも人気の秘密だ。

**ワイキキ　MAP：P10B3**
⌂205 Lewers St. 国 インペリアル・ハワイ・リゾート内
☎808-923-8188 🕐24時間 ㊡なし

→ムーンズ・オーバー・マイ・ハミー$15.19

→グリーンスムージー$4.99

←ストロベリーバニラ・クレープ・ブレックファスト$13.69〜

今日の気分はどっち？

# 2大ご当地 丼 [ボウル] にトライ!!

**$11.75**

ロコモコプレート Ⓐ

アメリカ式のつなぎの入っていないハンバーグがドーンと2枚のる

これぞ、ザ・王道！

サイドのマカロニサラダもロコスタイル

バリエーションもたくさん

## LOCO MOCO ロコモコ

1940年代後半、ある少年がハワイ島ヒロにあったリンカーングリルに行き「これで満腹になる物を作ってよ」と25セントコインを渡したことから誕生したといわれている。基本は白いご飯にハンバーグをのせてグレービーソースをかける。

ほのかにスパイスのきいたグレービーソースの隠し味は昆布だし！

目玉焼きは半熟なら「サニーサイドアップ」、両面焼きなら「オーバーイージー」と注文

変わりダネ！

**$29**

50/50ロコモコ Ⓑ

ビーフとベーコンをミックスしたパテが自慢。ご飯はフライドライス

あっさり食べやすい！

**$28**

ルルモコ Ⓒ

パテの上にカルアポークをオン。あっさりなのにうま味が後引くおいしさ

---

Ⓐ カパフルアヴェニューを代表する名店

### レインボー・ドライブイン ●Rainbow Drive-In

ロコ御用達の老舗プレートランチ店。名物のロコモコはボリューミーかつ長年変わらない味。これを目当てに訪れるツーリストも多く、常に賑わう。

カパフル MAP：P7E2

🏠3308 Kanaina Ave.
☎808-737-0177
🕐7～21時 🈲なし

Ⓑ ワイキキのど真ん中でロコモコ

### ショアファイヤー ●ShoreFyre

パンケーキやロコモコといった朝食メニューをはじめ、ランチ以降はステーキ＆シーフード、ハンバーガーなどのアメリカン料理を用意。

ワイキキ MAP：P10C2

🏠インターナショナル・マーケットプレイス（→P182）3F ☎808-672-2097 🕐10～24時(金・土曜は～翌2時、日曜は9時～) 🈲なし

Ⓒ 味もサイズ感も絶妙

### ルルズ・ワイキキ ●Lulu's Waikiki

看板に「ワイキキで一番うま～い極上ロコモコ」とあるように、ロコモコが売りのダイニング。オープンエアの店内も好ロケーション。

ワイキキ MAP：P11F3

🏠2586 Kalakaua Ave.
🏨パーク・ショア・ワイキキ内 ☎808-926-5222
🕐8～24時(月曜は～翌2時) 🈲なし

**専門店で味わうカスタムメイド**

# POKE BOWL ポケボウル

ハワイ近海でとれる魚介類の切り身を塩、醤油、香味野菜、海藻などを混ぜ込み味付けし、白米の上にのせる。ベースは玄米やすし飯などから選べるところもある。ハワイでは味付け済みのポケが主流だ。

ミソジンジャー

**ハワイアンスタイルの
ポケとミソジンジャータコ** Ｅ
ベースは白米、玄米、グリーンサラダ、または酢飯も選べる

13種のソースから選べる

サーモンをごまダレソースで

エビをわさびマスタードで

ホタテ

アヒをシンプルに醤油で

**$21.99**

**ポケ丼（L）** Ｄ
ポケ3種類が選べる。ご飯は2スクープ。1スクープとサラダの組み合わせにも変えられる

## How to order

STEP **1** サイズを選ぶ
スモール、ミディアム、ラージ、もしくはスモールとレギュラーなど。

STEP **2** ベースを選ぶ
白米、ブラウンライス(玄米)、さらにサラダを選べる場合もある。

STEP **3** 具材を選ぶ
数種類用意された魚から好みのものを。ＤとＦではソースも選べる。

## 定番の魚

**アヒ**（マグロ）…定番中の定番。醤油からピリ辛味までどれでも合う

**サーモン**…シラチャーマヨネーズを使ったスパイシーなタイプが人気

**タコ**…醤油はもちろんワサビをほんのりきかせたものも美味

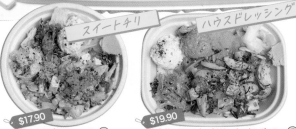

スイートチリ

ハウスドレッシング

**$17.90**

**ホタテと豆腐のスモール** Ｆ
魚介に豆腐をミックス。野菜も相まったさまざまな食感が楽しい

**$19.90**

**アヒとサーモンのキュウリミックスをレギュラー** Ｆ
ベースは白米。トッピングを3種選んで具だくさんな盛り付け

---

パンケーキ

朝ごはん

ハワイアン

アメリカン

スイーツ&カフェ

レストラン

なにかと便利

---

Ｄ カスタマイズは指差し注文OK！
### ポケ&ボックス ●Poke & Box
ベースはサラダか白米、玄米から選ぶ。メインのポケは、ワサビやスパイシーなど味付けは13種類。
`アラモアナ` MAP：**P9F2**

アラモアナセンター(→P114)1Fマカイ・マーケット・フードコート 外側 ☎808-892-5252 ⏰11～19時(金・土曜は～19時30分、日曜は～18時) 施設と同じ

Ｅ ひねりのきいた個性的な味付けも
### オフ・ザ・フック・ポケ・マーケット ●Off The Hook Poke Market
日本食レストランのマネージャーやミュージシャンという経験をもつ2人がオーナー。ポケは定番の味付けからユニークなものまでバリエ豊富。
`マノア` MAP：**P5D1**

2908 E.Manoa Rd.☎808-800-6865 ⏰10～18時 日曜

Ｆ 代表的料理を新しいスタイルで
### ポケ・バー ダイス&ミックス ●Poké Bar Dice & Mix
ポケの魚は毎朝市場から仕入れているので新鮮。ソースには、ポン酢やワサビマヨなど日本人好みのものもある。もちろん、伝統スタイルも。
`ワイキキ` MAP：**P10B3**

ワイキキ・ビーチ・ウォーク(→P183)1F ☎808-888-8616 ⏰11～22時 なし

グルメ度は右肩上がり!
# カジュアルで大満足のプレートランチ

**Read me!**

ご飯とおかずがセットになったプレートランチはお手軽で便利。ステーキ系、チキン系、ローカル系など、メニューもバラエティ豊か。レストラン級テイストの店も!

**$13**
### ステーキ・プレート Ⓒ
ご飯が見えないほど大きなステーキでびっしり!ボリューム満点

**$19.75(225g)**
### ニューヨークステーキ Ⓑ
ステーキ1枚がドーンとのる迫力。このボリュームでこの値段!

**$10.41**
### チキンプレート Ⓐ
香ばしく焼きあげられたチキンの下にはご飯と一緒にたっぷりの野菜も!

**18.69〜(10oz)**
### ステーキプレート Ⓐ
香ばしく焼き上がったビーフは自家製ソースとの相性バツグン!

**$18**
### ミックスプレート Ⓓ
ステーキやガーリックシュリンプなどから2種選べる。ソースも5種から

**$17**
### グリルドチキン Ⓕ
ジューシーなチキンが2枚もついたボリューム満点のプレートランチ。ご飯は白米と十二五穀米、ミックスから選べる

ステーキ系

---

Ⓐ
ビーチサイドの人気ステーキ
## ステーキ・シャック
●Steak Shack
オーダーを受けてから好みの焼き具合に仕上げるステーキや、こだわりのタレに漬け込んだチキンプレートなど、メニューはシンプルでおいしさが際立つ。

**ワイキキ**
MAP:P10A3

🏠ⓕ ワイキキ・ショア by アウトリガー内 ☎808-861-9966
🕙10時30分〜19時(金・土曜は〜19時30分) ⓗなし

Ⓑ
本格派ステーキをお手軽に
## チャンピオンズ・ステーキ&シーフード
●Champion's Steak & Seafood
一流ホテルで修業をした日本人シェフの作る本格的なステーキやガーリックシュリンプを手頃な値段で提供。醤油ベースのさっぱり味のステーキソースが絶妙。

**ワイキキ**
MAP:P10B2

🏠ロイヤル・ハワイアン・センター(→P180) B館2Fパイナ・ラナイ内 ☎808-921-0011 🕙10〜21時 ⓗなし 📖

Ⓒ
本格的な料理をプレートランチで
## マックス&ルーシーズ
●Max & Lucy's
午前1時から仕込みを開始するという本格派の料理の味を求め、ランチ時には長い列ができる。定番のステーキプレートのほか、フライドチキンなどの日替わりスペシャルもおすすめ。

**カカアコ**
MAP:P8C3

🏠568 Halekauwila St
☎808-547-3663
🕙5〜9時、10〜14時 ⓗ土・日曜

Ⓓ
スーパーの中で気軽にイートイン
## ハイ・ステーキ
●HI STEAKS
上質なステーキがしっかりと食べられるプレートランチ店。ビーフステーキのほか、ロコモコ、ガーリックシュリンプなどのローカルフードも揃えている。

**アラモアナ**
MAP:P9F2

🏠アラモアナセンター(→P114)フードランド・ファームズ(→P146)内 ☎808-949-8746
🕙11〜20時 ⓗなし

おいしいもの

パンケーキ

朝ごはん

ハワイアン

アメリカン

スイーツ&カフェ

レストラン

なにかと便利

# チキン系

# ローカル系

**$13.75**
カルビビーフ・
リブプレート Ⓖ
甘辛いソースに漬け込
んだ肉厚カルビ。ご飯
は玄米に変更可能

**$18**
ワサビ醤油アヒステーキ Ⓖ
ワサビ醤油が和食テイスト
でご飯が進む味付け

**$13**
フライドチキンプレート Ⓒ
皮パリッ&中身ジューシー
なチキンは専門店も顔負け
の味! 水〜金曜限定

**$16**
ガーリック・アヒ・ステーキ Ⓔ
アヒをミディアムレアにグリル。
ガーリックとネギで旨みを増す

**$14**
モチコチキン Ⓔ
餅粉をまぶしてカリッと揚
げたチキン。+$1でシソワ
カメご飯に

## ビーチパーク近くの
## お店早見表

**ワイキキビーチ**
●ステーキ・シャック→徒歩2分
●チャンピオンズ・
ステーキ&シーフード→徒歩5分

**アラモアナ・ビーチ・パーク**
●ハイ・ステーキ　→徒歩10分

**カピオラニ・パーク**
●アロハカフェパイナップル
→徒歩15分
●ダイヤモンドヘッド・
マーケット&グリル→徒歩15分

---

Ⓔ
日本人シェフが腕をふるう人気店
### パイオニア・サルーン
●Pioneer Saloon
何をオーダーしてもおいし
いと定評のある、プレート
ランチ店の2号店。ロコに
も大評判で店内は混み合っ
ていることが多く、テイク
アウトがおすすめ。

カカアコ
**MAP：P8C3**

🏠 675 Auahi St. ソルト（→
P189）内 ☎ 808-600-5612
🕐11〜20時 休日曜

Ⓕ
日本生まれのハワイアンカフェ
### アロハカフェパイナップル
●ALOHA CAFÉ Pineapple
日本で生まれたハワイアン
カフェの本店。ボリューム
たっぷりのプレートランチ
やオリジナルブレンドのコー
ヒー、エスプレッソ系の
ドリンクは注文必須！

モンサラット
**MAP：P7F2**

🏠3212 Monsarrat Ave.
☎808-739-1630
🕐7〜15時（ランチは14時30
分LO）休火曜

Ⓖ
フレッシュな自家製フードが充実
### ダイヤモンドヘッド・
### マーケット&グリル
●Diamond Head Market & Grill
モンサラットアヴェニュー
にある、デリとプレートラン
チの店。店外の窓口で注文
するプレートランチは肉料
理やガーリックシュリンプ、
アヒのステーキなどが人気。

モンサラット
**MAP：P7F2**

DATA→P80

85

香ばしいおいしさを食べ比べ！

# これぞリアル！なロコフード

**Read me!**

ハワイを代表するB級グルメはロコモコのみにあらず！チキンを豪快に焼いたもの、香ばしいシュリンプ料理、どちらもロコが愛する"リアル・ローカル・グルメ"！

➡秘伝のレシピでマリネしたチキンを焼きあげる

## Huli Huli Chicken フリフリチキン

「フリフリ」はハワイ語で「回す」という意味。
その名のとおり、スパイスをまぶしたチキンを煙モクモクの中、ぐるぐる回しながら豪快に焼きあげる。
香ばしい匂いに誘われ、行列ができることも！

**$15**

### ホールチキン・チョップド
肉汁たっぷりのチキン。食べやすいように骨ごと切り分け

**$15.99**

### ラージプレート
外の皮はパリパリ、中はジューシーなチキン半身。サイドのキムチ$2.50〜、たくあんは各$2.99〜

➡店外でフリフリしたチキンを店内で網から外し、ゲストに提供。1日に200〜300羽が売れる

---

週末のみ！ハレイワのお楽しみグルメ

### レイズ・キアヴェ・ブロイルド・チキン
●Ray's Kiawe Broiled Chicken

土・日曜にハレイワを訪れると感じる、食欲がそそられる香り。その正体は、キアヴェの薪でじっくりグリルされたチキン。ジューシーで観光客にも大人気。

**ハレイワ** MAP：P12B1

🏠66-190 Kamehameha Hwy.
☎808-351-6258
🕐土・日曜の9時30分〜16時30分
㊡月〜金曜

➡テントの中で販売。イートインスペースはない

---

創業30年の味がロコに大人気

### コアラ・モア ●Koala Moa

1989年開業。やわらかな若鶏肉を塩胡椒で味付け、キアヴェでスモークするシンプルなおいしさが評判。レモングラス風味のベビーバックリブやチキンとのコンボプレートもおすすめ。

**イヴィレイ** MAP：P4A3

🏠1199 Dillingham Blvd Ste. C108
☎808-523-6701 🕐10〜17時
㊡月曜

おいしいもの

パンケーキ

朝ごはん

ハワイアン

アメリカン

スイーツ＆カフェ

レストラン

なにかと便利

←昼のピーク時は行列ができる！　時間を外して行こう

# Garlic Shrimp　ガーリックシュリンプ

オアフ島の北側でエビの養殖が盛んなことから生まれた料理。
殻付きのエビをガーリックバター（オイル）でじっくり炒め、ライスとともに食べる。
フードトラックでの販売が多い。

ガーリックシュリンプの先駆け

## ジョバンニ
●Giovanni's Shrimp Truck

ガーリックシュリンプの元祖。エビをたっぷりのバターとガーリックで炒めた一番人気のスキャンピのほか、レモン＆バターやホット＆スパイシーもある。

ハレイワ　**MAP：P12A1**

🏠66-472 Kamehameha Hwy.
☎808-293-1839
🕙10時30分〜17時
㊡なし

↑店前のベンチで食べられる

**$16**
### スキャンピ

基本中の基本メニュー。レモンをしぼって召し上がれ

カラカウア・アヴェニューで食べるなら！

## サムズ・キッチン
●Sam's Kitchen

日本のハワイ情報番組で司会を務めていたサムさんの店。
エビ、ビーフ、チキン、アヒ(マグロ)、ヴィーガンの豆腐などを、数種類のオリジナルソースから選んで味付けできる。

ワイキキ　**MAP：P10B2**

🏠353 Royal Hawaiian Ave.　☎808-444-3636
🕙10時〜翌1時　㊡なし

→店先にはハワイ出身の横綱の銅像がある

**$20**
### エビのオリジナル祭り風ソース

レモンポン酢や日本酒風味が広がる個性的な一品。ライスとの相性も◎

# 香ばしいおいしさを食べ比べ！
# ステーキは熟成肉とキアヴェグリル♥

ビッグでアメリカンなステーキは旅のハイライトにぴったり。こだわりの熟成肉を使った、ステーキ専門店ならではの味わいを堪能しよう！キアヴェの香りを添えたものも。

## ハワイのステーキ　人気部位5

①チャックアイロール(肩ロース)　スジはあるがきめ細やか。サシが入りやすく赤身とのバランスも◎。

②リブアイ(テルモニコ)　あばらの中心部分。比較的赤身が多く、やわらかくおいしい。

③サーロイン(ストリップロイン)　適度な霜降りと甘みをもつステーキの王道部位。脂は少なめ。

④テンダーロイン(フィレミニョン)　やわらかく脂の少ない上品な味。1頭あたり約3%程度しか取れない。

⑤ブリスケット(肩バラ)　前足の付け根あたりの前側の肉。甘くあっさりしているのが特徴。

ドレッシーな雰囲気で味わう高級肉

←眼下にワイキキの喧噪を感じながら至福の時を

**HAPPY HOUR**

15時～18時30分（土・日曜、祝日、イベントデー除く、バーエリア限定）

### 熟成肉で大人気の極上ステーキ専門店
### ウルフギャング・ステーキハウス
●Wolfgang's Steak Houses

NYに本店を構えるステーキハウス。全米でも3%しかないというプライムビーフを店内の熟成庫でドライエイジング、900℃以上の超高温オーブンで焼きあげる。

**ワイキキ** MAP:P10B2
🏠ロイヤル・ハワイアン・センター(→P180)
C館3F ☎808-922-3600 ⏰7時～22時
30分(金・土曜は〜23時) 🈁なし

↑前菜にはシーフード・プラッター(時価、2人分)を

$208.95(2人分)
**ポーターハウスステーキ**
サーロインとフィレが一度に楽しめるお得なひと皿

↑タキシード姿のスタッフがフランベするデザートも有名

2024年5月にリニューアルオープン予定！
### ハイズ・ステーキハウス ●Hy's Steak House

熟成させて旨みを最大限に引き出したUSDA認定プライムビーフを、キアヴェの炭を使って焼き上げる。高温で燃焼するため、最高の風味を付けることができる。

**ワイキキ** MAP:P11E1
🏠2440 Kuhio Ave. ☎808-922-5555 ⏰
17～21時 🈁なし 🈁🈁 ドレスコードあり

$158(24oz)

やわらかく風味豊かな味わい！

→ヨーロッパの邸宅を思わせる重厚なインテリア

**ドライエイジ ボーンインリブアイ**
熟成させ、うま味とやわらかさが更に際立った極上リブ

→自然のうま味を生かしたアヒ・ツナ・クルード・ロール$29

骨つきリブロースにかぶりつく!

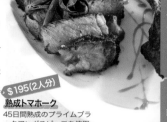

HAPPY HOUR
16〜18時
(バーエリア限定)

オススメ!

有名シェフがプロデュース
## ストリップステーキ、ア・マイケル・ミーナ・レストラン
●Strip Steak, A Michael Mina Restaurant

有名グルメガイド星付きのシェフ、マイケル・ミーナ氏がプロデュース。米国産プライムビーフや毎日空輸されてくる魚介類など、最高級の食材を用いる。

**ワイキキ MAP:P10C2** インターナショナル・マーケットプレイス(→P182)内 ☎808-896-2545 ⊙17〜21時(金・土曜は〜22時) ⑭なし

↑カウンター席ではハッピーアワーを実施

◆$195(2人分)
**熟成トマホーク**
45日間熟成のプライムブラックアンガスビーフを使用

---

リピーター多数の名物ステーキ!

$70(16oz)

日本人シェフが手掛ける極上ステーキ
## ファイヤーグリル ●Fire Grill

人気イタリアン"タオルミーナ"を手がける三村シェフが作る看板メニューのスモークプライムリブのほか、骨付きBBQリブが人気。シェフこだわりのタパスも充実している。

**ワイキキ MAP:P11D1** 2330 Kuhio Ave. ヒルトン・ガーデン・イン・ワイキキビーチ1F ☎808-744-3300 ⊙6〜10時、11時30分〜14時30分、15〜21時 ⑭なし

↑クレイブアメリカンバーガー$18はランチの人気メニュー。ステーキハウスのハンバーガーは必食!

HAPPY HOUR
15〜18時

**スモークド・プライムリブステーキ**
驚くほど柔らかい肉質で、スモークの香ばしさが口いっぱいに広がる

↑カジュアルでおしゃれな雰囲気の店内。ランチも人気

---

HAPPY HOUR
16〜19時

◆クラシカルなインテリアにモダンテイストを盛り込んだ店内

老舗で味わう上質な熟成肉

熟成プライムビーフが絶品!
## ルースズ・クリス・ステーキハウス
●RUTH'S CHRIS STEAK HOUSE

多数のグルメ賞を受賞する高級店でありながら、肩肘はらずに食事を楽しめる。熟成プライムビーフのうま味が堪能できるステーキはやわらかくてとろける肉質!

**ワイキキ MAP:P10B3** ワイキキ・ビーチ・ウォーク(→P183)2F ☎808-440-7910 ⊙16〜22時(金・土曜は〜22時30分、日曜は〜21時) ⑭なし

◆バーベキューシュリンプ$23

◆豪快な見た目と極上のおいしさのトマホークリブアイ$159(2人分)

おいしいもの

パンケーキ

朝ごはん

ハワイアン

アメリカン

スイーツ&カフェ

レストラン

なにかと便利

大きく口を開けてガブっと
# グルメバーガーを豪快にほおばる!

## Read me!
アメリカンなハンバーガーに舌鼓を打つのもハワイ旅の醍醐味!フカフカのバンズにはさまれるのはジューシーなビーフパテ。自分好みにカスタマイズもできるお店も。

ロコに大人気のバーガー
## バンザイ・バーガー
●Banzai Burger

ワイキキ中心部に位置し、行列が絶えない人気店となっている。ボリューム満点でいて良心的な価格設定。自慢のバンザイソースは日本人好みの照り焼き味に仕上げている。

**ワイキキ** MAP:P10C2
インターナショナル・マーケットプレイス(→P182)1F ☎808-021-0536(総合案内) ⊙11〜21時 ⑭なし

### こだわりPOINT
牛肉100%の肉厚パテが自慢!アメリカンサイズのボリューム感にBBQやテリヤキなど、オリジナルソースが決め手。

↓カジュアルな雰囲気。席数が多くないのでテイクアウトも◎

バーガーをハワイアンスタイルで

**$12**
**ハワイアンバーガー**
焼いたハワイ産パイナップル、スイスチーズなどを挟んだバーガー。オニオンリングは$6

ハワイ食材がたっぷり!
## ホノルル・バーガー・カンパニー
●Honolulu Burger Company

成長剤などを使用しないハワイ島産のグラスフェッドビーフを使用。野菜はハワイ各地の契約農家から仕入れているものが多い。2022年にはカイムキにも3店舗目がオープン。

**アラモアナ** MAP:P9E1
1295 S. Beretania St. ☎808-626-5202
⊙11〜20時(月曜は〜15時、日曜は〜16時) ⑭なし

↑アメリカンダイナーのような雰囲気

### こだわりPOINT
パテには、ハマクア海岸沿いで放し飼いにしている島産牛のお肉を使用。ポチギやチーズの種類などトッピングも豊富で、カスタムも楽しめる。

ハワイの恵みがたっぷり詰まったバーガー!

**$20**
**チーズバーガー(トリプル)**
パテもチーズも3枚ずつサンドしてボリュームたっぷり!

パンケーキ

朝ごはん

ハワイアン

アメリカン

スイーツ&カフェ

レストラン

なにかと便利

テレビにも登場する話題の店

## バーガーズ・オン・ビショップ
●Burgers on Bishop

ハワイの食通の間で「ベスト・バーガー」と名高い店。バーガーごとに作る特製ソースが決め手のワギュウ・バーガーやアメリカン・バーガーが人気だ。

**ダウンタウン** **MAP：P8B2**

🏠745 Fort St. #130 ☎808-586-2000
🕘9〜14時(ハンバーガーの提供は11時〜)
休土・日曜

**$17.98**

### ダブルチーズバーガー
40日間ドライエイジングさせたステーキ肉を大胆にミンチし、パテに使用

圧巻のボリューム、まさに"お肉屋さんのバーガー"

**こだわりPOINT**
> 厳選したステーキ肉を熟成させてミンチにしているので、まるでステーキを食べているような満足感！

**$14**

### ワギュウ・バーガー
肉汁あふれるぜいたくなワギュウ・パテにリッチなソースが合う

**こだわりPOINT**
> シェフが創意工夫を凝らして作ったブリオッシュバンズなどベーカリー類もおいしい！

←すっきりとしたインテリア。ソーダなどドリンクはセルフサービスで

精肉店&デリのグルメバーガー

## ブッチャー&バード
●Butcher & Bird

シカゴの精肉店で修業経験のあるオーナーが作るバーガーは、ステーキ肉を大胆にミンチにするなど、贅沢そのもの。自家製のソーセージをサンドしたホットドッグも人気。

**カカアコ** **MAP：P8C3**

🏠324 Coral St.(ソルト内
(→P189) ☎808-762-8095
🕘11〜18時(日曜は〜16時)
休月曜

→ダークグリーンの外観が目印。テラス席でイートインができる

人気のフードトラックが実店舗に

## チャビーズ・バーガー
●Chubbies Burger

カカアコでフードトラックとして営業していた店が、カイムキエリアに移動して実店舗をオープン。ロコも認めるクラシックスタイルのバーガーは健在。

**カイムキ** **MAP：P5F4**

🏠1145C 12th Ave. ☎808-291-7867
🕘10時30分〜21時 休なし

味重視のローカルも絶賛する美味バーガー

**こだわりPOINT**
> プレミアムアンガスビーフのパテに地元産の新鮮野菜を使用。口コミで広まり、地元誌で「ベストバーガー賞」にも輝いたほど

↓エリアを移動してもおいしさと人気は健在

### 50's バーガー
地元のベーカリーで焼き上げたバンズにパテやソースもすべて手作り

**$10.75**

映えるクールデザートならこれ！

# 太陽の下でひんやりアイスを♥

**Read me!**

ハワイで食べたくなるのは、やっぱりアイス。シェイブアイスや、ハワイのフルーツがフレーバーのジェラートなど、どれもおいしい。見た目もかわいくて気分もあがります！

**$6.95**
**ストロベリー** Ⓑ
ケイキ（キッズ）サイズでシンプルな味わいの一番人気

**$4〜(S) $5〜(L)**
**レインボー** Ⓐ
キュートなスタンドにたてていただこう！

*Colorful*

**$10.95**
**ハワイアンレインボー** Ⓑ
イチゴ、マンゴー、ココナツ＆ピルスナーの3種のシロップがかかる

**$3.75**
**トロピカル(S)** Ⓒ
酸味のきいたシロップにモチをトッピング（＋$1）

**$4.25**
**レインボー・シェイブアイス(L)** Ⓒ
レインボカラーでカラフルなシェイブアイスの元祖

*Shave Ice*

---

Ⓐ 老舗ならではの優しいシロップ
## アオキズ シェイブアイス
●Aoki's Shave Ice
やさしい味わいのシロップがおいしい。古きよきハレイワを再現したような店内にはSNSにあげたくなるようなオシャレ小物もたくさん揃う。

**ハレイワ MAP：P12C1**

🏠66-082 Kamehameha Hwy. ☎808-637-6782 🕐11〜18時30分 ㊡月〜木曜

---

Ⓑ ハワイの自然派シロップに舌鼓♪
## アイランド・ヴィンテージ・シェイブアイス
●Island Vintage Shave Ice
ハワイ産フルーツで作ったシロップの自然な甘さがおいしい。オーガニックのソフトクリーム、自家製アズキやモチなどトッピングもヘルシー。

**ワイキキ MAP：P10B2**

🏠ロイヤル・ハワイアン・センター（→P180）B館1F ☎808-922-5662 🕐10〜22時 ㊡なし

---

Ⓒ カラフルなシェイブアイスの元祖
## マツモト・シェイブアイス
●Matsumoto Shave Ice
1951年に日系人夫婦が開業した老舗で、開店と同時に行列ができることで有名だ。白玉モチやあずきなど、トッピングも種類豊富。

**ハレイワ MAP：P12B1**

🏠66-111 Kamehameha Hwy.ハレイワ・ストア・ロッツ内 ☎808-637-4827 🕐10〜18時 ㊡なし

$7.25

ジェラート（1スクープ）
ウィズ ユニコーン
＋スプリンクラー Ⓕ
フレーバーは約14種類あ
り、週によって替わる

$7.25

メディオカップ Ⓕ
気になるフレーバーを3種
類選んで入れてもらうこと
ができる

$8.50

アフォガート Ⓕ
ジェラートにエスプレッソ
コーヒーをかけて

おいしいもの

パンケーキ

朝ごはん

ハワイアン

アメリカン

スイーツ＆カフェ

レストラン

なにかと便利

$6.99〜

シャーベット Ⓔ
白いペーパーボックス（1箱
1パイント＝473ml）に詰め
られて見た目もキュート！

$6.50

（左）ブラックセサミ
（右）マンゴー Ⓓ
ウベ以外は月替わりでフレ
ーバーが替わる。トッピン
グは1つ無料

$16

ブラウニーサンデー
（グランデ）Ⓕ
3スクープのジェラート
に、三角ブラウニー、ホ
イップ、チェリーがのる

*Ice Cream*

---

Ⓓ 絶品＆キュートなソフトクリーム
## スリルズ・ソフト・サーブ
●Thrills Soft Serve
ピンクのフラワーウォールがとび
きりかわいい店内には、フォトスポ
ットが多数。ソフトクリームは常時
6種類。毎月出る新作も気になる。

アラモアナ MAP：P9E2
🏠510 Piikoi St.
☎808-888-6860
🕐13〜21時（金・
土曜は〜22時）●なし

オススメ！

Ⓔ 週2日のみのシャーベット屋さん
## アサト・ファミリー・ショップ
●Asato Family Shop
水・日曜のみの営業日は早朝から多
くのリピーターが行列を作る人気店。
定番3種に月替わりでいろいろなフレ
ーバーが出るので飽きることがない。

ダウンタウン MAP：P8B1
🏠1306 Pali Hwy.
🕐水・日曜10〜14時
●月・火・木・金・土曜

Ⓕ ハワイ産食材の作りたてジェラート
## ヴィア・ジェラート
●Via Gelato
カイムキの人気ジェラート店。フレ
ーバーは14種類あり、週によって替
わるので毎日通いたくなる。店内で
は陶器のカップでジェラートを提供。

カイムキ MAP：P5E4
🏠1142 12th Ave.
☎808-732-2800
🕐11〜22時（金・土
曜は〜23時）●なし

定番

ヘルスコンシャスで変わらない人気

# アサイ&ヘルシーボウルでキレイになる!

**Read me!**

今や、カフェの朝食やランチの定番メニューとなり、日本でも有名になったアサイボウル。後を追うドラゴンフルーツを使ったピタヤボウルなど、ヘルシーボウルが登場している。

$13.95〜

**ハウピア・モアナ・アサイボウル**

トッピング満載のアサイボウル。酸味のあるアサイとアイスクリームを混ぜるとクリーミーな味わいに!

ハウピアがのってハワイらしさ満点

**Beauty Point**

アサイにはポリフェノールやビタミンEなどの栄養素や抗酸化成分、鉄分や食物繊維も豊富。

**ベリー**

真っ赤なベリーは、見た目の華やかとビタミンCをプラスしてくれる

**バナナ**

ハワイ産のバナナをトッピング。さわやかな後味

**はちみつ**

ビックアイランドで採れたはちみつ。熱などは加えておらず、100%天然のハワイアンハニー

**コールドプレスジュース(アップル)**

熱などは加えず、素材がもつ水分だけで作られたジュース。100%素材の味を楽しめる

**ココナッツアイスクリーム**

濃厚なココナッツ味のアイスクリームは、アサイと混ぜて食べて

**パパイヤ**

トロピカルフルーツのひとつパパイヤ。食べやすくカットされている

**アサイ**

コールドプレスジュースとアーモンドミルクをブレンドすることで食べやすくまろやかな味わいに

**アーモンドミルク**

普通のミルクよりもヘルシーな植物性飲料

**グラノーラ**

アイランドヴィンテージオリジナルのオーガニックグラノーラ。サクサクな食感が楽しめる

**ココナッツフレーク**

ふんわりとするココナッツの風味とパリパリの食感が、アサイボウル全体のアクセントに!

人気カフェのアサイボウルは外せない

オススメ!

# アイランド・ヴィンテージ・コーヒー

●Island Vintage Coffee

早朝から賑わうワイキキの人気店。看板メニューのアサイボウルは、オーガニックのグラノーラやハワイアンハニー100%を使用するなど食材にもこだわっている。

**ワイキキ** MAP:P10B2

🏠ロイヤル・ハワイアン・センター(→P180)C館2F ☎808-926-5662 ⏰6〜22時(食事は7時〜21時30分) ㊡なし

↓大人気店なので行列になることも!

↑ウッディな店内は居心地満点!

$17
**ココボウル**
甘酸っぱいアサイ
にココナッツエスプ
ーマをトッピング

$15
**アサイボウル**
トッピングはミックスベ
リー(奥)かハワイアン
フルーツ(右)を選べる

フルーツたっぷりでSNS映えも◎
## ヘブンリー・アイランド・ライフスタイル
●Heavenly Island Lifestyle

地元食材とオーガニック素材にとことんこだわる、ヘルシー志向のカジュアルカフェ&ダイニング。もぎたてフルーツを使ったスムージーやジュースも評判。

ワイキキ **MAP:P10C2**
⌂⊞ショアライン・ホテル・ワイキキ1F ☎808-923-1100
⊘7〜14時、16〜22時 ㉺なし 🅑🈺

本場ブラジルの味をハワイで
## トロピカル・トライブ
●Tropical Tribe

アサイの発祥地、ブラジル出身のオーナーはアサイのクオリティにこだわり、質のよいもののみを使用。多いときは一日で100個以上売れることもある人気店。

ワイキキ **MAP:P10A3**
⌂2161 Kalia Rd. #110 ⊞ワイキキ・ショアbyアウトリガー内 ☎808-744-7079 ⊘8〜19時 ㉺なし

↑カウンターで注文後、ワイキキビーチ目の前のテラス席で食べることができる

$10.95
**アサイボウル トロピカルトッピング**
アサイはグレートAに認定
されたもののみを使用

$10
**ブルーツリーアサイボウル**
ブルーベリーやバナナ
など定番のトッピング。
シナモンがほ
んのり香る

雰囲気抜群!ハワイ発のカフェ
## ブルーツリーカフェ
●Blue Tree Café

日本にも展開する人気カフェの1号店。アンティークなインテリアが飾られた店内は落ち着いた雰囲気で、ひとりでゆっくり過ごすのにもぴったり。

ワード **MAP:P9D2**
⌂1009 Kapiolani Blvd. ☎808-591-2033 ⊘7時30分〜15時30分 ㉺なし

←壁にかけられた青い自転車が目を引くおしゃれカフェ

パンケーキ

朝ごはん

ハワイアン

アメリカン

スイーツ&カフェ

レストラン

なにかと便利

## カラダにおいしい！キレイに効く！
# ヘルシードリンクでパワーチャージ

←ライスを抜きにしたり甘さの調節もできる

**New sensation!**

↓シグネチャーのパープルライスヨーグルトからフルーツシリーズなどフレーバーは豊富！

*Popular*

←フレッシュマンゴーやグレープフルーツの味が濃厚なマンゴーチャーム $7.99

---

↑店内にはゆったりできるソファ席もある

### ロコに人気の台湾ドリンクのお店
## サンティーミックス　●Sun Tea Mix

ホノルルでも人気の台湾ドリンク＆スイーツの店。タピオカドリンクやスフレパンケーキが話題を呼び、カカアコでショッピングの合間に立ち寄るロコが増加中。

カカアコ **MAP：P8C3**
🏠400 Keawe St. ☎808-219-5749
🕐11〜19時 ㊡なし

### アジアで人気のヘルシードリンク
## ヨーミーズ・ライス×ヨーグルト　●Yomi's Rice×Yogurt

新鮮なヨーグルトとお米を使用した新感覚ドリンク。乳酸菌が豊富なヨーグルトと食物繊維が豊富で抗酸化作用もあるパープルライス（紫米）の組み合わせはとってもヘルシー！

アラモアナ **MAP：P9F2**
🏠アラモアナセンター（→P114）1F
☎808-951-1580 🕐11〜20時（金・土曜は〜21時、日曜は〜19時）㊡なし

↑アラモアナセンターにありショッピングの合間に利用できる

→アラモアナセンター
近くにあるオーガニッ
クにこだわったお店

←買物ついでに立
ち寄れる便利なカ
フェ

## ヘルシー＆オーガニックで美味
# ハイブレンド・ヘルス・バー＆カフェ
●HiBlend Health Bar & Cafe
遺伝子組み換え作物や冷凍食材は一切使わないなど、素
材選びにもこだわる自然派志向のカフェ。素材にこだわ
ったフードはどれも別格の味わい。

[アラモアナ] MAP：P9F1
🏠1481 S King St. 134-A ☎808-
721-7303 ⏰9～18時 ㊡なし

↓左から、ジャスト・ビー
ト・イット、キャンディグ
リーン、アップルレモネ
ード各$9.95

## フォトジェニックなドリンク
# アイランド・ヴィンテージ・コーヒー ●Island Vintage Coffee
100％コナコーヒーやフレーバーコー
ヒーなど、本物のハワイアンコーヒ
ーが味わえるカフェ。スムージーは6
種あり、どれも濃厚。早朝から夜遅く
まで営業しているのもうれしい。

[ワイキキ] MAP：P10B2
DATA→P94

↑ヴィンテージコ
ナモカ$8.95などコ
ーヒードリンクも

↓手前から、ラナイ・
スムージー$10.50、
グリーン・マンゴー・
スムージー$12.75、
ハレイワ・アイスティ
ー$8.75

Natural!

So Cute!

→左から、ルーツロ
ック、スイートツイ
ート、AC/DCカク
テル各$8

←左から、タロスラッ
シュ$5.80、スト
ロベリー・ミルクティー
スラッシュ各$6.30

Natural!

Authentic!

## ハワイ滞在中もヘルシーに
# レアヒ・ヘルス
●Leah Health
スムージーに使用する野菜やフルー
ツは、すべてオーガニックのローカ
ル産というこだわりの店。フレッシ
ュな素材の味を楽しみながら、健康
効果も期待できそう。

[カイムキ] MAP：P5E4
🏠3441 Waialae Ave. ☎808-224-2607
⏰8～17時 ㊡なし

↑自家製ならではの
鮮度のよさが自慢
↓カイムキの街の景
色に溶け込んだ店

## 上質な台湾ティーが評判
# ドラゴン・ティー
●Dragon Tea
台湾産の上質な茶葉を使い、フルーツたっぷり
のティースラッシュが評判。ドリンク以外にも
台湾の麺料理や点心など、カジュアルフードも
提供している。

[カリヒ] MAP：P4A2
🏠1339 N. School St. ☎808-847-4838 ⏰11時～20時30分
㊡月曜

→店の奥にはイート
インスペースがある

パンケーキ
朝ごはん
ハワイアン
アメリカン
スイーツ＆カフェ
レストラン
なにかと便利

スイーツも店も全部かわいい♥

# 最新ハワイを発信！ ジェニックカフェ

**Read me!**

居心地のいいカフェが続々と登場するハワイ。おいしいだけじゃなくかわいいスイーツはコーヒータイムに欠かせない！ フォークを入れる前にパチリと撮ってからがお約束。

←3種のベリーがたっぷりのフレンチトースト・ウィズ・フルーツ$15.75

↓ハワイらしいペナントが飾られたスポット

↑アートラテやトロピカル・ブリーズも人気

もはや芸術！ ラテアートが圧巻

## ハワイアン・アロマ・カフェ オハナ・イースト店
●Hawaiian Aroma Caffe Ohana East

店内のどこを切り取っても絵になるインテリアや、華やかな自家製デザートが、SNS映えすると人気。特別オーダーの3Dラテアートは感動モノのクオリティ。

ワイキキ **MAP：P11D2**

オハナ・ワイキキ・イーストbyアウトリガー2F ☎808-256-2602 ⑨6〜24時 ⑭なし

リピーター続出中の朝食カフェ

## フィグ＆ジンジャー ホノルル
●Fig & Ginger Honolulu

ワイキキからアラワイ運河を渡ってすぐの場所にある。オーナーとシェフはタイ出身。ハワイとアジアを融合させたメニューはどれも上質で、グリーンにあふれる店内でリラックスしよう。

マッカリー **MAP：P6A2**

1960 Kapiolani Blvd.マッカリー・ショッピングセンター内 ☎808-501-7249 ⑨8〜15時(土・日曜は7時〜) ⑭なし

↓グリーンとボタニカルペイントが癒しの空間

→シナモンがやさしい甘みのF&Gフレンチトースト$16

おいしくて楽しいドーナツ
## パーヴェ・ドーナツ・ストップ
●Purve Donuts Stop

常時14種類+週替わり1種類のドーナツがあり、いずれもカラフルで遊び心を感じるメニューばかり。店内で調理しているので、タイミングが合えば揚げたてを味わえる。

アラモアナ MAP：P9E2
🏠1234 Kona St. ☎808-200-3978 ⏰6〜14時（金・土曜は〜17時）㊡なし

↑できたてが次々と運ばれ、全種類制覇したくなる！

➡SNS映えするポップなイラストで飾られた店内

↑ユア・キリングミー・スモール$3.25

↑カラフルなユニコーン・バット・スニーズ$3.25

↑レモングレイズがかかったオー・フェイス$3.25

➡外のテーブル席でイートインできる

genic sweets

➡レモンイエローが基調の明るい店内

⬇彩り豊かなフルーツがのったミックスフルーツ・パンケーキ$22

モンサラットの最新カフェ
## カフェ・モーリーズ ●Cafe Morey's

ダイヤモンドヘッドから風が吹き込む開放的な空間。朝食・ブランチメニューから早めのディナーやお酒まで、バラエティ豊かな料理が終日楽しめる。

モンサラット MAP：P7F3
🏠3106 Monsarrat Ave. ☎808-200-1995 ⏰8〜14時（13時LO）㊡なし

## + Plus!

①100%コナドリップコーヒー$5.95〜

②ドリップ$4

③チャイティー・ラテ$5.99

④ウジマッチャラテ$7.50（16oz）

### To Goコーヒーカップがかわいいお店

ハワイでちょっとブームなのが、テイクアウトカップがキュートなカフェ。街歩きやショッピングの際にふらっと立ち寄る気軽さもグッド！

| ①アイランド・ヴィンテージ・コーヒー | DATA→P94 |
| ②ハイドアウト・アット・ザ・レイロウ | DATA→P160 |
| ③コーヒービーン&ティーリーフ（フードランド・ファームズ内） | DATA→P147 |
| ④ノッツ コーヒー ロースターズ | DATA→P110 |

おいしいもの
パンケーキ
朝ごはん
ハワイアン
アメリカン
スイーツ&カフェ
レストラン
なにかと便利

# ローカルダイナーでがっつり食べる！

┌─ **Read me!** ─┐

ロコが我が家のようにテーブルを囲むダイナーで食事を楽しもう。アメリカンやアジアにハワイのエッセンスをプラスしたメニューの数々に、胃袋はつかまれっぱなし！

**1** カパフルにあるサイド・ストリート・インの2号店。1号店はアラモアナにある
**2** 人気店なので予約しておくのがおすすめ

**$155〜**

## シェフコリンズクラシックス

6つの王道メニューがついたファミリーセット。ボリューム満点でお得！

**骨なしカルビ** ①

**えだまめ(アラエソルト)** ②

**ガーリックチキン** ③

② ① ③

ローカルメニューが目白押し

# サイド・ストリート・イン
● Side Street Inn

日・中・韓のテイストを加えたローカルフードはどれも4〜5人前のボリュームだから、おおぜいで行ってシェアするのがおすすめ。オリジナルブランドのビールと一緒に楽しもう。

[カパフル] **MAP：P7E2**
🏠 614 Kapahulu Ave. #100 ☎808-739-3939
🕐 16時〜20時30分(土・日曜は11時〜) ㊡なし

**$32**

## ポークチョップ

サイドストリートで一番人気のメニュー。外はカリッと中はジューシーで、クセになるおいしさ

---

**＋ Plus!**  **ロコが愛する定番メニュー**　さまざまな国の移民文化が交差するハワイでは、オリジナルの食文化が発展。日本人の口にも合う！

### フライドライス
中国料理のチャーハンと同じようだが、スパムやミックスベジタブルなどアメリカらしい食材を使うところに違いがある。味付けはやや甘めでしっとりタイプ。

### ココパフ
ハワイの人気スイーツ。シュー皮の中にココアクリームをたっぷりと詰めて、濃厚なシャンテリークリームをトッピングしたもの。

### オックステールスープ
沖縄からの移民が広めたといわれている、ぶつ切りの牛テールがごろごろ入ったスープ。骨回りの肉を食べたあと、ごはんを投入し雑炊風にするのがロコスタイル。

ハワイアンメニューをカジュアルに
# ハイウェイ・イン
●Highway Inn

ワイパフのハイウェイ・インのカカアコ店。
ラウラウやカルアピッグなどのハワイ料理
がワンプレートで食べられる。ローカルに
も人気の味をちょっとずつ試せるのも◎。

`カカアコ` **MAP：P8C3**
🏠680 Ala Moana Blvd. ソルト（→ P189）内
☎808-954-4955 ⏰9時30分～20時
（金・土曜は～20時30分、
日曜は～15時）
㊡なし

↑店内はプランテーションスタイルで、
落ち着いた雰囲気

$22.28
**ハワイアン・コンボプレート**
カルアピッグに、ピピカウラ（ハワイ風
ビーフジャーキー）をプラス

↓ハワイの風を感じられる
開放的なワイキキ店

$22.95
**オックステールスープ**
**（レギュラーライズ）**
とろりとほぐれるや
わらかな肉。コラー
ゲンたっぷりで体が
温まる

↓名物のココパフの
ほか焼きたてペスト
リーも要チェック！

老舗ダイナーの味を堪能
# リリハ・ベーカリー
**（ワイキキ店）**
●Liliha Bakery

1950年創業のローカルに昔か
ら愛されているベーカリー兼レストラン。看板メニューの
ロコモコのほか、フライドライスやパンケーキなどのハワ
イアンフードが揃っている。

`ワイキキ` **MAP：P10C2**
🏠インターナショナル・マーケットプレ
イス（→P182）グランド・ラナイ3F
☎808-922-2488 ⏰7～22時 ㊡なし

$19.50
**ロコモコ**
これぞ王道のロコモコ。
自家製デミグラスソース
がたっぷり

名物スープはやみつきになる味
# 朝日グリル（ワード店）
●Asahi Grill

1949年に日系のオーナーが始めた老舗ダイナー。店
の名物はオックステールスープ。コラーゲンたっぷり
で、口の中でとろけるコク深いおいしさだ。ほかにも
ロコモコやフライドライス（炒飯）など、ハワイらしい
メニューが充実する。

`ワード` **MAP：P9D3**
🏠515 Ward Ave. ☎808-593-2800 ⏰7時30分～20時
（金・土曜は～21時）㊡なし

↑ローカルに長年愛され続けている食堂

おいしいもの

パンケーキ

朝ごはん

ハワイアン

アメリカン

スイーツ&カフェ

レストラン

なにかと便利

一度は並んで食べてみたい！

# ワイキキで行列必至の人気店

↓テラス席も入れると総席数は600席ある

↓オープンエアのテラス席は80席を用意

**Read me!**

行列には理由（わけ）がある！
連日ゲストが押し寄せるワイキキの人気レストランに行ってみない？　ランチやディナーのおすすめメニューならなおさら間違いなし！

HARRY HOUR
月〜金曜の16〜18時
（バーエリア限定）

---

30種類以上のチーズケーキが名物
## チーズケーキ ファクトリー
●The Cheesecake Factory

全米チェーンのアメリカ料理レストラン。前菜からメイン、デザートを含め約200種類のメニューが揃う。料理の量やケーキの大きさもアメリカンなので、シェアがおすすめ。

ワイキキ **MAP：P10B2**
🏠ロイヤル・ハワイアン・センター
（→P180）C館1F
☎808-924-5001 ⏰11〜23時
（金・土曜は〜24時、日曜は10時〜）休なし

おすすめメニューはコチラ！

ランチ　ディナー

**$16.95**
チャイニーズ チキン サラダ
野菜もりもり！甘酸っぱいドレッシングが決め手

**$25.50**
味噌サーモン
香ばしく焼きあげたサーモンがごはんにマッチする

**$21.95**
バンバン チキン＆シュリンプ
スパイシーなタイ料理風カレー。ご飯と一緒に提供

**$15.95**
アヒ カルパッチョ
薄切りのマグロをアボカドとジンジャー・セサミソースで

スイーツ

**$8.50**
マンゴー キーライム チーズケーキ
甘酸っぱさが最高！バニラココナッツマカロンを添えて

**$8.50**
フレッシュ ストロベリー チーズケーキ
35年以上一番人気を誇るベストセラー。大きなイチゴが特徴

---

地元産野菜を使ったイタリアン
## アランチーノ・ディ・マーレ
●Arancino di Mare

オリジナリティあふれるイタリア料理に定評があり、アルデンテのパスタや薄い生地のピザなど、日本人好みの味が評判。前菜からデザートまでフルコースで楽しみたい。

ワイキキ **MAP：P11F2**
🏠🚇ワイキキ・ビーチ・マリオットリゾート＆スパ1F
☎808-931-6273 ⏰17〜22時
休なし

ディナー

**$33**
豪快オールイタリア産生ハムの味くらべ
生ハム、チーズ、オリーブ、コッコリの豪華共演

**$33**
カルボナーラ・ピッツァ
とろーり、まろやかな半熟卵を添えて

**$40**
生うにのクリームソーススパゲッティ
ウニの甘さが存分に生かされたソースにはトマトの風味も

**$19**
ガーデンサラダ
種類豊富な野菜を使ったサラダをビネグレットドレッシングで

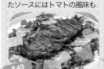

**$49**
ルッコラビーフ
薄切りリブアイステーキをルッコラベットの上に

**$18**
ロブスターのうらごしクリームスープ
濃厚な味わいにシェリー酒がほんのり効いている

スイーツ

クレマ・カタラナ
イタリア版クリームブリュレは濃厚でクリーミー

**$14**
ティラミス
マスカルポーネチーズにコーヒーの苦みがあう

チーズケーキファクトリーの行列

↓心地よい風が吹き抜けるテラス席でゆったりと

ロイズの味を手軽に楽しめる

HARRY HOUR 16〜17時

# イーティング・ハウス1849 by ロイ・ヤマグチ

●Eating House 1849 by Roy Yamaguchi

ハワイのカリスマシェフ、ロイ・ヤマグチ氏が手がけるレストラン。ハワイ産の食材を用い、ハワイ、アジア、アメリカのテイストを融合させた創作料理をラインナップ。

**ワイキキ** MAP：P10C2

インターナショナル・マーケットプレイス（→P182）3Fグランド・ラナイ内 ☎808-924-1849 ⏰16〜21時、土・日曜は10時30分〜14時も営業 ⑭なし

↓ランチからディナーまで常に賑わう店内

肉汁があふれだすステーキは必食

HARRY HOUR 15時〜18時30分（土・日曜、祝日除く）

# ウルフギャング・ステーキハウス

オススメ！

●Wolfgang's Steakhouse by Wolfgang Zwiener

NYに本店を構えるステーキレストラン。熟成庫が店内にあり、そこで28日間閉じ込めたドライエイジングの高級プライムビーフで有名。ランチのロコモコは隠れた人気メニュー。

**ワイキキ** MAP：P10B2

DATA→P88

## ディナー

$21
**梅酢焼き豚詰めパオ**
甘酸っぱい梅酢のなます漬けとルッコラをふわふわのパオに挟んで

$52
**シーフードメドレー**
新鮮な生ガキや海老、刺身の盛り合わせ

$20
**焼き野菜のタルティーヌ**
地元の新鮮野菜のタルティーヌをバゲットにたっぷりのせて

$28
**1849 EH ラーメン**
腕によりをかけた濃厚ごまスープの創作ラーメン

## スイーツ

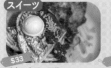
$33
**チキン＆ワッフル**
チキンにメープルをかけて食べる甘じょっぱいワッフル

$15
**ココナツ・クリーム・ブリュレ**
食後にはトロピカルな風味が広がるデザートを

## ランチ

$18.95
**ロコモコ**
上質な肉を使ったハンバーグにグレービーソース

$18.95
**クラシックハンバーガー**
良質な肉で最高の焼きかげんのジューシーバーガー

## ディナー

時価
**シーフード・プラッター**
ロブスターやシュリンプ・カクテルが盛られた豪華な前菜

$208.95(2人分)
**ポーターハウスステーキ**
サーロインとフィレが一度に楽しめる夢のひと皿

## スイーツ

$9.95
**ニューヨークスタイルチーズケーキ**
チーズが濃厚。ほどよく酸味が効いて口どけもいい

$9.95
**アップルストゥルーデル**
パイ生地にリンゴを包んだオーストリアを代表する菓子

103

安いだけじゃない！味も抜群♪

# せかたび的コスパ最強レストラン

**Read me!**

韓国料理や飲茶、ポケ丼など、ロコが足しげく通う店はリーズナブルだけれど手抜きなし！円安で割高感が否めない昨今、お財布に優しいのは魅力的！

KOREAN

**$17.95**

コリアンチキン＆ニョッキ

サラダもたっぷり添えられている

コンテンポラリー韓国料理！
## オーキムズ・コリアン・キッチン
●O'Kims Korean Kitchen

化学調味料を使わない、ヘルシーで見た目も美しい韓国料理を提供。味がまろやかでそれほど辛くないので食べやすい。オーナー手作りのキムチも美味！

**ダウンタウン MAP:P8A2**

🏠 1028 Nuuanu Ave. ☎ 808-537-3787
🕙 11〜15時、17〜21時（テイクアウトは11〜21時）
㊡日曜

チャイナタウンにあるおしゃれな雰囲気の韓国料理店

**$15.95**

ビビンバ

すっきりとした味わいのビビンバもヘルシーで人気

**最強なワケ**
メインにご飯とサラダ、キムチが付いてボリューム満点！野菜もたっぷり♡

**$23.95**

カフクシュリンプのガーリック蒸し

甘い海老の身がたっぷりつまった新メニューが好評！

**$13.95**

チャーシュー焼きそば

名物の焼きそばにチャーシューが加わりバージョンアップ

有名飲茶店にハワイ限定メニュー
## ティム・ホー・ワン ワイキキ
●Tim Ho Wan Waikiki

香港発の飲茶料理店。甘い身がたっぷり詰まった新メニューのスチームロブスターが好評。ワイキキでこの価格はスゴイ！

**ワイキキ MAP:P10B2**

🏠 ロイヤル・ハワイアン・センター
（→P180）B館3F ☎808-888-6088
🕙 11〜22時 ㊡なし

**最強なワケ**
カフクシュリンプを含む数々の飲茶が揃う。2人で平均$70のディナーはかなりお得！

DIM SAM

**$17.95**

特製XO醤のチョンファン

カットしたチョンファンを自家製XO醤とともに炒めて

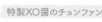

**$8.95**

ベイクドチャーシューバオ

甘い生地にチャーシューあんを詰めたシグネチャーの一品

POKE BOWL

### カパフルの名物ポケは今日も行列
# オノ・シーフード
●Ono Seafood

1995年の開店以来、オーナーとオーナーの母親が研究を重ねた自家製レシピの味を守り続けている。白米または玄米に、9種のポケから1〜2種を選択したら、ポケボウルが完成。

カパフル **MAP:P7E1**
🏠 747 Kapahulu Ave.
☎ 808-732-4806
🕐 9〜16時
㊡ 日・月曜

時価
**スパイシーアヒ＆ハワイアンスタイルタコ**
ピリ辛マヨソースであえたマグロとタコポケをミックスで

↓ ワイキキから少し距離があるが行く価値大

時価
**ハワイアンスタイル・アヒ**
海藻やネギを入れ、甘辛く味付けしたマグロのポケ

最強なワケ
ポケの味は他店の群を抜く！さらにポケボウルはすべてドリンク付き！

---

KOREAN

最強なワケ
リーズナブルなうえ、キムチやナムルなど、韓国料理ならではの小鉢もたっぷり付く

$8.50
**スンドゥブ**
魚介や肉のだしがきいた熱々のスンドゥブ

$11.99
**ビビンバ**
シンプルなビビンバは、隠れた人気メニュー

$17.99
**チヂミ**
韓国風お好み焼き。醤油ダレをつけて食べる

### 在住コリアンも絶賛の安うま店
# チョダン・レストラン
●Chodang Restaurant

本格的な韓国料理を手軽に楽しめると、いつも客足の絶えない店。なかでも人気のスンドゥブは、カクテキなど小鉢が付いてリーズナブル。アラモアナセンター横にあるのも便利。

アラモアナ **MAP:P9E2**
🏠 451 PiikoiSt.アラモアナ・プラザ内
☎ 808-591-0530
🕐 11〜21時
㊡ なし

→ 通し営業なので、買物帰りに来るのも◎

おいしいもの

パンケーキ
朝ごはん
ハワイアン
アメリカン
スイーツ＆カフェ
レストラン
なにかと便利

# 買物途中のひと休みにも使いやすい！
# 実力派フードコートでお気楽ごはん

ランチやディナーをサクッと済ませたいときのウルトラC。手頃なうえ、いろいろなタイプの店が揃うから、同行の家族や友人と食べたいものが違っていても問題なし！

ワイキキの人気店が大集合！

## ワイキキフードホール ●Waikiki Food Hool

施設内の3階にあるフードエリア。リーズナブルな価格でおいしい食事がいただける。ガーリックシュリンプが人気のファイブスターなど、全部で6店舗入っている。

ワイキキ **MAP：P10B2**

🏠 ロイヤル・ハワイアン・センター（→P180）C館3F
☎ 808-376-0435
🕐 11〜21時（店舗により異なる）🈑 なし

---

小腹が空いた時のつまみにも◎
## ファイブ・スター・シュリンプ
●5 STAR SHRIMP

以前はフードトラックだったガーリックシュリンプ専門店の実店舗。ガーリックのほかに、スパイシーシュリンプやレモンバターシュリンプなどの味がある。

**15.50**
### ガーリックシュリンプ
しっかりとガーリックで味付けされたプリプリの海老が自慢

---

本格イタリアンをカジュアルに
## アレグリーニワイキキ
●Allegrini waikiki

本格的なイタリア料理が楽しめるお店。ピザやサンドイッチ、パスタなどメニューも豊富。使用している食材のほとんどはイタリア産で、本格イタリアンを手軽に味わえる。

**$19**
### ラボンバ
ブラータチーズがどかんと丸ごとひとつのった贅沢なピザ

---

おいしいハンバーガーならここ！
## チーズバーガーズウィキウィキ
●Cheeseburger Wiki Wiki

鉄板にパテを押し付けて焼き上げるスタイルが人気のハンバーガー。すぐ隣のブリューイングバーとは提携していて、バーのローカルビールと一緒に味わうのがおすすめ。

**$6〜**
### オールアメリカンスマッシュバーガー
スマッシュされたカリカリのパテが特徴。ポテトは$3で追加できる

## 席数1600以上の広大な空間！
# マカイ・マーケット・フードコート
●Makai Market Foodcourt

和・洋・中、約30店が集合する巨大フードコート。中央には竹林風のインテリアを配置し、明るい雰囲気。ローカルフードから世界各国の味が楽しめる専門店まで幅広い。

**アラモアナ** **MAP：P9F2**

🏠アラモアナセンター（→P114）センターコート1F
⏰8〜20時（店舗により異なる）㊡なし

---

### 香ばしく焼きあげた韓国焼肉
# ヤミー・コリアン BBQ
●Yummy Korean BBQ

手軽に韓国料理が味わえる人気店。人気のカルビプレートはパンチャンと呼ばれるおかずを4種選べる（ミニサイズの場合は2種類）。ユッケジャンなどスープ類もある。

**カルビプレート** `$24.95`
骨付き肉を特製のタレに漬け焼き。ご飯がすすむ！

---

### "がっつり系"肉メニューがずらり
# ラハイナ・チキン・カンパニー
●Lahaina Chicken Company

メインとサイドがセットになったコンボが基本。メインの肉はローストチキン、フライドチキン、プライムリブステーキ、ローストポーク、ベビーバックリブの5種から選ぶ。

**1/4サイズの**
**ローストチキン・コンボミール** `$16.95`
ローストチキン専門店だからこそのクオリティー！

---

### ボリューム満点のサンドイッチ
# チャーリーズ・フィリー・ステーキ
●Charley's Philly Steaks

薄切り肉とタマネギやピーマンなどの野菜を鉄板で炒め、パンにはさんだフィリー・チーズ・ステーキ・サンドイッチの全米チェーン。自家製レモネードもマストオーダー。

`$12.91（レギュラー）`

**フィリーチーズ・ステーキ**
熱々のチーズがたっぷりかかって美味！

---

## ローカル行きつけの店が集結！
# パイナ・ラナイ・フードコート
●Paina Lanai Food Court

手頃な値段でボリューム満点の食事ができる人気スポット。ベトナミーズやハンバーガー、チャイニーズ、ステーキなどが揃う。ショッピング途中の休憩にも最適。

**ワイキキ** **MAP：P10B2**

🏠ロイヤル・ハワイアン・センター（→P180）B館2F
☎808-922-2299（ヘルモアハレ＆ゲストサービス）
⏰10〜21時（店舗により異なる）㊡なし

---

### ローカルに定番のフィンガーフード
# レイジング・ケインズ
●Raising Cane's

アメリカ、ルイジアナ州に本店があるチキンフィンガーのチェーン店。オーダーを受けてから揚げる熱々のチキンはジューシーで、ロコキッズたちも大好物！企業秘密の自家製ケインズソースにつけて食べよう。

**ボックスコンボ** `$12.79`
チキンフィンガーにトースト、ポテト、コールスローがセットに

---

### ハワイ島産の絶品パテに大満足！
# マハロハ・バーガー
●Mahaloha Burger

パテには、認定アンガスビーフを100%使用。クセや臭みがなくジューシーで食べやすいとロコにも評判で、食べ応えもバッチリ。

**チーズバーガー** `$10.95`
肉厚でジューシーなパテとピクルス、特製ソース、チーズなどをサンド

---

### ペロリと食べれちゃう軽やかさ
# ペニーズマラサダ
●Penny's Malasadas

オアフ島ノースショア発祥の人気マラサダショップの味をワイキキで食べられる店。昔ながらのマラサダは、生地はふわふわもちもち、クリームは甘さ控えめかつ軽やか。

`$9`

**マラサダ・アイスクリーム・サンドイッチ**
冷たいアイスを挟んだ揚げたてのマラサダが絶妙！

おいしいもの

パンケーキ
朝ごはん
ハワイアン
アメリカン
スイーツ＆カフェ
レストラン
なにかと便利

やっぱり安心！ ホッとする味

# ハイレベルなハワイの和食

Read me!

旅も後半になると恋しくなるのが、食べなれた日本の味。日系人が多いハワイは和食のレベルが高い。本格派からモダンなアレンジまで、バリエも豊富！

### 話題のモダンジャパニーズ
## ジグ ●Zigu

ファームトゥテーブルにこだわった和食の粋が味わえる、理想のレストラン。店名には「地を喰らう」の字をあてて、メニューには食材の産地や農場名まで記載されている。

**ワイキキ MAP:P10C1**
🏠 413 Seaside Ave. 1F
☎ 808-212-9252
🕐 16〜24時（ハッピーアワー〜18時）
㊡ なし 🈳 🈯

➡ワイキキの歴史的建造物を美しく改装

$25
マカダミアナッツとサーモンのスパイシーロール
ハワイ風に創作アレンジした寿司ロールはローカル客にも人気

近海マグロのカツレツ $26
サクサク食感が新鮮なカツレツに自家製タルタルソースをたっぷりと

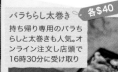

スミダファームのクレソンとアロハ豆腐のサラダ $13
プリンのような食感のアロハ豆腐がクセになるおいしさ

### ハワイ通も通う
### 江戸前寿司の名店
## すし匠 ●Sushi Sho

リッツ・カールトン内にある超人気店。伝統の江戸前の技で握る寿司をおまかせで味わえる。日本やハワイ産の40種類を超えるネタ一つひとつに異なる方法で下ごしらえし極上寿司に。シェフが厳選する日本酒も魅力。

**ワイキキ MAP:P10A2**
🏠 ザ・リッツ・カールトン・レジデンス・ワイキキビーチ（→P213）内 ☎ 808-729-9717
🕐 17時〜22時30分
㊡ 月曜 🈳 🈯

⬆寿司シェフ中澤圭二氏が手掛ける名店。店内はスタイリッシュな雰囲気

バラちらし太巻き 各$40
持ち帰り専用のバラちらしと太巻きも人気。オンライン注文し店頭で16時30分に受け取り

おまかせ $350
エクスペリエンス
ネタのおいしさを引き出す江戸前の技で極上の寿司が提供される

日本の名店の味をハワイで!

## つるとんたん
●Tsurutontan

毎日職人がうどんを手作り。だしも日本で提供しているものと変わらないよう工夫を重ね、クオリティの高いメニューを提供。ハワイのフレーバーを取入れたハワイ限定にも注目。

ワイキキ **MAP:P10B2**
🏠ロイヤル・ハワイアン・センター(→P180)B館3F
☎808-888-8559 ⏰9時30分〜21時
㊡なし

**$29**
アヒポケおうどん
新鮮なハワイ産マグロを使った、ハワイ限定メニュー

**$29**
うにクリームうどん
ロコも大満足なクリーミーでリッチな味わい

↑店内は広いのでファミリーやグループにもおすすめ

↓世界中のツーリストがうどんを求め長い列を作る

行列の長さにびっくり!

開店前から行列ができる盛況ぶり

## 丸亀製麺(ワイキキ店)
●Marugame Udon

日本でもおなじみ、セルフ形式の讃岐うどん専門店。うどんは店内で製麺し、ゆでたてのフレッシュな味わいにこだわる。スパムむすびなど、ハワイ限定メニューも充実。

ワイキキ **MAP:P10C1**
🏠2310 Kuhio Ave. ☎931-6000
⏰10〜22時 ㊡なし

→ボックス席がくつろげる店内。チップ不要なのも人気

**$10.85〜**
肉たまうどん
甘辛く味付けした牛肉と温泉玉子が好相性

コース料理「彩」
和食ルームで注文できるコース料理。お刺身や釜めしもついて大満足

**$86**

↑テーブル席が多く広々とした和食ルーム。おまかせのみ提供する鮨「季和」もある

↑炊きたての季節の釜めしをコース料理と一緒に

40年以上続く本格的な日本料理店

## レストラン サントリー
●Restaurant Suntory

ハワイで本格的な日本料理を提供するレストラン。和食に加え、臨場感あふれる鉄板焼きエリア、おまかせコースのカウンター鮨「季和」もあり、何度でも楽しめる。

ワイキキ **MAP:P10B2**
🏠ロイヤル・ハワイアン・センター(→P180)B館3F ☎808-922-5511
⏰11時30分〜13時30分(ランチ)、14〜16時(ラウンジカフェ)、17時30分〜21時30分(ディナー) ㊡なし(「季和」は水・金曜休み)

---

**+ Plus!** フードコートで気軽に!

もっとカジュアルに楽しみたいなら、フードコートへ。天ぷら、焼き肉、ラーメン、さらには宮崎料理まで!ビールなど、アルコールの提供もある。

## スティックスアジア ●STIX ASIA

ワイキキ **MAP:P10B2**
🏠ワイキキ・ショッピング・プラザ内
☎808-744-2445 ⏰17〜22時(土・日曜11時〜)
㊡なし

→日本や韓国、中国などさまざまなアジア料理が楽しめる。13店舗がオープン

→店内奥にはヌードルストリートが!ラーメン好きにはたまらない

## 産地ごとに異なる個性あり！ ハワイのコーヒー

1825年にブラジルからエチオピア産アラビカ種のコーヒーノキが持ち込まれたことがきっかけでハワイのコーヒーの歴史が始まった。気候、土壌、急斜面というコーヒーに絶好な条件が整っているハワイ島のコナが一大産地となる。ちなみにハワイ州はアメリカで唯一のコーヒー産地だ。

### ハワイ産コーヒーといえば？

**コナコーヒー**
ハワイ島の火山でできた土壌で作られたコナコーヒーは、酸味が特徴。生産量は、世界のコーヒー生産量の1％にも満たない。その希少さが世界三大コーヒーといわれるゆえん。

**カウコーヒー**
ハワイ島の標高4126mの山、マウナロアをはさんでコナと反対側に位置するカウエリアで生産されたコーヒーは、コナと違ってすっきりとしたコクがあるのが特徴。

### コールドブリューって？

氷で冷やすアイスコーヒーではなく、挽いたコーヒー豆を常温か冷やした水に12時間〜24時間入れる水出しコーヒーのことで、すっきりとした味わいが特徴。

### コナコーヒーの等級って？

HIGH ↑

**エクストラファンシー**
最も大きく肉厚な最上級グレードの豆。

**ファンシー**
品質はいいので、バイヤーに最も人気。

**No.1**
酸味がやや強くなる。ミルクと相性がいい。

**セレクト**
No.1とプライムの中間ぐらいの品質。

**プライム**
世界レベルでは上位レベル。酸味が強め。

LOW ↓

### 流行りのサードウエーブって？

ハンドドリップで豆の特徴を考えながら一杯ずつ丁寧にいれるスタイル。コーヒーの産地への配慮や豆の素材の選び方、いれ方にもこだわっている。

### 焙煎の種類って？

**ライト・ロースト**
最も浅い煎り方で飲むには適さない。テスト用。

**シナモン・ロースト**
浅煎りだが、酸味のある良質の豆に適したロースト。

**ミディアム・ロースト**
中煎りで酸味と苦味が生まれるが口当たりがやわらかい。

**ハイ・ロースト**
中煎り。日本でポピュラーな煎り方。甘みや苦味が強い。

**シティ・ロースト**
深い中煎り。酸味と苦味のバランスがとれている。

**フルシティ・ロースト**
やや深煎り。酸味はほとんどなく、コクが出てくる。

**フレンチ・ロースト**
深煎りで外側に脂肪分が出てくる。カフェオレ向き。

**イタリアン・ロースト**
最も深い煎り方。苦味が強くなるのでアイスコーヒー向き。

### おいしいサードウエーブコーヒーが飲める店

| カイ・コーヒー・ハワイ | ホノルルコーヒー・エクスペリエンス・センター | ノッツ コーヒー ロースターズ |
|---|---|---|
| ●Kai Coffee Hawaii | ●Honolulu Coffee Experience Center | ●Knots Coffee Roasters |
| ワイキキ | ワイキキ | ワイキキ |
| MAP：P11E2 | MAP：P6B3 | MAP：P11F2 |
| コナやカウ、マウイなどハワイの産地にとことんこだわりシングルオリジンの豆を使う。 | ハワイ島コナに自社農園をもち品質をすべて管理。毎日バリスタがカッピングラボで豆をチェックしている。 | 最新型のエスプレッソマシンで作るラテやひと晩かけて水出しする極上コーヒーが自慢。 |
| アロヒラニ・リゾート・ワイキキビーチ1F ☎808-926-1131 ⊙6〜21時 ㊶なし | 1800 Kalakaua Ave. ☎808-202-2562 ⊙6時30分〜16時30分 ㊶なし | クイーン カピオラニ ホテル ロビー一階 ☎808-931-4482 ⊙6〜16時 ㊶なし |

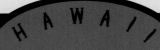

Shopping

おかいもの

## Contents

# 知っておきたいこと12

## #おかいもの

おみやげはもちろん、滞在中に着たいウエアや水着まで、ショッピングは大事！
有意義にお金を使ってハワイの思い出を持ち帰ろう！

## 01 単位の表記は日本とずいぶん違う！

ウエアや靴のサイズ表記は日本とハワイ（アメリカ）で違うので、自分のサイズはもちろん、頼まれもののキッズウエアなどの分も覚えておくと便利！※M＝month（月）、T＝toddker（幼児）の略。サイズはメーカーにより異なるので試着がおすすめ。

### 男性の洋服サイズ

| 日本 | 36 | 37 | 38 | 39 | 40 | 41 | 42 |
|---|---|---|---|---|---|---|---|
| ハワイ | 14 | 14.5 | 15 | 15.5 | 16 | 16.5 | 17 |

### 女性の洋服サイズ

| 日本 | 5 | 7 | 9 | 11 | 13 | 15 | 17 |
|---|---|---|---|---|---|---|---|
| ハワイ | 2 | 4 | 6 | 8 | 10 | 12 | 14 |

### 女性の靴サイズ

| 日本 | 22.5 | 23 | 23.5 | 24 | 24.5 | 25 | 25.5 |
|---|---|---|---|---|---|---|---|
| ハワイ | 5.5 | 6 | 6.5 | 7 | 7.5 | 8 | 8.5 |

### 子どもの洋服サイズ

| 日本 | 60 | 70 | 80 | 90 | 90~95 | 95~100 | 100~110 |
|---|---|---|---|---|---|---|---|
| ハワイ | 0-3M | 3-6M | 12-18M | 18-24M | 24M/2T | 3T | 4T |

## 02 かわいいトートバッグやエコバッグが豊富！

ビニール製のレジ袋は法律で禁止されている。紙袋は有料で購入できる店もあるが、ハワイではエコバッグの持参は必須だ。スーパーなどでは、手頃なエコバッグやトートバッグが多数販売されている。ハワイらしいデザインのものが多く、軽くて手頃なのでおみやげにもおすすめ。

## 03 スーパーマーケットの会員になろう！

フードランドやロングス・ドラッグスなど、スーパーでは会員価格が断然お得。実は簡単にメンバーズカードは作れる。レジで名前や電話番号（日本のものでも大丈夫）、メールアドレスなどを係員に伝えればOK（フードランドはレジで仮登録後アプリをダウンロードして登録する）。

## 04 スーパーのセルフレジが早くて便利

日本でも増えているセルフレジ。ターゲットやウォルマート、ドン・キホーテなどで、大量に買物する口コに並び時間を持て余すくらいなら、セルフレジへ！少量の買物なら間違いなく早い。ただしクレジットカード払いのみ。

## 05 両替はどこでする？

コロナ禍以前はワイキキの街なかにたくさんあった両替所だが、現在は数件のみ。空港にも両替所はないので、両替は最小限の金額を日本の空港で行い、ハワイではクレジットカードを利用するのが得策。ホテルのフロントでも両替はできるが手数料がかかるのでやや割高。現金が必要になったらATMを利用するのも便利だ。

## 06 値下げ後に差額を返金してくれる!?

買った翌日にセールになっていたらどうする!? ハワイ（アメリカ）では、一定期間内なら、定価で買ったものがセールになった場合、レシートを見せると値下げした分の差額返金してくれる「Price reduction refund」の制度がある。

## 07  耳より

### 次のハワイでは水着は現地調達で!

ハワイでは、ビキニはトップとボトムは別売りが基本。サイズはもちろんデザインや色違いを楽しむのがおしゃれ上手。ちょっとお尻が大きめとか、上下でサイズが違うのが悩みの人も問題なし! 思い切ったコーディネートにも挑戦できる。

## 08 得

### ショップのPOPはお得情報がいっぱい

「50%OFF」といった割引表示は目につくいても、「Buy one, Get one Free」は見逃しがち? 「1つ買ったら、もう1つはオマケ」という意味。「BOGO」と略して表記してあることも。「Buy one Get one 50% off」は、1つ買えば、2つめは50%引きの意味。

## 09 耳より

### セフォラのオリジナルコスメ

さまざまなブランドを取り扱う、コスメのセレクトショップ、セフォラ。オリジナルブランドの「セフォラ コレクション」が隠れた人気。ベースメイクからプチプラのフェイスマスクまで、充実のラインナップ。カラーバリエも豊富で値段も手ごろといいことづくし!

**セフォラ**
●Sephora
`アラモアナ` MAP:P9F2
🏢アラモアナセンター(→P114)エヴァウイング2F ☎808-944-9797
🕐10～20時 なし

## 10  耳より

### 買物はゆっくり夜もアリ

ワイキキで夕食後ぶらぶらも楽しい。スーツケースにおみやげが入りきらない! スーツケースが欲しい! なんて時にも便利なのが、ロス・ドレス・フォー・レス。もうちょっと買物がしたい、ちょっと風邪気味かな?なんて時は、24時間営業のロングス・ドラッグスも強い味方!

| エリア | 店名 | 営業時間 | データ |
|---|---|---|---|
| ワイキキ | ロス・ドレス・フォー・レス | 8～23時 | →P142 |
| | ロングス・ドラッグス | 24時間営業 | →P151 |
| | ワイキキマーケット | 6～22時 | →P151 |
| | ABCストア38号店 | 6時30分～23時 | →P150 |
| | ロイヤル・ハワイアン・センター | 10～22時(店舗により異なる) | →P180 |
| アラモアナ | アラモアナセンター | 10～20時 | →P114 |
| | ドン・キホーテ | 24時間営業 | →P151 |
| | フードランド・ファームズ アラモアナ | 6～22時 | →P146 |

## 11 耳より

### 商品マークが解読できると買物はもっと楽しい!

スーパーで商品やPOPに付いているマークがわかれば商品選びもより楽しくなるはず! たとえば「Made in Hawaii」や「Local」と書いてあるものはハワイ産の商品ということ。「USDA」はアメリカ合衆国の農務省によるオーガニックの認定マーク。「NON GMO」は遺伝子組み換えの商品を使用していない商品という意味だ。

---

### 【編集MEMO】

コレだけはいいたい!

会社で配るバラマキみやげなど大量に購入するお菓子などは、ドン・キホーテやロングス・ドラッグス(→P151)をチェックするのがおすすめ。

会員制ホールセラーのコストコ。日本で会員になっていればそのカードでハワイ店にも入店できます!

子どもに関する法律が厳しいハワイ。ショッピングモールでは12歳以下の子どもだけでトイレに行かせるのもNGです。

## 12 得

### アメリカ最大のバーゲンセールは絶好のチャンス!

ハワイ(アメリカ)のセールの時期は、年間を通してほぼ決まっているので、買物好きは日程を合わせてハワイに行くのも手。夏のセールは、7月4日の独立記念日前。デパートやブランドが半期に一度の大バーゲン。8月終わりは、「Back-to-school sale」(学校の新学期の準備セール)で、文房具や子ども服がディスカウントに。そして、アメリカ最大のショッピングセールは、感謝祭(11月第4木曜)の翌日に行われるブラックフライデー。夜が明ける前から店を開けるところも多く、行列になる。そしてクリスマスまでのホリデーシーズンの幕開けだ。

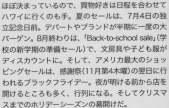
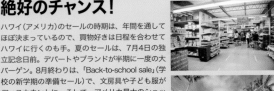

# ハワイ最大のショッピングセンター！
# アラモアナセンター120%攻略術

**Read me！**

60年の歴史をもつオアフ島最大のショッピングセンター。オープンエアで開放感がある。ハイブランドからローカルブランド、レストランなど約350店が集結する。

## だからアラモアナセンターがすき

- ◉有名ブランドから人気カジュアルまである買物天国
- ◉オープンエアでハワイの風を感じられる
- ◉フードコートからレストランまでグルメが充実

↑草間彌生作のドット柄カボチャなど有名アートも展示

←2つあるフードコートはひと休みに最適

### ハワイ最大のショッピングセンター
# アラモアナセンター
●Ala Moana Center

世界のラグジュアリーブランドはもちろん、ローカルブランド、個性派雑貨店、そしてグルメやエンターテインメントも充実。いつ訪れても新しいものが満載のショッピングセンターだ。最新情報はSNSや公式サイトをチェックしよう。

アラモアナ **MAP：P9F2**

🏠 1450 Ala Moana Blvd. ☎ 808-955-9517
🕐 10〜20時（店舗により異なる） ㊡なし
URL www.alamoanacenter.com
Free WiFi 館内に無料WiFiスポットあり

### ワイキキからのアクセス

**車**…ワイキキ中心地から10〜15分程度
**トロリー**…ワイキキからピンクラインに乗車しアラモアナセンターで下車。20〜25分。
**ザ・バス**…E・8・13・20・23・42番に乗車しアラモアナセンターで下車。約20分

## アラモアナセンターはこうなっています！

Kapiolani Boulevard　徒歩約20分　山側

Kona Street

山側のバス停●　マウカウィング

　ダイヤモンドヘッドウィング

●海側のバス停

エヴァウィング　Ala Moana Boulevard　海側

Piikoi Street　Atkinson Drive

**1階センターステージ**

思いきりお買物を楽しみたい

114

# *Ala Moana Center*

# アラモアナセンター攻略まとめ

**ネタ1** 高級デパート＆大型スーパーはマストでGO！

館内にはニーマン・マーカス、ブルーミングデールズ、メイシーズ、ノードストロームという4つのデパートのほか、大人気の大型スーパー、フードランド・ファームズやターゲットも集結。まずは自分の欲しいものをイメージして、まわり方を決めよう。

**ネタ2** 年に何度も開催されるお得なセールは見逃せない！

11月の感謝祭（サンクスギビング・デー）翌日のブラックフライデー・セールには、深夜から並ぶ口コミもいるほど。日本とはくらべものにならない値下げ率が魅力だ。滞在期間にセールがあったら、必ずチェックしてみて。

| 福袋 | バック・トゥ・スクールセール |
|---|---|
| 1月1日 高級ブランド店も参加する元日限定の福袋 | 7月後半〜8月 アメリカの新学期に向けて子どもや学生を応援するセール。参加店では特別割引も。 |
| ルーナーニューイヤー（旧正月）セール | ブラックフライデー・セール |
| 1〜2月の旧正月期間 セール参加店では限定商品の販売や特別セールのスタート。旧正月を祝うイベントも。 | 11月第4金曜 ブラックフライデーは年末セールのスタート。割引率も高いのでマストチェック！ |
| インデペンデント・デー・セール | アフター・クリスマス・セール |
| 7月4日を含む週末 セール参加店で割引に。独立記念日の祝日はビーチで花火も。 | 12月26日〜 クリスマス過ぎの年末売り尽くしセール。 |

**ネタ3** エンターテインメントが充実

1階センターステージでは毎日17時から無料のフラショーを開催しているので、ぜひチェックしておきたい。ゲームセンターなどもあり、子どもも楽しめる施設がいっぱい。

**ネタ4** 金曜夜はマリポサのテラス席でヒルトンの花火を

マリポサでは金曜夕方にサンセットラウンジ（ハッピーアワー）を開催。19時30分最終着席なので、ヒルトンの花火（→P154）を眺めるのも◎。人気なので予約がおすすめ。

マリポサ ●Mariposa ➡P119

**ネタ5** 待ち合わせ場所を決めておくのがポイント

センター内は広いのであらかじめはぐれてしまった時の待ち合わせ場所を決めておくのがおすすめ。センターコート付近にはコーヒースタンドもあるので、ひと息つくこともできる。また館内には無料Wi-Fiスポットもあり、利用には無料ニュースレター、eVIPクラブの登録が必要。Ala Moana Center-Freeをネットワーク選択し、登録すれば接続OK。無料通話アプリも利用可能だ。

**ネタ6** 館内にあるゲストサービスを活用しよう

1階にあるゲストサービスでは、車いすの無料レンタルも行っている。ザ・バスの時刻表がもらえたり、日本語OKのスタッフもいるので、困ったときの強い味方だ。

**ネタ7** 20時頃はトロリー大混雑

店が閉まる20時前後はワイキキへ戻るツーリストでトロリー乗り場は大行列。ちょっと早めに切り上げて、帰路につくのがおすすめ。

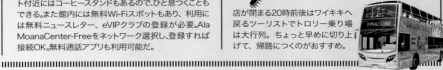

# 旬を探してデパートをハシゴ

高品質なアイテムを揃えるデパートは、
限られた時間で買物したい人におすすめ！

エピキュアで
おみやげを
ゲット

南国食材をミックスして香ばしく焼き上げたロイヤル・ハワイアン・クランチ

ザ・カハラ・ホテル&リゾートのショートブレッドクッキーは高級感あり

ハワイアンブリューのグルメパンケーキ&モチワッフルミックス

## アラモアナを代表する人気デパート
### ニーマン・マーカス
●Neiman Marcus

コスメ、アクセサリー、ウエアなど、世界のトップブランドを幅広く揃えるラグジュアリーデパート。ニーマン・マーカス限定のアイテムも豊富だ。有名メーカーとコラボしたチョコレートなどがおみやげにおすすめ。

**MAP：P120・121**

🏬 海側中央2〜4F
☎ 808-951-8887
🕚 11〜18時(金・土曜は〜19時、日曜は12時〜)
㉯ 施設と同じ

ニーマン
オリジナルを
チェック

オリジナルのビニールトートはサイズや形、カラーもいろいろ

ロゴアイテムは
絶対に買い！

アラモアナ店限定のオリジナルトートバッグ$32

アラモアナ店限定もオリジナルコスメポーチ$18

## アメリカを代表する高級デパート
### ブルーミングデールズ
●Bloomingdale's

NYに本店のある高級デパート。1階から3階までのフロアには、コスメやアパレルからホームグッズまで世界の一流ブランドアイテムが並ぶ。ここだけでしか手に入らない有名ブランドとのコラボ商品も多数。「100％ Bloomingdale's」のポップが目じるし。

**MAP：P120**

☎ 808-645-7511
🕚 11〜20時(日曜は12〜18時)
㉯ 施設と同じ

# 日本では買えない**アイテム探し**

日本未上陸やアラモアナ限定アイテムは自分用にはもちろん、
おみやげとしてもベスト。

**$7.95**
パッケージも
おしゃれでか
わいいハンド
ソープはおみ
やげにも手頃  Ⓐ

**$8.95**
人気のフレグランスミスト。
少し甘い香りとフローラルな
香りをブレンド Ⓐ

🏷 **カスタム例$96**
自分だけのアイテムにカスタム
できる大人気のウッドサイン
Ⓑ

**$49**
モンステラの柄がハワイ感
いっぱいの財布は自分用に
Ⓓ

**$13**
パッションフルーツティーに
ジンジャーを加えた
「パレカイコ」
Ⓒ

**$12**
「アネラ」はイチゴとライチの
ミックスティー。
アネラはハワイ語で天使のこと
Ⓒ

---

Ⓐ
香りアイテムで
毎日の生活を南国気分に
## バス&ボディ・ワークス
●Bath & Body Works
ボディケア、ハンドソープ、
ホームフレグランスなど、
香りをライフスタイルに取
り込んで楽しめるアイテム
を扱う。季節限定品や買い
やすいミニサイズもあるの
で、おみやげ用にも◎。
**MAP：P121**
🏬 ダイヤモンドヘッドウイング2F
☎ 808-946-8020 🕙 10〜20時
🅟 施設と同じ

Ⓑ
モチーフ選びが楽しい
ウッドサイン作りが人気
## ココネネ
●Coco Nene
ハワイ生まれのセレクトシ
ョップ。木の温もりと楽し
げな色合いが調和したアイ
テムからは、ローカルアー
ティストの個性が感じられ、
壁に飾っておくだけでハワ
イの思い出が蘇るはず。
**MAP：P120**
🏬 センターコート1F ☎ 808-
599-9601 🕙 10〜19時（日曜
は〜18時）🅟 施設と同じ

Ⓒ
ハイクオリティーな
茶葉をギフトに
## ルピシア
●Lupicia
世界各国の産地から厳選し
た、高品質のお茶がずらり。
トロピカルなハワイ限定テ
ィーがあるのがポイント。
パッケージも素敵なのでお
みやげに人気だ。ハワイ気
分でティータイムを。
**MAP：P120**
🏬 センターコート1F ☎ 808-
941-5500 🕙 施設と同じ

Ⓓ
ハワイを感じる
バッグがいっぱい
## ハッピーワヒネ
●Happy Wahine
「幸せな女性」を意味するハ
ワイ生まれのブランド。デ
ザインだけでなく実用性に
も優れているので、観光客
だけでなくロコにも愛用者
が多い。自分用にもおみや
げにもおすすめ。
**MAP：P120**
🏬 センターコート1F ☎ 808-983-
3388 🕙 10〜20時 🅟 施設と同じ

# キレイめリゾート服をチェック

くだけすぎず、ちょっと大人のキチンと感や
リゾートらしさがあるカジュアルウエアならここで。

ウエスト部分がきれいに
見えるキャミワンピ $76

素材もデザインも着心地抜
群なワイドパンツ $52.20

ニット生地がガーリーな
クロップトップ $48.20

チェック柄のデニム生
地のトートバッグ $45

ワンポイントで存在感抜群に
花の形のヘアクリップ $15

カスタマイズできるジュエリーバーも！ **レインホノルル** ●Laine Honolulu

ハワイ出身のジュエリーデザイナーがオープンし
たお店。店内にあるジュエリーはすべてホームメ
イド。ジュエリー以外にも雑貨や服などがそろう。

**MAP：P120**

🏢エヴァウイング3F ☎なし
🕙10〜20時 ㊡なし

どんな服とも相性抜群な
ワンポイントTシャツ $23

ヘルシーに着こなしたい
ショート丈のキャミワンピ
$35

イタリアンデザインが光る
シンプルコーデが楽しい
## ブランディ・メルヴィル
●Brandy Melville

イタリアン×マリーンなシンプルコーデが楽しめるカジュ
アルブランド。ベーシックなデザインがほとんどだから、
リラックスできてデイリーユースも！

**MAP：P120**

🏢エヴァウイング海側3F ☎808-941-1165 🕙㊡施設と同じ

トートバッグ $16
はキュートで日常
使いにも便利

REDUCE
REUSE
RECYCLE

Tシャツ $45はプリ
ントによって雰囲気
が違うので、お気に
入りを掘り出そう！

キュートなアイテムが満載
## シュガー・シュガー・ハワイ
●Sugar Sugar Hawaii

ジュエリーアトリエとしてスタートしたお店。手作りジ
ュエリーのほかに、日常使いできるTシャツやリゾート服、
ハワイ産の雑貨など、うれしいアイテムが揃う。

**MAP：P120**

🏢エヴァウイング海側3F ☎269-888-1180 🕙9時30分〜20時
30分(日曜は〜20時10分) ㊡施設と同じ

# 目的別にグルメをチョイス！

おしゃれなレストランからカジュアルなバー、食べ放題焼肉など、
目的にあったレストランが見つかるはず！

## 美しい景色とおいしい料理で最高のひと時を
### マリポサ ●Mariposa

全米のニーマン・マーカスのなかでも、選ばれた店舗にしか出店しないマリポサ。アラモアナ・ビーチ・パークを一望するテラス席ですばらしい料理を味わおう。

**MAP：P120**

🏠ニーマン・マーカス（→P116）3F ☎808-951-3420 ⏰11～15時（最終入店）、土曜～15時30分（最終入店）、日曜～16時30分（最終入店）、サンセットラウンジ（ハッピーアワー）は金曜17～19時30分（最終入店）、土曜16時30分～19時30分（最終入店）㉓なし

←ココナッツクリームと海老の出汁が効いたラクサカレー$37

→マウイオニオンやピーカンナッツ入りのスモークサーモンサラダ$32

*Ocean View*

→アラモアナのビーチを望むテラス席。風も心地よい

## ライブとカクテルをお得に
### マイタイズ ●Mai Tai's

店内を心地いい風が駆け抜けるオープンエアのバー。16～19時はハッピーアワーでカクテルやププが割安に。ライブミュージックも開催されるので、スケジュールは要チェック！

**MAP：P121**

🏠ホオキパテラス4F ☎808-941-4400 ⏰11～翌1時 ㉓施設と同じ

↓種類豊富なププをハワイらしいトロピカルなカクテルとともに

→ライブミュージックが楽しい気分をより盛り上げてくれる

*Happy Hour*

→居心地のよいソファー席もあり、つい長居してしまいそう

## 大満足！おしゃれな焼肉食べ放題
### ジェン・コリアンBBQハウス
●Gen Korean BBQ House

カリフォルニアをベースに展開するオーダー式焼肉食べ放題のチェーン。週末は1時間待ちの場合もある人気店だ。料金はディナーで$30.96（4～10歳は半額）。

**MAP：P121**

🏠ホオキパテラス4F ☎808-944-5227 ⏰10～22時※金～日曜は終日ディナー料金 ㉓施設と同じ

→店内は焼肉店のイメージを覆すモダンなインテリア

*All You Can Eat*

→デザートのマカロン・アイスは1個$4.17

↑35アイテムが食べ放題！ナムルやサラダも付くが、飲み物は別料金

## 野菜たっぷりヘルシーアジアン
### ママ・フォー ●Mama Pho

看板メニューのフォーは豊な味わいのスープが評判。前菜は野菜をたっぷり使うメニューが多いので、ヘルシーな料理でお腹いっぱいになりたい時はここ。

**MAP：P121**

🏠ホオキパテラス4F ☎808-941-8000 ⏰11～21時（日曜は～20時）㉓施設と同じ

←東オアフのアイナハイナで人気の店がアラモアナに出店

*Casual Asian*

↑お肉全部入りでボリューミーなママズ・スペシャル・フォー$14.95

→前菜の盛り合わせママズ・サンプラー・プレート$16.50

# アラモアナセンター攻略MAP

4つのデパートを含み、約350店のショップが集結する巨大モール。
前もってマップでチェックしておけば、目的の店にもすぐたどりつける！

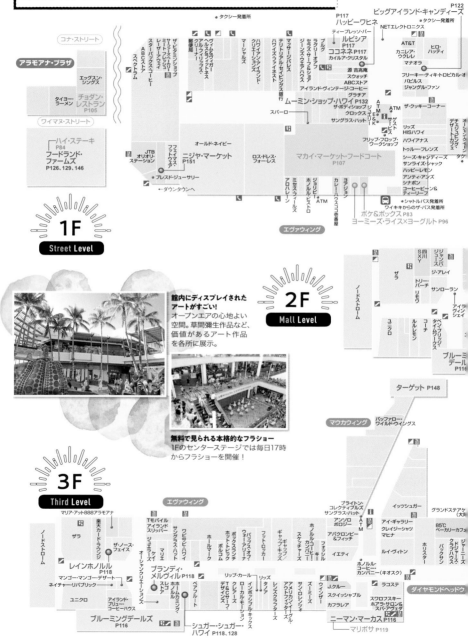

## 1F
### Street Level

コナ・ストリート

アラモアナ・プラザ

エッグスン・シングス

タイヨー・ラーメン
チョダン・レストラン P105

ワイマヌ・ストリート

ハイ・ステーキ P84
フードランド・ファームズ P126、129、146

JTBオリオリ・ステーション

ブレッド・ジューサリー
←ダウンタウンへ

ABCストア
スペクトラム
ザ・セレクトショップ
レザーウェイ
スターバックス・コーヒー
ソニー・エレクトロニクス
ヘルス&ウィッチ
アルフレッド・フリッツ
郵便局

ニジヤ・マーケット P151

フェイマス・フットウェア

ヴィム&グッター
ミリタリー・チャス

ハワイアン・アイランド・
クリエーションズ
マーシャルズ

プルガ
ラグジャリー・ロウ

ジーンズ・ウェアハウス
セラス・サーフショップ
ジーンズ・ウェアハウス

アイランド・ヴィンテージ・コーヒー
グラチア
テリトリアル・セイビングス銀行
ハワイアン・アイランド
テリトリアル・セイビングス銀行

オールド・ネイビー

ロス・ドレス・フォー・レス

ミセスフィールズ
アロハレーン

ジョリビー
ホノルル・ビストロ

タクシー発着所

ティーブレッツ・バー

ハッピーワヒネ P117

ルビシア P117
ココネネ P117
カイルア・クリスタル

ムーミン・ショップ・ハワイ P132
ザ・ボディショップ
クロックス
サングラス・ハット

スパーロ

マカイ・マーケット・フードコート P107

フリップ・フロップ・
ワークショップ

ATM

カレーハウスCoCo壱番屋
ATM

NETエレクトロニクス

AT&T

源 吉兆庵
ABCストア

ビッグアイランド・キャンディーズ P122

タクシー発着所

ヒロ・ハッティ
カニレア・ウクレレ

マナオラ
フリーキーティキ・トロピカル・オ
パピルス
ジャングル・ファン

ザ・クッキーコーナー

リズ
HIS・ハワイ
ハワイアナス
トゥルー・フレンズ

シーズ・キャンディーズ
サンライズ・シャック
ハッピーレモン
アンティ・アンズ
シボボン
コーヒービーン&
ティーリーフ

ポケ&ボックス P83
ヨーミーズ・ライス×ヨーグルト P96

エヴァウィング

オーシャンラン
チリズチャ
デライトカフェ

ゲスト
サービス

シャトルバス発着所
ワイキキからのザ・バス発着所

## 2F
### Mall Level

館内にディスプレイされたアートがすごい！
オープンエアの心地よい空間。草間彌生作品など、価値があるアート作品を各所に展示。

無料で見られる本格的なフラショー
1Fのセンターステージでは毎日17時からフラショーを開催！

ノードストローム

ザラ

ユニクロ
ルルレモン

トリーバーチ
リモワ
コーチ

四川
SXY

ジジャンマパ
ジ・アレイ
サンローラン

アイ
ヴィン
シェイ

ブルーミン
デール P116

ターゲット P148

マウカウィング

バッファロー・ワイルドウイングス

## 3F
### Third Level

マリア・アット888アラモアナ

ノードストローム

ザラ

ザ・ノース・フェイス

レインホノルル P118
マンゴー・マンゴー・デザート
ネイチャー・リパブリック
ユニクロ

アイランド・ブリュー・コーヒーハウス

ブルーミングデールズ P116

Tモバイル
アイランド
スリッパー

サングラス・ハット

エヴァウィング

楽天カードラウンジ

ワイビビハワイ
マイモ

シュガー・シュガー・
ハワイ P118、128

オーシャンクリエイ
ションズ

ブランディ・
メルヴィル P118
スピオ
レゴ
ベアフット

ショコラ
ハウスオブ
ミュージック

ワビサビ

フットロッカー

バナナ・ティーナ
ウォーターリー
ポルコ

ホールマーク

ギャップ

ホノルル
クッキー

サンプ・ロレッツ
スケッチャーズ

リップ・カール
T&Cサーフ
デザインズ

リズ

タイア
レンズクラフターズ

アメリカン・イーグル・
アウトフィッターズ

インボッブ・ブルーフィッ
ション・ロコール・モーション
クレイズ・シャツ

スーミーズ

J.クルー
ウィンザー

カフラレア

フォッシル
イエティ

ホノルル・
コーヒー・
カンパニー

ジーンズ・
ウェアハウス

スワロフスキー

ブライトン・
コレクティブルズ
サングラス・ハット

アンソロ
ポロジー

アバクロンビー&フィッチ

ホノルル・
コーヒー・
カンパニー（キオスク）

ニーマン・マーカス P116
マリポサ P119

ATM

イッツシュガー

アイ・ギャラリー
クレイジーシャツ
マヒナ

ルイ・ヴィトン

ラステイ
スクイッシャブル

グランドステアケ
（大/

85℃
ベーカリーカフェ

ジーエス
クレイジーシャツ
クラブモナコ
バッケサン

ホリスター

ダイヤモンドヘッドウ

おかいもの

アラモアナセンター

おみやげ

コスメ

ファッション・雑貨

スーパーマーケット

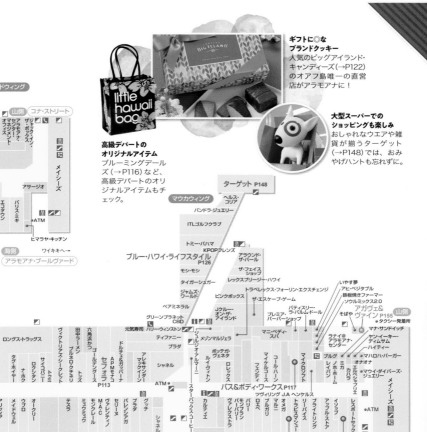

**ギフトに◎な
ブランドクッキー**
人気のビッグアイランド・キャンディーズ（→P122）のオアフ島唯一の直営店がアラモアナに！

**大型スーパーでの
ショッピングも楽しみ**
おしゃれなウエアや雑貨が揃うターゲット（→P148）では、おみやげハントも忘れずに。

**高級デパートの
オリジナルアイテム**
ブルーミングデールズ（→P116）など、高級デパートのオリジナルアイテムもチェック。

モンドヘッドウィング

山側　コナ・ストリート

ザ・クッキー・
コーナー
セフォラ
ビタミン＆
サプリメント

メイシーズ

フットボール・ファンタスティック
b y アイランド・ソウル
スポーツウェア

アサージオ

パリス・ミキ

エコクラウン

ATM

ヒマラヤ・キッチン

海側　ワイキキへ→
アラモアナ・ブールヴァード

ターゲット　P148

マウカウィング

ヘルス・
コリア

パンドラ・ジュエリー

ITLゴルフクラブ

トミー・バハマ

KPOPフレンズ

**ブルー・ハワイ・ライフスタイル**
P126

モシ・モシ

タイガーシュガー

ジャムズ・
ワールド

ピンクボックス

ベアミネラル

グリーンプラネット CBD

アラウンド・
ザ・パール

ザ・フェイス
ショップ

レックスブリッジー・ハワイ

トラベレックス・フォーリン・エクスチェンジ

ザ・エスケープ・ゲーム

J.クルー・
オン・ザ・
アイランド

プレミア
バーバーショップ

パティスリー
ラ・パルム・ドール

いやす夢

アヒ・ベジタブル

鉄板焼きファーマー

ソウルミックス2.0

そば・ハナ

**アガヴェ＆
ヴァイン**　P155

タクシー発着所

マア・サンドイッチ

ラナイ＠
アラモアナ・
センター

ヤン・イーキー・
ディムサム

ハイティー

ミカ

カハラ

**アガヴェ＆
ヴァイン**

マウイ・ダイバーズ・
ジュエリー

オオオナ

ブルグ

エレメナウ

フィング

ロングス・ドラッグス

ヴィクトリアズ・シークレット

ジョーズ
ジーンズ

テッドベイカー
ロンドン

タグホイヤー

田中ラーメン

ロクシタン

サイコバニー

六角屋ラーメン

ドルチェ＆ガッバーナ

セフォラ

APMモナコ
P113

ゴールデン
ブ

モンブラン

ブルガリ・
ダイアモンド
CBD

元気寿司

ハリー・ウィンストン

ティファニー

プラダ

メゾンマルジェラ

ボッテガ・
ヴェネタ

マニ・ペディ・
スパ

マイクロソフト

ルイ・ヴィトン

ロレックス

コールハーン

フェンディ

ジミー・チュウ

**バス＆ボディ・ワークス**　P117

スターバックス・コーヒー

アレキサンダー
マックイーン

シャネル

ATM

ゼロハッチキ

トリバーチ

セリーヌ

バレンシアガ

フェラガモ

ヴァレンティノ

カルティエ

マルニ

ツヴィリング J.A ヘンケルス

ケイト
スペード

ロペ

マイク
ロフト

ブルーミングデールズ

オカオナ

クムホヌア
レイハワ

アップルストア

ライトニング
ボルト

レスポートサック

ATM

アリツィア

メイド
ウェル

オークリー

テスラ

モンクレール

シャネル

プラダ
バーバリー
ヴァレクストラ

オメガ

リーバイス

イソップ

メイシーズ

**ニーマン・マーカス**　P116

**トリ・リチャード**　P139
**レイン・スプーナー**　P139

**ダイヤモンドヘッドウィング**　海側

モートンズ・
ステーキハウス
（エレベーターで3階へ）

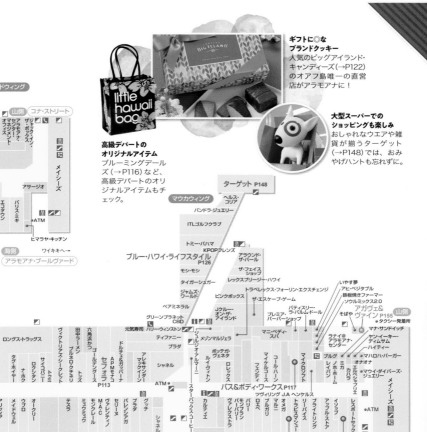

**フードコートや
レストランなどグルメが充実**
大型フードコートのマカイ・マーケット（→P107）やマリポサ（→P119）など、人気のグルメスポットが多数！

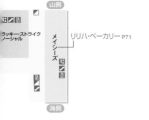

**館内にバーもある
グルメなスーパー**
生鮮食品をはじめ、グルメなデリやおみやげも充実のフードランド・ファームズ（→P146）。

山側

ラッキー・ストライク
ソーシャル

メイシーズ

リリハ・ベーカリー　P71

海側

# 4F
**Upper Level**

山側

グランド
ステアケース
（大階段）

ロマノズ・
マカロニ・グリル

ジェイド・
ダイナスティ・
シーフード・
レストラン

**ジェン・コリアン
BBQハウス**　P119

ラッキー・ストライク
ソーシャル

メインシズ

ホオキパ
テラス

ATM

田中オブ東京

ママ・フォ

カリフォルニア・
ピザ・キッチン

オリーブ・ガーデン

**マイタイズ**　P119

P119

海側

一度食べたらハマる♪
# リピ買い必至なブランドクッキー

**Read me！**

マカチョコやコーヒーと並ぶ人気グルメギフト。クッキーといってもショートブレッドが主流で、サクッとした食感が特徴。フレーバーもいろいろ揃っている。

↓ 季節のイベントに合わせた限定商品が並ぶ

↑ シンプルかつ高級感あるパッケージがずらり

人気のショートブレッド TOP5

**Big Island Candies**

↑ キュートなギフトボックスもあっておみやげ選びが楽しい

**ミルクチョコショートブレッド**

**ミルクチョコ×コナモカショートブレッド**

**ホワイトディップ・マカダミアナッツ・ショートブレッド**

**ミルクチョコ×マカダミアナッツショートブレッド**

**マカダミアナッツクッキー（ひとくちサイズ）**

**$17**

ミルクチョコレート・マカダミアナッツ・ブラウニー
濃厚なブラウニーにチョコレートをたっぷりコーティング

**$18.75**

タロショートブレッド・コンボ
ハワイ食材、タロイモを使用。ホワイトコーティングされたクッキーとのセット

**$29.50**

マカダミアナッツショートブレッドディップコンボ
ミルクチョコ、ダークチョコ、ホワイトチョコをマックナッツショートブレッドクッキーにディップした定番商品

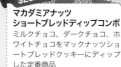

ハワイ島発のプレミアムクッキー
## ビッグアイランド・キャンディーズ
●Big Island Candies

ハワイ島ヒロ発のロコ御用達老舗クッキーブランド。マカダミアナッツ・ショートブレッドクッキーはチョコレートディップの元祖。パッケージが多彩でギフトにはもってこい。

**アラモアナ**　**MAP：P9F2**

🏠 アラモアナセンター（→P114）センターコート1F
📞 808-946-9213 🕐 10～20時
㊡ 施設と同じ ♿

← オアフ島で唯一の直営店がココ

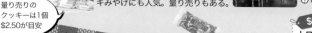

ロコが愛する家庭的なクッキー

## ザ・クッキーコーナー ●The Cookie Corner

オススメ！

赤いパッケージが目印のクッキーメーカー。ロコにも人気で、地元誌でベストクッキーに選ばれたこともあるほど。お手ごろ価格なのでバラマキみやげにも人気。量り売りもある。

↑好みのクッキーを選んで箱詰めに

量り売りのクッキーは1個$2.50が目安

**ワイキキ MAP：P10C3**

🏠 シェラトン・ワイキキ・ビーチリゾート内コレクションズ・オブ・ワイキキ
☎ 808-926-8100
🕙 10～21時 ⑭なし

## 人気のクッキーTOP5

マカダミアナッツショートブレッドのチョコディップ

マカダミアナッツショートブレッドのミルクチョコディップ

フルーツフィリングをトッピングしたショートブレッド

The Cookie Corner

チョコチップマカダミアナッツビスコッティ

チョコレートチップマカダミアナッツ

チョコレートチップ・マカデミア

ホワイト・チョコレートディップ・マカデミア

キング・トリプルチョコレート・マカデミア

チョコレートディップ・マカデミア

Honolulu Cookie Company

**$6.95**

トロピカル・フルーツバー（4個入り）
外はサクッ、中はしっとりした食感。フルーティーな味わい

**$12.50**

ハワイアン・ビスコッティ
硬すぎずカリッと軽い食感で、コーヒーとの相性抜群

**$12.50**

アロハ・スピリットバイトサイズ・クッキー（箱入り）
ひと口サイズのクッキーが箱にぎっしり。5つのフレーバー入り

↑店内はブランドカラーの赤で統一されている

→店内にはアイコンの"パイナップル"がいっぱい

## 人気のパイナップルクッキーTOP5

パイナップル・マカデミア

**$13.95**

パイナップル・ギフト缶
ハワイではおもてなしの意味があるパイナップルの形の缶。9枚入り

**$19.95**

パイナップルラップボックス（M）
フレーバーの異なるショートブレッド14枚入り

**$9.95**

パイナップル・ウィンドウボックス
8種類のクッキーを詰め合わせた人気アイテム。8枚入り

**$5.95**

パイナップル・オーナメント
パイナップル型のケースがかわいい。3枚入り

パイナップル形に女子心がキュン

## ホノルル・クッキー・カンパニー ●Honolulu Cookie Company

パイナップルの形がキュートなメイドインハワイのクッキーを販売。上質なバターを使用し、サクサクの歯ごたえが人気。おしゃれなギフトボックスが各種あり、おみやげに最適。

**ワイキキ MAP：P10C2**

🏠 インターナショナル・マーケットプレイス（→P182）1F
☎ 808-377-6545
🕙 10～21時 ⑭なし📅

おかいもの

アラモアナセンター

おみやげ

コスメ

ファッション・雑貨

スーパーマーケット

大定番みやげはやっぱりコレ！
# 多彩なコーヒー&チョコレート

**Read me!**

ハワイみやげの定番といえば、マカチョコだが、最近はハワイ産のカカオを使ったチョコレートも登場。コナコーヒーなど、ハワイ産コーヒーもおみやげの定番。

**$12**
チョコレートバー Ⓐ
ハワイ島ケアラケクア産のカカオを使用

**$10**
チョコレートバー Ⓐ
マウイ島のラベンダーを使用したフレーバーチョコ

**各$12**
チョコレートセンベイクラスター Ⓓ
ザックリした食べ応えがおいしい。コナコーヒー入り(右)とマカダミアナッツ入り(左)

**$16**
チョコレートバー Ⓑ
酸味や甘味などが異なるさまざまなフレーバーがある

**$35**
マカダミアナッツチョコレート(ミルク) Ⓙ
大粒ナッツにフランス産最高級チョコが贅沢な一品

**$25**
ミルクチョコレートビスケット
表面にハイビスカが描かれている。れ物もかわいい

**$6.79**
ハワイアンホストマカダミアナッツチョコレート Ⓗ
ハワイみやげの王道チョコレート！ナッツも大きくて食べ応えあり

# CHOCOLATE
チョコレート

ホテルメイドの高級チョコや、こだわりカカオのチョコなどグルメチョコがいろいろ。

**$15**
ミルクチョコレートキャラメルプレッツェルクラスター Ⓘ
ザクザク食感がクセになる！プレッツェルの塩気も◎

**$10**
チョコレートバー Ⓐ
ダークミルクチョコとコーヒーがベストマッチ

**大$28、小$19**
ピンクチョコレートマカダミアナッツ
ピンクのチョコがキュート！高級感もあって◎

---

**Ⓐ ローカル産の材料を使用**
## マノア・チョコレート
●Manoa Chocolate
地元で愛されるチョコレート専門店。ダークチョコと果実をプラスした商品が人気。無料のテイスティングをしながら選べる。

**カイルア**
MAP:
P12B3

🏠 333 Uluniu St. #103
☎ 808-263-6292
🕐 チョコレートルーム10〜17時(金〜日曜は9時〜) 🈳 なし

**Ⓑ 個性豊かな味を取り揃える**
## ロハナ・エステート・チョコレート
●Lonohana Estate Chocolate
カカオ豆の栽培から製造、販売まで一貫して行うチョコレートブランドの実店舗。ハワイ産のカカオのみを使うこだわりも自慢。

**カカアコ**
MAP:
P8C3

🏠 344 Coral St. ソルト・アット・アワ・カカアコ(→P189)1F
☎ 808-286-8531
🕐 10〜17時(木〜日曜は18時30分) 🈳 なし

**Ⓒ 憧れホテルのチョコレート**
## ロイヤル ハワイアン ベーカリー
●Royal Hawaiian Bakery
歴史あるホテル「ロイヤル ハワイアン」のベーカリーショップ。限定グッズやクッキーなども販売。

**ワイキキ**
MAP:
P10C3

🏠 ロイヤル ハワイアン ラグジュアリーコレクション リゾート(→P210)1F
☎ 808-923-7311
🕐 6〜12時 🈳 なし

**Ⓓ グルメや雑貨も揃う**
## モアナ・バイ・デザイン
●Moana by Design
上品でセンスのいいホテルのロゴグッズを集めたショップ。グルメギフトのほかにも、小物や雑貨、ファッションアイテムなどが揃う。

**ワイキキ**
MAP:
P11D2

🏠 モアナ サーフライダー ウェスティン リゾート&スパ(→P211)1F ☎ 808-924-5516
🕐 11〜19時 🈳 なし

おかいもの

アラモアナセンター

おみやげ

コスメ

ファッション・雑貨

スーパーマーケット

+ **Plus!** アルコールやお酒などのドリンクみやげもチェック!

$25 →クラフトカクテルは好みのお酒を入れ、3日ほど置いてから飲むのがベスト!/シュガー・シュガー・ハワイ(→P118)

$14.99 ←ロコに人気のトロピカルティー「ORIBE」は100%オーガニック/フードランド・ファームズ(→P146)

$15.99 →マノアハニーで作ったお酒ミードは上品な甘さではちみつの香りも楽しめる/フードランド・ファームズ(→P146)

---

$9.79 **バニラマカダミア(283g)** Ⓔ
ハワイらしい甘い香りが特徴のフレーバーコーヒー

$45 **ハレクラニ100%コナコーヒー** Ⓕ
ハレクラニ限定の100%コナコーヒー。コーヒー一通へのおみやげにも

$38 **ロイヤル・ハワイアン・ブレンド(340g)** Ⓚ
ハワイ限定のフルーティなブレンドコーヒー

# COFFEE
コーヒー

ハワイには人気のコーヒー店がたくさん。100%コナコーヒーから、ブレンドやフレーバーコーヒーなど多彩に揃う。

$24〜 **100%コナコーヒーエステートリザーブ(100g)** Ⓖ
コーヒー好きがきっと喜ぶ高級感のあるギフト感

$34 **100%コナコーヒー** Ⓘ
DFS限定商品!ちょっと豪華なおみやげにぴったり

$16.95 **コナモカ** Ⓖ
カフェで人気のドリンクを再現できるコナモカパウダー

---

Ⓔ フレーバーコーヒーの元祖
### ライオン・コーヒー
●Lion Coffee
ハワイの老舗コーヒーブランド。フレーバーコーヒーやデカフェなど種類豊富。ショップのほか工場とカフェも併設している。

カリヒ
MAP:
P4A3

🏠 1555 Kalani St.
☎ 808-834-9294
🕐 6時30分〜15時
🗓 日曜、祝日

Ⓕ ハレクラニ公式ショップ
### ハレクラニ ブティック
●Halekulani Boutique
ハレクラニのオリジナルアイテムを販売するギフトショップ限定品ばかりで、ちょっと気の利いたおみやげ探しにピッタリ!

ワイキキ
MAP:
P10B3

🏠 ハレクラニ(→P210)内
☎ 808-923-2311(ホテル代表)
🕐 9〜21時
🗓 なし

Ⓖ 終日行列が絶えない人気カフェ
### アイランド・ヴィンテージ・コーヒー
●Island Vintage Coffee
ワイキキ MAP: P10B2
⇨P94

Ⓗ 旅行者の強い味方
### ABCストア38号店
●ABCStores 38
ワイキキ MAP: P10B3
⇨P150

Ⓘ ランドマークがリニューアル
### DFSワイキキ
●DFS Waikiki
ワイキキ MAP: P10B2
⇨P131

Ⓙ 高級ホテルが作るマカチョコ
### シグネチャー・アット・ザ・カハラ
●Signature at the Kahala
カハラ MAP: P5F2
⇨P208

Ⓚ 高級食材&デリの人気店
### ディーン&デルーカ ハワイ
ロイヤル・ハワイアン・センター店
●DEAN & DELUCA HAWAII
ワイキキ MAP: P10B2
⇨P181

人気店のフードみやげをゲット♪

# 自宅でも楽しむおいしいハワイ

**Read me!**

ハワイ産のフルーツを使ったジャムやハチミツなど、ハワイのグルメをお持ち帰りすれば日本でもおいしいハワイが食卓に広がる。ギフトにしておいしさのおすそわけも。

*TOAST*

**$16.99**
リリコイ・バター **C**
ほどよい酸味で
後味がさっぱり
としている

**$21.99**
レア・ハワイアン・
ホワイトハニー **A**
希少価値の高いオーガニックのホワイトハニー

マカダミア・ナッツ・
ブロッサム **E**
マカダミア・ナッツの
花から採れるハチミツ
はエレガントな風味

**$6**
ペレズ・ゴールド・
ハワイアン・
ブロッサム **E**
しっかりと存在感の
ある濃いめの味わい

**$6**

**A** ハワイ産＆オーガニック
### ブルー・ハワイ・ライフスタイル
●Blue Hawaii Lifestyle
メイドインハワイの自然派食品やスキンケアアイテムが揃うセレクトショップ。カフェも併設している。

**アラモアナ** **MAP：P9F2**

 アラモアナセンター（→P114）
マウカウイング2F ☎808-942-
0303 ⏰10〜18時（日曜11時
〜）㊡施設と同じ

**B** ハッピーちゃんのパッケージもかわいい
### ハッピー・ハレイワ（ワイキキ店）
●Happy Haleiwa
ジャムやパンケーキなどのハワイ産グルメアイテムが多彩に揃う。パッケージがかわいいのでギフトにもぴったりだ。

 **ワイキキ** **MAP：P11F2**

DATA→P132

**C** PBブランドをチェック
### フードランド・ファームズ
### アラモアナ
●Foodland Farms Ala Moana
スーパーマーケットだけに品揃えは申し分なし。プライベート商品のマイカイは他メーカーよりお得なのがうれしい。

 **アラモアナ** **MAP：P9F2**

DATA→P146

*YOGURT*

**$12.95**
グラノーラ **D**
カフェのアサイボウルでも使用しているグラノーラ

**$16.99**
グアバ・バター **C**
酸味とまろやかさが絶妙。王道のトーストのほかヨーグルトにも

*SANDWICH*

## SPAM

**$7.09**

ハワイシーソルト
（アラエア）Ⓒ

~ミネラルが詰まった赤い塩「アラエア」はおみやげにおすすめ

**各$3.99**

スパム Ⓒ
B級グルメの王道。むすびやフライドライスに入れて

MEAT

**$8.89**

ハワイシーソルト
（マウイオニオン）Ⓒ

マウイオニオンフレーバーのソルトはステーキにベストマッチ！

**各8.50**

はちみつ Ⓑ
ハワイ産のはちみつはクマのボトル入り。花の種類によって味や香りが異なる

**$8.29**

パンケーキミックス Ⓒ
PBブランド「マイカイ」のマカデミアナッツフレーバー

## PANCAKE

**$5**

パンケーキミックス Ⓑ
多彩なフレーバーがあるが、一番人気はこのココナッツ

**$16.99**

オリーブオイル Ⓕ
ホワイトバルサミコ酢とパイナップルフレーバー

SALAD

---

Ⓓ コーヒーの名店はグルメの宝庫
### アイランド・ヴィンテージ・コーヒー
●Island Vintage Coffee

カフェで提供しているものと同じ食材をショップで販売しているので、ハワイの味を再現できるかも。コーヒーはインスタントもある。目的に応じて買いたい。

**ワイキキ MAP：P10B2**

DATA→P94

Ⓔ グルメのセレクトショップ
### ディーン＆デルーカ ハワイ
### ロイヤル・ハワイアン・センター店
●DEAN & DELUCA HAWAII

NY発の高級食材＆デリ。グルメギフトはハチミツ、クッキー、シーソルトにパンケーキミックスなど、厳選したハワイ産が揃っている。

**ワイキキ MAP：P10B2**

DATA→P181

Ⓕ ABCストアのちょっと高級ライン
### デュークス・レーン・
### マーケット＆イータリー
●Dukes Lane Market & Eatery

ABCストアがプロデュースする新コンセプトのグルメ＆マーケット。地産地消にこだわったダイニングと、ハワイ産が中心のグルメギフトのマーケットがある。

**ワイキキ MAP：P10C2**

🏠 2255 Kuhio Ave.
☎ 808-923-5692
🕐 7〜23時
🚫 なし

おかいもの

アラモアナセンター

おみやげ

コスメ

ファッション・雑貨

スーパーマーケット

127

Under
$10

もらってうれしいプチプラギフト

# ちゃんとステキな$10以下みやけ

**Read me!**

日本より物価高のハワイ。でもしっかり探せば安くていいものはいろいろある。グッズなら雑貨ショップ、フードはスーパーマーケットをチェックすればコスパよし！

$10

リングノートは花柄以外にもハワイの島が描かれたものなども A

ハワイらしい絵柄のコースターなど店内はガワイイものでいっぱい

$9.99

踊っているかのように揺れ動くフラドール。ポーズや衣装はさまざま D

$4〜

小さなメモ帳はその日の気分で柄を選ぼう！ B

# Goods 【グッズ】

アロハ柄の文具や小物を

各$3.99

ローカルアーティストのステッカーはキャリーなどに貼りたい！ H

$10

人気のパイナップルデザインのリングツード A

## SHOP LIST

$4

ハワイの海の守り神『ホヌ』のグリーティングカード A

Ⓐ ハワイらしさ満点のグッズが揃う
### サウスショアペーパリー
●SOUTH SHORE PAPERIE

ハワイで大人気のステーショナリーブランド「ブラッドリー＆リリー」のお店。ハワイを感じるイラストがかかれたノートやギフトカードが揃う。デザインはすべてオリジナル。

カパフル MAP：P7D1

🏠 1016 Kapahulu Ave. #160
☎ 808-466-5881 🕙10〜15時
㊡ 月・土・日曜

$6.99

女子みやげにおすすめの石鹸はオーガニックココナッツオイルとマカダミアナッツオイル配合 D

Ⓑ キュートなアイテムが満載
### シュガー・シュガー・ハワイ
●Sugar Sugar Hawaii

アラモアナ MAP：P9F2 ⇨P118

$8

何度も使えるエコアイテム「メリラップ」 C

Ⓒ キープ・イット・シンプル
●Keep It Simple

カイムキ MAP：P5E4 ⇨P136

マグネットはばらまきみやげの定番。種類もいろいろ D

$6.99

Ⓓ ABCストア38号店
●ABC Store 38

ワイキキ MAP：P10B3 ⇨P150

128

おかいもの

アラモアナセンター

おみやげ

コスメ

ファッション・雑貨

スーパーマーケット

**$7.50**
種なしのリーヒンムイ
は、食べやすくて人気！ E

これぞアメリカン！なカラフルなグミーベアーも50種類ほどある！ E

**$5.50**
店員おすすめのリーヒン
マンゴースライス E

**$9.49**
サクサク食感が楽しい
マカダミアナッツ入り
のライスパフスナック F

**$4.00** POPCORN-CARAMEL SM

**$4**
ホームメイドの
キャラメル味
ポップコーン I

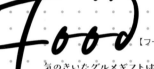

# Food 【フード】

気のきいたグルメギフトは
スーパーにある！

**$9.49**
スーパーフー
ドのオーガ
ニックデーツ（ナ
ツメヤシ）を使
ったコクのあ
るシロップ G

**$7.19**
日本ではなかなか手
に入らないライスク
リスピー。グルテン
フリーなのも◎ G

**各$3.99**
缶は小物入れに活用で
きそうなデザインでばら
まきみやげにもおすすめ I

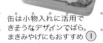

**$4.99**
定番のパンケー
キミックスも
ABCストアなら
リーズナブル！ D

**$9.99**
アップルパイフ
レーバーのキャ
ラメルとサクサ
クのクラッカー
がベストマッチ H

---

E ロコに人気の駄菓子屋さん
## リンズ・ハワイアン・スナック
● Lin's Hawaiian Snacks

台湾から移住した兄弟が始めたハワ
イの駄菓子屋さん。ローカルに人気
のリーヒンムイ（乾燥梅）はなんと80
種類もあるのだとか。店内ではアイ
スやシェイクなども販売。

ワード MAP：P9D3

401 Kamakee St.
☎808-593-8611 ⊙10〜19時 ㊡なし

---

F フードランド・ファームズ
## アラモアナ
● Foodland Farms Ala Moana

アラモアナ MAP：P9F2 ⇨P146

## ダウン・トゥ・アース
G （カカアコ店）
● Down to Earth Kaka ako

カカアコ MAP：P8C3 ⇨P150

---

H ## ワイキキマーケット
● WAIKIKI MARKET

ワイキキ MAP：P11D1 ⇨P151

---

I デュークス・レーン・
## マーケット＆イータリー
● Dukes Lane Market & Eatery

ワイキキ MAP：P10C2 ⇨P127

129

使い心地も最高で癒される～

# ハワイで買いたい！優秀コスメ

## Read me!

ハワイの自然素材をふんだんに取り入れたナチュラルコスメ。フェイスからヘア、ボディにいたるまで、その優しい使い心地に満たされよう。DFSでは人気のコスメもチェック！

## スキンケア

美肌の基本はやっぱりスキンケアから。肌バランスを整えたり、ハリのある明るい肌へと導いてくれる。

### Ⓑ キールズの ウルトラフェイシャルクリーム

キールズのベストセラー商品。保湿力抜群だがベタつかない

**$44.80**

コスパ ★★☆
保湿力 ★★★
ダメージ補修力 ★★☆

### Ⓑ エスティーローダーのアドバンス ナイトリペアエッセンシャル

DFS限定の商品。化粧水と美容液、クリームの3点セット

**$356**

コスパ ☆☆☆
保湿力 ★★★
ダメージ補修力 ★★☆

### Ⓓ マリエ・オーガニクスの ファーミングクリーム

肌に明るさとうるおいを補い、すっきりとした印象に導くフェイシャルクリーム

**$55**

コスパ ★★☆
保湿力 ★★★
ダメージ補修力 ★★☆

## 日焼け止め

南国ハワイでは年間通して日焼け止めは必須。肌にやさしいアイテムが充実している

### Ⓐ コクア・サンケアの サンスクリーン

メイドインハワイのサンゴにも肌にもやさしい日焼け止め

**$12.79**

コスパ ★★☆
保湿力 ★★☆
SPF ★★★

### Ⓐ ロウ・ラブの サンスクリーン

マウイ島生まれの「ロウ・ラブ」の日焼け止めは100％天然素材で安心

コスパ ★★☆
保湿力 ★★☆
SPF ★★☆

**$16.09**

### Ⓒ ホールフーズ365の ミネラル・サンスクリーン

ホールフーズのプライベートブランド365のコスメはリーズナブルで優秀

コスパ ★★★
保湿力 ★☆☆
SPF ★★☆

**$11.99**

## ソープ

トロピカルな香りのソープはボディ＆ハンドウォッシュだけでなく、クローゼットに入れて香りを楽しむのもあり！

### Ⓔ ラニカイ・バス＆ボディの ココナツソープ

ココナツ、ククイ、マカダミアオイルを配合したナチュラルソープで肌がすべすべに

コスパ ★★☆
保湿力 ★★★
泡立ち ★★☆

**$7.50**

### Ⓒ クラハーブスの ハンドメイドソープ

マウイ島で手づくりされるナチュラルソープは、肌にうるおいを与えてくれる

コスパ ★★☆
保湿力 ★★☆
泡立ち ★★★

**3個セット$13.79**

### Ⓐ ハワイアン・マンゴー・ ソープ

ハワイらしいパッケージもマーブル模様も美しいメイドインハワイの石けん

コスパ ★★★
保湿力 ★☆☆
泡立ち ★★☆

**$6.59**

## ボディケア

ボディや髪にもナチュラルコスメが活躍。スーッとやさしく浸透し、トロピカルな香りが体にも心にも癒しを与えてくれる。

### D マリエ・オーガニクスの ボタニカル・バター・キス

入浴後などに塗る、トロピカルな香りのボディバター。ハワイ店限定のミニサイズ

各$10

コスパ ★★☆
保湿力 ★★★
低刺激 ★★☆

### F ハワイアン・バス&ボディの ククイナッツオイル

日焼けした肌にうってつけ。無香料のほかラベンダー、レモングラスの香り付きもある

1本$13.95〜

コスパ ★★★
保湿力 ★★☆
低刺激 ★★★

### C ハニー・ガール・オーガニクス のフェイシャル・トナー

「95％以上オーガニック」のコスメ。肌をみずみずしく保ってくれる

$25

コスパ ★★☆
保湿力 ★★☆
低刺激 ★★★

### E ラニカイ・バス&ボディの ククイローション

ククイオイルに、海藻やアロエなどを組み合わせたフェイス&ボディローション。

コスパ ★★☆
保湿力 ★☆☆
低刺激 ★★★

$16.50

### D マリエ・オーガニクスの プルメリア・ビューティー・ オイル

顔やボディ、髪にも使える全身の保湿ケアオイル。肌の角質層や髪内部への浸透性が抜群

$45

コスパ ★★☆
保湿力 ★★★
低刺激 ★★☆

### F ハワイアン・バス&ボディの バスソルト

ピカケの精油を配合したバスソルトで、トロピカルなバスタイムを。発汗作用が高く入浴後もポカポカ。

コスパ ★★★
保湿力 ★☆☆
低刺激 ★★☆

$15

---

**A** マウイ島発のオーガニックスーパー

## ダウン・トゥ・アース(カカアコ店)
●Down to Earth Kaka ako

オーガニックフードやデリが充実の自然派スーパー。ハワイ産のナチュラルコスメも要チェック！

`カカアコ` **MAP：P8C3**

DATA→P150

**B** 2023年にリオープンして楽しみ

## DFSワイキキ
●DFS Waikiki

ワイキキのランドマーク的存在。リオープンして新しくなった店内には人気コスメが集結！

`ワイキキ` **MAP：P10B2**

⌂333 Royal Hawaiian Ave.
☎808-931-2700
⊙10〜22時
㊡なし

**C** 自然派フードやコスメが勢ぞろい

## ホールフーズ・マーケット(クイーン店)
●Whole Foods Market Queen

全米に展開する大型スーパー。2フロアある広い店内には、生鮮食品のほか、コスメやボディケア商品も充実！

`ワード` **MAP：P9D3**

DATA→P144

**D** ハワイの自然の恵みで肌美人に

## マリエ・オーガニクス
●Malie Organics

カウアイ島発、オーガニック・ボディケアブランドの直営店。ハワイの植物エッセンスを原料に使っている。

`ワイキキ` **MAP：P10C3**

⌂Hロイヤル ハワイアン ラグジュアリー コレクション リゾート
☎808-922-2216
⊙10〜21時 ㊡なし

**E** ハワイらしさ満点の香り

## ラニカイ・バス&ボディ
●Lanikai Bath & Body

ハワイらしいトロピカルな香りのボディ&ヘアケアアイテムが多彩に揃う。ギフトセットもある。

`カイルア` **MAP：P12B3**

⌂600 Kailua Rd. カイルア・ショッピングセンター1F
☎808-262-3260
⊙10〜17時(日曜は〜16時) ㊡なし

**F** 植物オイルを使った手づくり石けん

## ノースショア・ソープファクトリー
●North Shore Soap Factory

ノースの小さな町、ワイアルアにあるソープ工場。ハワイ産の原料を使い肌と地球にやさしいアイテムを販売。

`ワイアルア` **MAP：P2B2**

⌂67-106 Kealohanui St.
☎808-637-8400
⊙10〜16時(土曜は9時30分〜) ㊡なし

普段使いしたいおしゃれデザインが勢揃い♪

# トート&エコバッグに夢中!

### Read me!

素材やロゴにこだわったトートバッグは、ハワイの不動の人気アイテム。帰国してからも使いやすいデザインを選びたい。友人へのおみやげにしても、喜ばれるはず!

→ カラフルなハッピーちゃんのイラストが最高にキュート！ **A**

$24

$24

↑ 南国フルーツ柄がかわいいエコバッグはBAGGUとのコラボ **H**

$5

← くるくる畳めて小さな三角のハート型になる優れ物 **C**

$40

→ タウンでもビーチでも使えるパイナップル&ハイビスカス柄 **C**

↑ リゾートを堪能するムーミンが、愛しさ100%！ **B**

→ ハワイの妖精メネフネがカワイイ。マチがついて収納もたっぷり **D**

$26

---

**A** かわいいキャラクターが人気
## ハッピー・ハレイワ(ワイキキ店)
●Happy Haleiwa

ハレイワ発のアパレルブランド。店内には、マスコットキャラクター、キュートなハッピーちゃんのグッズがいっぱいでどれも欲しくなる。

`ワイキキ` **MAP：P11F2**

🏠ワイキキ・ビーチ・マリオットリゾート&スパ(→P215)内
☎808-926-3011
🕙10〜21時(日曜は〜20時) ㊡なし

---

**B** ムーミンのハワイ限定品をゲット！
## ムーミン・ショップ・ハワイ
●Moomin Shop Hawaii

ハワイのムーミン専門ショップには、ここでしか手に入らないアイテムが勢揃い。店内にはフォトスポットもあり訪れるだけで楽しい。

`アラモアナ` **MAP：P9F2**

🏠アラモアナセンター(→P114)1F
☎808-945-9707
🕙11〜19時(日曜は〜18時) ㊡なし

---

**C** ロコガール御用達の水着ショップ
## ロコ・ブティック
●LOCO BOUTIQUE

メイド・イン・ハワイのクオリティの高い水着が揃う。水着やビーチアイテムだけでなく、センスの良い雑貨や、エコバッグにも注目！

`ワイキキ` **MAP：P10B2**

🏠P ワイキキ・マリア
☎808-200-4117
🕙9〜21時 ㊡なし

$34

→大き目サイズなので荷物が多くなりがちなビーチ利用にも◎ F

↑スーパーにはかわいいエコバッグがたくさん！

←メッシュ生地が夏っぽい小さめのトート F

$32(Sサイズ)

DEAN & DELUCA
HAWAII

→コットン100%のロープトートバッグは柄もいろいろ E

$13.29

↑ダイヤモンドヘッドのイラストとロゴが入ったオリジナル G

→オーガニックコットン生地で、大きめのお買い物に最適サイズ D

$26

aloha

$13.29

←麻素材で収納力も抜群！カラーバリエーションも豊富 G

---

**D** オリジナルデザインが魅力
## ウィミニ・ハワイ
●Wimini Hawaii

オーガニックコットンのTシャツなど素材にこだわるショップ。オーナーデザインの商品は特に人気。ハワイらしい柄を選んで、おしゃれみやげにするのも◎。

モイリイリ MAP：P6A1

🏠2015 S King St.
☎808-260-1213
🕐11〜17時
🛑日曜 ☗

---

**E** グルメなロコの御用達！
## ホールフーズ・マーケット(クイーン店)
●Whole Foods Market Queen

自然派フードやコスメも勢ぞろいする大型スーパー。エコバッグは必見。

ワード MAP：P9D3 　　⇨P144

**F** ハワイ限定のトートをチェック
## ディーン＆デルーカ ハワイ
●Dean & Deluca HAWAII

グルメな食のセレクトショップ。HAWAIIのロゴ入りバックも人気。

ワイキキ MAP：P10B2 　　⇨P181

---

**G** ハワイ発のナチュラルフードストア
## ダウン・トゥ・アース(カカアコ店)
●Down to Earth Kaka ako

オーガニック食品やサプリ、コスメも揃う地元密着型の自然派スーパー。

カカアコ MAP：P8C3 　　⇨P150

**H** カラフルな色使いが魅力
## ジャナ・ラム・スタジオ・ストア
●The Jana Lam Studio Store

ハワイ出身のデザイナーが手掛けるハンドメイドブランドのお店。

ワード MAP：P9E3 　　⇨P141

おかいもの

アラモアナセンター

おみやげ

コスメ

ファッション・雑貨

スーパーマーケット

まずは形からロコガールに変身！

# ハワイになじむロコ服&アクセ

## Read me !

ロコたちが愛するウエアやアクセサリーは、ハワイの自然がインスパイアされたものが多い。そんなアイテムを身につければ、体も心もハワイの空気に溶け込んでくれるはず。

### Ⓐ トレンディなUSAブランドが集合
## ターコイズ ●Turquoise

LAやNYのカジュアルウエアを扱うセレクトショップ。アイランドスリッパとのコラボ商品などハワイアンブランドや小物も充実。メンズとキッズも展開。

**ワイキキ** MAP：P10C2

🏠333 Seaside Ave.
☎808-922-5893 ⏰10時30分
〜19時 ㊡なし

---

### Ⓑ キュートなリゾートジュエリー
## レイナイア ●Leinaia

ハワイをモチーフにしたワイヤー製のアクセサリーはどれも手作り。名前入りのアクセサリーもその場でオーダー可能だ。SNS映えするピンクが基調の店内もかわいい。

**カイルア** MAP：P12A3

🏠35 Kainehe St.
☎808-312-3585 ⏰10〜18時
（日曜は〜15時）㊡月曜 Ⓑ

---

### Ⓒ モダンなアロハウエアが魅力
## マヌヘアリイ ●Manuhealii

オススメ！

フラ愛好家にもファンが多いロコブランド。4〜6週間ごとに新しいコレクションが登場するので、お気に入りを見つけたら迷わず即買いがおすすめ。

**マッカリー** MAP：P9F1

🏠930 Punahou St
☎808-942-9868
⏰10〜17時
（土曜は9〜16時、
日曜は〜15時）㊡なし

---

### Ⓓ 手染めのウエアが揃う
## アット・ドーン・オアフ ●at Dawn. O'ahu

オーナーでデザイナーのエリコさんが、ハワイでデザインし、バリで手染め・縫製したオリジナルのウエアを展開する店。リネンやコットンなど、天然素材を使ったウエアが人気。ナチュラルテイストの雑貨もある。

**ワード** MAP：P9D3

🏠ワードビレッジ アナハ 1F ☎808-946-7837 ⏰11〜18時（金・土曜は〜19時、日曜は〜17時）㊡なし

20分ぐらいで仕上がります

$42

$59

**A** ラニラウのリゾートドレスはゆるめシルエット

**B** レタリングのアクセはオーダー可能

$90

女性らしいラインに着こなせるアロハなチュニック

---

ALOHA

ママ&キッズ向けブランド

$36

**A** カナイ・カイのTシャツは着心地抜群

$88

**B** カラーストーンもかわいいヤシの木のピアス

$88

**C** 1枚でもさまになるリゾートドレスは滞在中に着たい

---

CHEERS

$40

セレブ御用達ブランド

**A** サブアーバンライオットのTシャツ

$42

**B** 手元をキレイにみせてくれるブレスレット

$78

**C** ボタニカル柄が涼しげで着やすいクロップパンツ

---

$89.95〜

**A** アイランドスリッパとの限定コラボデザイン

$89.95〜

**A** 足元がクールにみえるアイランドスリッパとのコラボ

$238

**D** フレンチリネンを贅沢に使用したパフスリーブのロングドレス

---

$42

**A** 地元写真家のショットをあしらったグラフィックT

$35

**D** コットンキャンバスの丈夫な質感とポップなロゴが大人気のトートバッグ

$62

**D** アポリスとのコラボバッグ。「Hawaii is always a good idea」のロゴ入り

おかいもの

アラモアナセンター

おみやげ

コスメ

ファッション・雑貨

スーパーマーケット

エコフレンドリーな旅をトレンドに
# サスティナブルなショップへ

→店内には量り売りのシャンプーやソープなどが並ぶ

**Read me!**

サスティナブルな意識や取り組みが浸透しているハワイ。観光客でもほんの少し意識するだけで、大好きなハワイを守れることを知っておきたい。

---

↓洗濯機で洗っても何度も使えるディッシュクロス

**$6**

**3個$15**

←洗濯物と一緒に乾燥機に入れるドライヤーボール

→量り売りに必要な容器は持参してもお店で購入もできる

**$13**

→錠剤型の歯磨き粉は口の中で溶かして使う

身近にエコを楽しめるアイテム
## キープ・イット・シンプル
●Keep It Simple

カイムキにあるゼロ・ウェイスト・ストアの2号店。シャンプーなどはマイボトルで量り売りするスタイル。ツーリストを意識したエコなアイテムが多彩に揃うので要チェック！

カイムキ **MAP：P5E4**

3466 Waialae Ave.
☎808-744-3115
🕙10〜19時
（土・日曜は9時〜）
㊡なし

---

ハワイ生まれ×エコアイテム
## ハウス・オブ・マナアップ
●House of MANA up

食品や雑貨などメイドインハワイの商品が並ぶセレクトショップ。店内のPOPにはブランドの背景なども表示されているので、エコフレンドリーな商品選びができる。

ワイキキ **MAP：P10B2**

ロイヤル・ハワイアン・センター（→P180）
A館1F
☎808-425-4028
🕙10〜21時 ㊡なし

←ハワイ好きにはたまらないショップ。ぜひチェックしてみて

↑すべてハワイにルーツのあるものばかり。おみやげにもピッタリ

**$15(L)**

**$2(M)**

←ロコにも大人気の繰り返し使える食用ラップ（3サイズ展開）

↑身近にエコを楽しめる商品がズラリ

➡ハワイ初のゼロ・ウエスト店として2020年にオープン

↑量り売りのシャンプーやソープが豊富に揃う

エコでユニークなアイテムが揃う

### プロテアゼロウエストストア
●Protea Zero Waste Store

環境にやさしい商品が揃うセレクトショップ。プラスチック容器をなくし、固形シャンプーやリンス、洗濯用洗剤などの中身を購入できる。容器は持参、もしくはお店で購入も可。

`カイルア` **MAP：P12A3**

🏠35 Kainehe St.
☎808-744-0184
🕐10〜18時（土・日曜は〜16時）
🈲なし

↑エコフレンドリーな固形石鹼はおみやげにもおすすめ

$18.95

↑↑ローカルアーティストがデザインしたお皿などの雑貨も

$12.95

←天然成分で作られたデオドラント。ユーカリとココナッツ

$4.50〜

➡木材パルプやオーガニックコットンなどから作られるディッシュクロス

ギフトにもピッタリのエコショップ

### エブリデイ・ベター・バイ・グリーン・メドウズ
●Every Day Better by Green Meadows

環境に優しいアイテムがそろうエコショップ。ローカルはもちろん、ヨーロッパやアメリカ本土から仕入れたオーナーこだわりの商品が多数並ぶ。

`カイムキ` **MAP：P5F4**

🏠1223 Koko Head Ave. Suite 2
☎808-737-7770
🕐11〜15時（土・日曜は10時〜）🈲月曜

⬇ハワイのローカル感いっぱいのキュートなお店

おかいもの

アラモアナセンター

おみやげ

コスメ

ファッション・雑貨

スーパーマーケット

カジュアルもビジネスシーンもおまかせ

# ハワイのおしゃれはアロハできめる

**Read me!**

伝統的な柄だけではなく、デザイナーによる個性豊かな新ラインも季節ごとに登場。メンズのほかレディースやキッズを展開する店もあるので家族コーデも楽しめる！

↑アロハのミュージアムといった雰囲気

復刻版ヴィンテージならここ

## コナ・ベイ・ハワイ

●Kona Bay Hawaii

ヴィンテージ・アロハ・コレクターのオーナーが、1930年代の品質の高いアロハを復活させたいと始めた店。レプリカのコレクションは、デザインだけでなく、ボタンなどのパーツにもこだわっている。

ワイキキ MAP：P6B3

🏠444 Ena Rd.
☎808-223-3390
🕐10〜17時 休なし 🅿

**コーデのポイント**
伝統的なアロハ柄は、フォーマルに最適。シンプルなスラックスでおしゃれに。

$125
ダイヤモンドヘッドとヤシの木を大胆にデザイン

$125
黒地にヤシの木×パイナップルの総柄はおしゃれに着こなしたい

$125
タウンでも着やすい印象のハイビスカス柄のアロハ

**Cool Shirt!**

$118
デュークス・パレオは、カハラを代表する伝統的デザイン。コットン・ブロードクロス100%

大人かっこいい伝統のアロハ

## カハラ

●Kahala

伝統と現代性がほどよく溶け込んだ上質のアロハシャツブランド。キッズラインもあり、親子で楽しめそう。1940年代の復刻版もあり、クラシックな雰囲気はちょっと渋めのファッションで決めたい時に。

カカアコ MAP：P8C3

🏠685 Auahi St. ソルト（→P189）1F
☎808-566-6306
🕐10〜18時
休なし

$228
海の生き物が描かれたユニークなアロハはカジュアルに

$228
1930年代の着物にインスパイアされた和柄のアロハ

**コーデのポイント**
ハワイを感じるモチーフが多い。鮮やかな色彩なのでジャケットと合わせるのもおすすめ。

ビジネスマン御用達アロハシャツ
# レイン・スプーナー
●Reyn Spooner

裏地特有の淡い色彩と仕立てのよさで、ハワイのビジネスマンに愛され続けているブランド。キッズサイズがあるので父子でお揃いファッションもOK。細身のテーラードフィットは日本人に人気が高い。

**アラモアナ** MAP：**P9F2**

🏢アラモアナセンター（→P114）ダイヤモンドヘッドウイング2F
☎808-949-5929
🕙10〜20時（施設と同じ）
㊡施設と同じ

定番

〚〚ファミリーコーデも！〛〛

**$119.50**
ドジャースファンにはたまらないコラボアロハ

**$59.50**
キッズアロハも豊富なので、家族おそろいコーデが叶うのも魅力！滞在中に着れば旅の思い出作りも楽しくなるはず

> **コーデのポイント**
> リバースプリントは発色が優しいのでビジネスにぴったり。細身のデザインはスラックスに合う。

**$119.50**
ウクレレ柄とナチュラルな生地感がやわらかい印象の1枚

**$59.50**
『ザ・シンプソンズ』とのコラボが楽しいキッズ用アロハ

〚CUTE & GORGEOUS〛

---

パナマハットに合うレトロなアロハ
# ニュート・アット・ザ・ロイヤル
●Newt at the Royal

*オススメ！*

最高品質のパナマハット専門店だが、実は、上品な帽子に合うレトロなアロハシャツも販売し人気が高い。薄手の100%コットン生地なので涼しくて、プリウォッシュしているため縮まないのが特徴。

**ワイキキ** MAP：**P10C3**

🏨ロイヤル ハワイアン ラグジュアリーコレクション リゾート1F ☎808-922-0062
🕙10〜21時 ㊡なし

**$95**
ボートデイズを思わせるノスタルジックなデザイン。ライトウエイトのコットン製で涼しい

> **コーデのポイント**
> レトロで大人っぽく着られる。カジュアルになりすぎないようにチノパンなどと合わせるといい。

**$95**
パイナップルが可愛いハワイアン・バケーション

---

ヴィンテージ風が得意
# トリ・リチャード
●Tori Richard

1956年創業ブランドで、高級志向のアロハシャツに定評がある。着心地のよい上質な素材にこだわり、デザインのバリエーションも多彩。契約工場の独特な染色技術による発色のよさも評判だ。

**アラモアナ** MAP：**P9F2**

🏢アラモアナセンター（→ P114）ダイヤモンドヘッドウイング2F ☎808-949-5858
🕙10〜20時 ㊡施設と同じ

> **コーデのポイント**
> 大人のリゾートウエアで知られるブランドだけに、さわやかにカジュアルに、がポイント。

**$120**
レトロなハワイアン柄のボート・デイ・アロハ

---

**+ Plus!** ┃ **アロハシャツはハワイでは正装**

一見カジュアルなアロハシャツ。ハワイではセミフォーマルとして使えるので、ホテルマンや、ハワイのビジネスマンは日頃から着用している。ドレスコードのあるレストランへも着ていけるので、一枚あると重宝する。

センスのよさ、100点満点。

# ロコデザイナーにひと目惚れ ♥

**Read me!**

ハワイ在住デザイナーのアイテムは海や植物などハワイの自然を意識したデザインがほとんど。きれいな色使いや肌ざわりがいい素材など、とっておきのひとつを見つけて。

**COLORFUL**

**COOL**

↓ロコガールもお気に入り

オススメ！

**$86**
やわらかい生地でサラリと着こなせるトップス

**$98**
薄手の羽織りものはクーラー対策にも便利

**$168**
体形もうまくカバーしてくれる肌ざわりのよいパンツ

↑プチギフトにもぴったりなアイテムが揃う

**$100～1200**
ハワイアンなキャンバス画は旅の思い出にも

**各$5**
プチプラでキュートなステッカーは何種類も欲しくなる

**各$5**
水彩風のイラストが爽やかなグリッターカード

小柄から長身、ふくよかな女性まで、あらゆる体形にマッチ

ロコに人気のカジュアル服
**アリソン・イズ**
●Allison Izu

ハワイの気候に合う着心地のよさと、カジュアルかつスタイリッシュなデザインで幅広い女性に人気。

`マノア` **MAP：P5D1**

🏠マノア・マーケットプレイス（→P206）2F
☎808-349-1013
🕐木曜11～16時、金曜11～18時、土曜10～16時 ㊡日～水曜

↑オーナー兼デザイナーのアリソン・イズさん

女性人気アーティストの画廊
**ローレン・ロス・アート**
●Lauren Roth Art

数々の企業とコラボするローレン・ロスが自身のギャラリーをオープン！ハワイの自然を描いたアクリル画やTシャツ、ポーチなどを展開。

`カイルア` **MAP：P12B4**

🏠131 Hekili St.
☎808-439-1993
🕐10～17時（日曜は～16時）㊡なし

女性らしい感覚でハワイを描く、トロピカルなデザインが人気よ

↑デザイナーのローレン・ロスさん

オススメ！

おかいもの

アラモアナセンター

おみやげ

コスメ

ファッション・雑貨

スーパーマーケット

## NATURAL

↑カラフルな色使いが魅力

**$42**
爽やかな元気カラーがとびきりキュートなポーチ

**$42**
明るいグラデーションが印象的なポーチ

**$42**
ポーチやクラッチは形やサイズ違いでいろいろ

ハワイの企業やホテルとコラボ。シルクスクリーンの制作風景も見てね

ハワイの自然をモチーフにしたデザイン
### ジャナ・ラム・スタジオ・ストア
●The Jana Lam Studio Store

ロコガールのジャナさんが手がけるオリジナルプリントが人気。ポーチやバッグのほかにクッションなども揃う。

`ワード` **MAP：P9E3**

🏠ワードビレッジ（→P186）
サウスショアマーケット内
1170 Auahi St., Suite 133 Honolulu
☎808-888-5044
🕐11～18時 🈚なし

↑ハンドメイドデザイナーのジャナ・ラムさん

## CUTE

↑おしゃれな洋服やアクセ、雑貨も揃う

**$75**
オリジナルのフェザー付きストローバッグ（小）

**各$135**
天然石とパイナップルの組み合わせがキュートなヒーリングジュエリー

**$165**
リゾート感たっぷりのメレハワイアンドレス

年間40種類の新デザインやファミリーマッチングなアイテムを制作

リゾート感のあるドレス
### エンジェルズ・バイ・ザ・シー
●Angels by the Sea

淡い色合いがかわいいリゾートウエアや雑貨を揃える。丈の長さや刺繍など、デザインにも工夫が。

`ワイキキ` **MAP：P11D2**

🏠シェラトン・プリンセス・カイウラニ1F
☎808-921-2747 🕐9～21時 🈚なし

↑オーナー兼デザイナーのニーナ・タイさん

141

上手に利用して人気ブランドを賢くゲット

# オフプライスで爆買い！

神プライスの掘り出し物が！

## ロス・ドレス・フォー・レス

● Ross Dress for Less

アパレル、雑貨、キッチン用品、家具などを、デパート価格の20〜60%オフで提供。豊富なキッズアイテムは口コミに定評あり。スーツケースも手頃な価格で販売している。

**ワイキキ** MAP：P10C2
🏠 333 Seaside Ave.
☎ 808-922-2984
🕐 8〜23時 ⓝ なし

Women's World レディース

➡ワイキキの中心という便利な立地

水着コーデ

➡水着が透けて見えるのがかわいいカバーアップ $9.99

⬅日差しの強いハワイにはサングラス必須！

➡明るい黄色が印象的なモノキニタイプの水着 $9.99

➡モンステラなどがデザインされたハワイらしい柄のビキニ $12.99

⬇首まわりと袖のくしゅくしゅがかわいい！パープルのミニワンピ $12.99

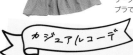

⬆カジュアルなノースリーブトップスはプチプラでゲット $6.99

カジュアルコーデ

➡着まわし抜群のTシャツは種類も豊富！

➡丈夫な素材で長く使えそうなピンクのリュック $19.99

⬇かわいいベビー靴も $5.99！ロンパースなども販売している

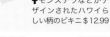

⬆メイクスポンジ $2.99のほか、気になるプチプラ雑貨もたくさん！

キャリーケースなども取り扱っている

⬅子ども用のおもちゃもお買い得！ $7.99

⬆色や形の種類が豊富なショーパンは自分好みを見つけよう ➡見た目も履き心地も抜群のサンダル $16.99

## シューズの品揃えはさすが！

# ノードストローム・ラック
●Nordstrom Rack

高級ブランドのアイテムが驚きの価格で買える。老舗デパートのノードストロームが運営しているのでこちらも靴の品揃えが豊富。日本人向けサイズも多い。

**ワイキキ MAP：P10C2**

🏨🚇ハイアット・セントリック・ワイキキ・ビーチ2F ☎808-275-2555
🕙10～21時 ⊗なし

↑大きなガラス張りのエントランスが目印

↑サングラスなどの小物も揃う

←有名ブランドのコスメも豊富にある

↑NY発のデザイナーズワンピースが60％オフで買える

←人気ブランドのサンダルも

## ホーム＆キッチンアイテムがお得

# T.J.マックス
●T.J.Max

ファッションはもちろんだが、ホームウエアが充実していることで知られる。キッチン用品、ベッドリネンなどが他店よりアイテム数、量ともに充実している。

**ワード MAP：P9E3**

🏨🚇ワードビレッジショップス（→P186）内 ☎808-593-1820 🕙9時30分～21時30分（日曜は10～20時）⊗なし

←メイソンジャーポンプ
↑ハイエンドブランドのサングラスも割安価格

↑ウエアから日用雑貨まで幅広い品揃え
←デザインがキュートなエサ入れ

## 人気ブランドが勢揃い

# ワイケレ・プレミアム・アウトレット
●Waikele Premium Outlets

ハワイ最大のアウトレットで、人気ブランドが軒を連ねる。コーチ、UGGオーストラリアなどの有名ブランドから、高級デパートのアウトレットまで多彩。

**ワイケレ MAP：P2C3**

🏨94-790 Lummiaina St.
☎808-676-5656
🕙10～19時（金・土曜は～20時、日曜は11～18時）
⊗なし

↑郊外にある広々としたアウトレット。お目当てのブランドがあればお得

---

**＋ Plus!**

**ハワイ唯一の免税店がリオープンして楽しみ！**

# DFSワイキキ
●DFS Waikiki

2023年9月にリオープンしたワイキキのランドマーク。2024年2月現在1階フロアのみだが人気ブランドやコスメが集まっている。エレガントな空間でショッピングを楽しもう。

**ワイキキ MAP：P10B2**

DATA→P131

←リオープンして新しくなった店内はブルーを基調とした爽やかな印象

必見9コーナーをぐるりひとめぐり
# ホールフーズ・マーケットを大攻略！

**Read me!**

全米展開のスーパー。オーガニックを中心に自然派のフードやコスメが勢揃い。1階と2階にはイートインコーナーがあり、店内で購入したデリやドリンクを楽しむことができる。

FRESH
VEGETABLES

### ❶ 野菜・果物コーナー

ハワイ各地で作られた野菜や果物には「Local」の表示が。そのほかオーガニック栽培のものにこだわる。

### ❷ デリコーナー

温・冷料理があるデリメニューは時間帯によって異なり、自分でカスタマイズできる楽しさがある。

### ❸ バルクコーナー

日本では珍しいピーナッツバターの量り売りコーナーも！好きな分だけナッツを挽くことができる。

### ❹ ブランドリテールショップ

2階にあるリテールショップでは、クイーン店限定のトートバッグなどを購入できる。

ブランドリテールショップで買ったもの

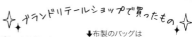

↓ポケットも付いた
不織布のエコバッグ

↓布製のバッグは
カラフルなサーフ
ボードが特徴的

↑話題のハイドロ
フラスクは購入前
にサイズもチェック

## ⑤ ボディケアコーナー

日用品のセレクトもオーガニック＆ナチュラルにこだわっているのがホールフーズの特徴。

## ⑥ ベーカリーコーナー

パンは店内で粉を練るところから作るスクラッチ製法。夕方には売り切れてしまうことも。

## ⑦ ポケ・コーナー

毎朝仕入れる新鮮な魚を使ったポケは毎日5〜6種類揃う。

## ⑧ トゥー・タイズ

25種類前後のビールがラインナップ。メイド・イン・ハワイのクラフトビールを気軽に味わえる。

## ⑨ チーズ売り場

世界各国のさまざまな種類のチーズがズラリ！グルメな地元客にも人気のコーナー。

---

**SHOP DATA** ハワイ最大規模のグルメマーケット

# ホールフーズ・マーケット（クイーン店） ●Whole Foods Market Queen

クイーン店は2フロアにわたり、1階にはヘルシージュースで知られるラニカイジュースも入店。テラス席もあるのでデリやドリンクを楽しみたい。

**ワード** MAP：P9D3

388 Kamakee St.
808-379-1800 ⏰7〜22時 ㊡なし

| | | |
|---|---|---|
| **2F** | ブランドリテールショップ | ロゴグッズがずらり |
| | イートインスペース | 店内席があり |
| **1F** | 野菜・果物コーナー | ローカルな食材が揃っている |
| | デリ・ポケコーナー | 温メニューやサラダなど種類豊富 |
| | バルクコーナー | ピーナッツバターの量り売りがある |
| | 菓子コーナー | オーガニックな体にいいお菓子がいろいろ |
| | ラニカイ・ジュース | スムージーやジュースなどを |
| | アレグロ・コーヒー・バー | コーヒーや紅茶なども |
| | トゥー・タイズ | イートインスペースとしても利用可能 |

etc.

デリもテイクアウトフードもワインバーも
# フードランド・ファームズで食べて飲む

←好みのポケをチョイス！ ↓ポケ丼は店内で食べられる

## Read me!

老舗ローカルスーパーが、できるだけハワイ産やオーガニックの食材を取り揃えて差別化を図ったのが「ファームズ」ブランド。食もギフトも豊富な商品構成が特徴だ。

ローカルにとことんこだわる
## フードランド・ファームズ アラモアナ
●Foodland Farms Ala Moana

地産地消にこだわった品揃えが特徴。イートインスペースにはプレートランチ店やカフェを備え、店内に本格ワインバーがあるなど、他スーパーとは一線を画している。

**アラモアナ** MAP：P9F2

🏢アラモアナセンター(→P114)
エヴァウィング1F
☎808-949-5044 ⏰6～22時 休なし

## 食べたいものは何でもここに
# 充実のTo Go フード

デリや店内で焼くピザなどが多彩に揃う。人気のポケは量り売りで購入できるのも◎。

落ち着いた雰囲気のイートイン・コーナー

$15.99／1ポンド
(値段変動あり)

←ローカル風に仕上げたハワイアン・スタイル・ポケ

↓ワサビがピリッときいたワサビ・サーモン・ポケ

$19.99／1ポンド
(値段変動あり)

$2.49～

↑おにぎりなど、軽食もいろいろある

↑フレッシュジュースも豊富。どれもおいしそう

↑カットフルーツがズラリ！朝食や夜食にも◎

---

## + Plus!

### PBブランド「マイカイ」シリーズに注目！

フードランドの自社ブランド"MAIKA`I"はエクセレントや最高という意味のハワイ語。ハワイや世界中からアイテムを探し開発している自慢のアイテムが揃う。

$4.39

←アメリカンなマカロニチーズもオーガニック素材で

➡ロースト・マカデミアナッツは軽い塩味で食べやすい

$14.99

$10.29

→バニラマカデミアナッツフレーバーのコーヒー豆も

$10.29

←コナコーヒー10%ブレンドのミディアムローストコーヒー豆

## お茶もお酒もおいしいディナーも
# レストランとしても使えちゃう！

有名プレートランチ店やコーヒー店、ワインの名店がスーパー内に出店。買物ついでに話題のメニューをいただきます！

↓BBQチキンとステーキのミックスプレート

**$15.99**

DELICIOUS!!

### ハイ・ステーキ
●HI Steak

本格的なステーキをプレートランチで味わえる。

**$15.99**

↑ガーリックチキンとステーキのミックスプレート

### コーヒービーン＆ティーリーフ
●Coffee Bean & Tea Leaf

エスプレッソ系のコーヒードリンクや紅茶を揃えている。

**$6.49**

➡アイスブレンディッドドリンクのモカ（ラージ）

### R.フィールド
●R. Field

プライベートブランド「R.フィールド」のバー。ワインやビールをカウンター席で楽しめる。

**2oz $3.75〜**

➡ワインはシーズンで品揃えが変わる

**$28**

➡生ハムとチーズの盛り合わせ（価格は内容で異なる）

---

## かわいい雑貨やグルメフードを
# メイドインハワイなおみやげ

スーパーマーケットなのにハワイアンな雑貨がいろいろ。おみやげ探しにもおすすめ。

**$15.99**

➡ハワイのローカルフード「サイミン」を自宅で味わえる人気商品

↑PBブランド「マイカイ」のマンゴーとココナッツのバター

**$13.59**

←ローカルアーティストデザインのカードもいろいろ

**$12.99**

➡ハワイの花の香りがするキャンドル

↑ローカルの大好物、マグロジャーキー

**$7.49**

➡スモアを再現したハワイで人気のお菓子

147

使うシチュエーションで選ぶ
# ターゲットのホーム雑貨&フード

**$2.79**

**↑グッド&ギャザーのランチドレッシング**
ターゲットはオーガニック商品も安い

**$1.39**

**↑グッド&ギャザーのカットトマト**
ストック用にも便利なトマト缶

**$5.99**

**↑グッド&ギャザーのアーモンドバター**
クリーミーな味わいがおいしい！

**$5.29**

**↑スマッカーズのいちごジャム**
人気ブランドのスマッカーズも売っている

**$7.99**

**↑シュガー&ソルト用キャニスター**
砂糖や塩もセンスよく収納

**$12.99**

**↑ティーキャニスター**
お気に入りの茶葉やティーバッグを入れて

# FOR KITCHEN

飽きがこないシンプルなデザインが多いので、日常使いにぴったり。PB商品は良心的な価格でお買い得。

**$5**

**→ミニスパチュラセット**
シリコン素材で洗うのも簡単。スモーキーカラーもかわいい

**$8.99**

**↑キッチン時計**
脚が付いているので棚に置きやすい

**$18.99**

**↑コーヒーキャニスター**
木製のスプーンもついている

**↓ターゲットオリジナルブランド、エバースプリングのディッシュソープ**
環境にも肌にもやさしい製品

**$7.39**

**↓グッド&ギャザーのカレーパウダーとパセリ**
オーガニックの調味料はおみやげに

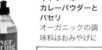

**$6.29**

**各$14.99〜**

**↓ソルト&ペッパーミルシェーカー**
デザインはさまざま！キッチンにあわせて買いたい

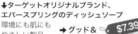

**$2.99**

**←ターゲットオリジナルブランド、エバースプリングのハンドソープ**
この値段でパッケージもキュート！

**$2.99**

**←BRIANNA'Sドレッシング**
アメリカで有名なブランド

**$4.49**

**$3.99**

**↓5個組の入れ子式ボウルセット**
ポップなカラーが映える

**$13**

**↑キッチンタオル**
お得なタオルも買いだめ

**$24**

**→バスラグ**
モダンなデザインのタオルも多い

**各$25**

**←バスラグ**
大きめのバスラグはアメリカでゲット

**$30**

**←バスケット**
サイズが大きく収納に便利

# For Desk

キッチュな色のステーショナリーは
勉強や仕事を楽しくしてくれそう。
日本では見かけないデザインも多い。

**↑紙ナプキン**
どんな場面でも使
えるデザインが◎

$2

**↓プランノート**
かわいいノートで計画を

$9

$9

**↑花柄の
ノートブック**
罫線ありなので、日
記帳にピッタリ!

**↓スケジュール帳**
アメリカンサイズの手帳

$17.99

# For Home Party

アメリカらしいカラフルでかわいいものがいっぱい。
使うのがもったいなくなってしまうほど。
子ども部屋を飾るのにもいいかも!

**↓プラスチックカップ**
うっすら光るラメがか
わいい!

$5

**→紙皿**
BBQパーティ
ーにいかが?

$2

**←数字
キャンドル**
誕生日ケーキ
に使いたい!

$3

**↓ガーランド**
壁にかける飾り
は種類も豊富!

$5

**↓カラーペン
12本入り**
まとめてお得な
12色カラーペン

$3.19

**↑BICシャープ
ペン5本入り**
ペンはパック売り
が基本です

$22.99

**↓ペン立て**
デスクをスッキ
リ整理!

$6.99

# For Living

ハワイで買ったインテリア小物を並べれば、
いつものリビングも違う雰囲気に。
ハワイを感じよう!

**↓フェイクラベンダー**
癒しのあるリビングの
演出に

**→フェイク
多肉植物**
部屋のアク
セントに!

$10    $10

**↓クッション**
季節に合わせて変える
のも◎

**↓クッション**
おしゃれなデザインも
多数!

$20    $20

---

**おしゃれな量販店でギフト探し**

## ターゲット(アラモアナ店) ●Target

アメリカを代表する大型量販店。日用品から食品までな
んでも揃っていて、自分や友人へのおみやげ探しがまと
めてできちゃう!センスのよい雑貨も多数。

`アラモアナ` MAP:P9F2
アラモアナセンター(→P114) 2・3F ☎808-206-7162 ⏰8〜22時 休なし

↑ハワイのター
ゲット限定
のエコバッグ
$2.89

ロングス
(薬局のみ)
スタバも店内に
あるよ!

生活雑貨やハワイコスメ、ギフトも！

# ホノルルの便利なスーパーまとめ

**Read me!**

ハワイには個性的なスーパーがいろいろ。日用品や医薬品を扱うドラッグストアや、コンビニ系のストアは、ハワイのグルメギフトが充実しているので、おみやげ探しにもぴったり。

**マストチェック**
オーガニック素材を使ったコスメも多彩

ローカル自然食料品店の草分け

## ダウン・トゥ・アース（カカアコ店）
● Down to Earth Kaka ako

1977年にマウイ島で創業、現在オアフ島を中心に6店舗を展開する。デリコーナーには新鮮なサラダや惣菜が並び、イートインスペースで食事もできる。

**カカアコ** MAP：P8C3
🏠500 Keawe St. ☎808-465-2512 ⏰7〜22時（デリは〜20時）㉔なし

$12.99
➡ベジタリアン用のアースバーガー

$15.89　$7.99
➡スーパーフードのカカオニブは、そのままでもシリアルなどに混ぜても◎

↑エッセンシャルオイル各種。左はバグシールド（虫よけ）、右はユーカリ

$15.99
$7.79
↑ケールを使ったヘルシーなナチョチップス

$9.99
➡ピタヤボウルもオーガニック素材
↑自分で食べたいものを盛り付けるデリはビーガン対応

---

滞在中の強い味方

## ABCストア38号店
● ABC Stores 38

ワイキキを中心に多数の店舗を展開する。早朝から夜遅くまで営業していて旅行者の強い味方だ。軽食やドリンク、日用品はもちろん、おみやげ、Tシャツコスメまで大充実！

**ワイキキ** MAP：P10B3
🏠205 Lewers St. 🏨インペリアル・ハワイ・リゾート1F ☎808-926-1811 ⏰6時30分〜23時 ㉔なし

**マストチェック**
グルメギフト、オリジナルブランドのコスメ

$30.99　$18

➡3Dパイナップルグミは個包装なのでバラマキみやげに

↑マノアハニーカンパニーのハチミツ3本×3セット

$19.99
←日焼けしたドラえもんにはハワイでしか出会えない

$14.99
←4種のフレーバーコーヒー入りギフトセット

$10.99（3本セット）
➡ABCのオリジナルコスメ、アイランドガールのネイル

**マストチェック**
コーヒーやチョコなどのグルメ、コスメ

↑アイランド・プリンセスのマカデミアナッツ＆ポップコーンクランチ

$6.99

おみやげ充実のドラッグストア
# ロングス・ドラッグス
●Longs Drugs

薬やコスメはもちろん、おみやげやビーチグッズも充実する24時間営業のドラッグストア。バラマキ用チョコレートなども割安なので帰国前に買いもれがあればここへ。

**ワイキキ** MAP：P10B2

⌂2155 Kalakaua Ave.☎808-922-8790 ⊙24時間営業 ㊡なし

開いててうれしい24時間営業
# ドン・キホーテ ●Don Quijote

地元密着型スーパーで、ローカルからも観光客からも頼りにされている存在。お弁当や寿司はかなりの品揃えで、ポケ丼がおいしいと評判。ハワイみやげも充実している。

**アラモアナ** MAP：P9F2

⌂801 Kaheka St. ☎808-973-4800 ⊙24時間営業 ㊡なし

$8.49

↑まぐろがたっぷりのったドン・キホーテのポケ丼

**マストチェック**
ポケ丼、弁当などのフード、マカチョコ

弁当＆デリがすごい！日系スーパー
# ニジヤ・マーケット ●Nijiya Market

ヘルシー、グルメ、オーガニック、ナチュラルをコンセプトに自社ブランドにも力を入れる。お弁当、お惣菜、お寿司メニューも豊富。アラモアナセンター内にあり、立ち寄りやすいのも魅力。

**アラモアナ** MAP：P9F2

⌂アラモアナセンター（→P114）1F ☎808-589-1121 ⊙10〜21時 ㊡なし

**マストチェック**
自炊派にはオリジナルのお米もおすすめ

**マストチェック**
メイドインハワイの雑貨が集まるコーナー

グルメで話題のスーパーマーケット
# ワイキキマーケット ●WAIKIKI MARKET

クヒオ通りにあったフードパントリーの跡地に2023年にオープン。ハワイ産食材をはじめ、アルコールや雑貨なども豊富に揃う。ポケやごはんもの、プレートランチなどデリコーナーも人気。

**ワイキキ** MAP：P11D1

⌂2380 Kuhio Ave.
☎808-923-2022
⊙6〜22時 ㊡なし

↑カラフルなオリジナルエコバッグはウェットスーツと同素材！

$14.99

↑ハワイ産の生はちみつは濃厚でクリーミー！

$8.99

$20.99

$8.99

↑マカダミアナッツのトフィー、パッションフルーツ、リリコイ、グアバなど南国フルーツのキャンディなど

$49.99

スーパーやファーマーズマーケットで探そう

# ハワイの フルーツ＆野菜図鑑

日本ではあまり見かけない
珍しいフルーツもあるハワイ。
特徴をチェックしたら、
ファーマーズ・マーケットや
スーパーへ買いに出かけよう！

## パイナップル

ハワイの一大産業を
築いたフルーツ。老
化防止に効果がある
抗酸化作用があると
いわれている。

*Pineapple*

*Papaya*

*Dragon Fruit*

## ドラゴンフルーツ

カットすると種がびっしり。
果実は白いがミキサーにかけ
ると鮮やかなピンク色になる。

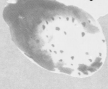

## パパイヤ

どこのスーパーにもある庶
民的フルーツ。種を全部す
くいだし、果肉部分を食べ
る。まったりとした甘さ。

*Grape Tomato*

## グレープトマト

主に北アメリカで栽培されているミ
ニトマト。実がつく形がブドウのよ
うだから、こうよばれたとか。

*Beet*

## ビーツ

ロシア料理のボルシチに入ってい
る赤い野菜。見た目は赤いカ
ブのようだが、ちょっと甘め。

## ランブータン

東南アジア原産のフルーツ。
味も食感もライチそっくり。
中国料理店ではデザートと
して出ることも。

*Noni*

*Radish*

## ラディッシュ

ハワイではダイコンも
カブも赤カブもすべて
ラディッシュと称する
ことが多い。

## ノニ

抗酸化作用があると
され、果実や葉は食
用や、医薬品に使わ
れている。果汁は健
康食品として注目さ
れている。

*Rambutan*

## アップルバナナ

リンゴ×バナナで誕生
した改良品種で、ハ
ワイが原産地。その名の
とおり、リンゴのよう
な酸味が特徴。

*Apple Banana*

## マンゴー

ハワイでは東南アジアに比べ
ると酸味の強い種類が栽培さ
れている。自宅に植えている
人もいる。

*Mango*

✧ *Buy Local! Eat Local!*

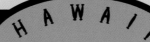
☆

*Night Out*

夜あそび

## Contents

# 知っておきたいこと10

ハワイの治安は悪くはないけれど、やはりそこは海外。日本とは違うこともある。
夜を安心して楽しむために、知っておくべき情報はこれだ！

## 01

### 夜に歩くのは避けたい
### ホノルルのエリアはここ

ワイキキのカラカウア通りでも店が閉まった23時以降は歩かないほうがいい。ビーチも暗いので同様だ。ツーリストがよく行くエリアで注意したい場所は下記の表を参考に。

| エリア | 注意ポイント |
|---|---|
| ダウンタウン＆チャイナタウン | オフィス街なので、17時以降や週末は人けがなくなる。ディナーに行くならタクシー利用で。 |
| ワイキキ | 夜のアラワイ運河沿いや、クヒオ通りのショップがないあたりは、夜は歩かないほうが安心。 |
| アラモアナ | ウォルマートやドン・キホーテの周辺は、夜はホームレスが多いので買物は日中に。 |
| カカアコ | ソルトから少し離れると、殺伐とした雰囲気が残るところも。夜は商業施設以外は歩かないこと。 |

## 02

### 金曜日は無料の
### 花火で盛りあがろう

ワイキキの金曜夜の風物詩といえば花火。金曜に滞在しているなら絶対にチェックしたいイベントだ。花火はヒルトン・ハワイアン・ビレッジ前のビーチから打ち上げられ、ホテル内のラグーンは絶好の観賞スポット。近隣のホテルやレストランでも見られるところがある。

**ヒルトン・フライデー・花火ショー** ★★
●Hilton Friday Fireworks
[ワイキキ] MAP：P6B4
🕐毎週金曜19時45分〜（約5分）
（6〜9月は20時〜）🅿見学無料

**#花火観賞におすすめのレストラン**
### ワイオル・オーシャン・キュイジーヌ
●Waiolu Ocean Cusine
[ワイキキ] MAP：P10A3
ホテルのロビーフロアにあるオープンエアのレストラン。寿司や海鮮料理を中心としたメニューを展開。公園の向こう側に海が広がる。
🏠日カ・ライ・ワイキキビーチ、LXRホテルズ＆リゾーツ ☎808-683-7456
🕐11〜22時（ディナーは17時〜）
🅿なし

## 03

### レイトナイト
### ハッピーアワーで
### お得に夕食を楽しもう

お得な料金でドリンクや料理を楽しめるハッピーアワー。ディナー前の夕方早い時間に行われることが多いが、ディナーの混雑時間を過ぎたあと閉店までの時間に、レイトナイトハッピーアワーを開催しているお店も。チャートハウス（→P157）では21時以降に開催。遅めの時間に夕食をとりたいならねらい目だ。

## 04

### 夜景に酔いしれるルーフトップバー

オーシャンビューやサンセットが美しいルーフトップラウンジ、スカイワイキキ（→P161）はオイスターバーとしても楽しめる。きらめく夜景を見下ろしながら、生牡蠣をはじめとする海鮮料理やおしゃれなカクテルが味わえる。クラブ仕様になる金・土曜の夜は、ロコと一緒に盛り上がろう。

## 05

### バーでの
### 支払い方法は2通り

バーを出るときにまとめて精算する後払いの場合、最初にクレジットカードを預けてチャージしてもらうシステムになる。一杯ずつ払うなら注文ごとに現金かクレジットカードで支払いを。チップは15〜20%が目安だ。

## 07

### 深夜にスーパーで
### お酒は買えません

アメリカでは深夜0時〜早朝6時の酒類の販売が禁止されている。24時間営業でも、その時間になると酒類売場周辺は照明が消えたり、入れないようにロープが張られたりする。深夜にお酒が飲みたかったら、ホテルのバーを利用しよう。

## 06

# フードコート内に
# 超本格的な
# バーがある！

アラモアナセンターにあるフードコート、ラナイ@アラモアナセンターに、お酒が楽しめるバーがある。フードコート内にあるとはいえ、お酒類はこの店内でしか飲めない。でも、フードコート内の店の料理なら持ち込みは可能。シグネチャーカクテルやクラフトビールをおいしい料理を調達して一緒に楽しもう。

### アガヴェ＆ヴァイン
●Agave & Vine

`アラモアナ` **MAP：P9F2**

⬆ アラモアナセンター（→P114）ダイヤモンドヘッドウィング2Fラナイ@アラモアナセンター内 ⏰11〜22時（金・土曜は10〜24時、日曜は9時〜）🈺なし

## 08

### 一度に2種類の
### お酒は提供しません

ハワイの法律では、ハワイのバーで1人が1度に注文できるのはドリンク1杯と決められている。追加注文は1杯目を飲み終わらないとできない。ビールのピッチャー容器の場合は、人数に対して提供容量が決まっている。

## 09

### サントリーの
### ウイスキーだけど
### 「季」はアメリカ限定

サントリーがアメリカ向けに発売しているブレンデッドウイスキーが季（TOKI）。白州をベースに山崎とグレーンタイプの知多をブレンドしたもので、すっきりとしたのど越しが評判。アメリカ市場で大人気のウイスキーなのだ。

## 10

### ドレスコードのある
### レストランは
### 服装に注意して！

ホテルの高級ディナーやおしゃれなレストランなどは、ドレスコードのあるお店もある。普段はカジュアルな服装が多いハワイだが、ドレスコードのあるお店ではTシャツや短パン、ビーチサンダルは当然NGだ。ハワイではアロハシャツやムームーも正装にあたるので、ハワイらしいおしゃれに挑戦してみてはいかが？

### 【編集MEMO】

コレだけはいいたい！

ハワイでお酒が飲めるのは21歳以上。若く見える日本人はパスポート必携です。

バーではビーチ帰りのようなカジュアルすぎる格好はNG。おしゃれにキメましょう。

夜あそびデビューなら、ホテル内にあるクラブやバーが安心です。

暮れゆく空の色にうっとり

# 最高のサンセットタイムを演出

**Read me!**

夕暮れに染まるワイキキの街とビーチを背景に、フラショーやハワイアンミュージック、そして海に沈みゆくサンセットを楽しむ。ホノルルナイトのお楽しみはこれから！

サンセットの
ベストポイントは
観光客で賑やか

## サンセットを海の上で満喫！

### スピリット・オブ・アロハ

●Sprit of Aloha ★★

ワイキキ最大級のカタマラン。ヒルトン・ハワイアン・ビレッジ前から出航し、夕日に染まるワイキキのビーチやコオラウ山脈など、普段陸からは見られない風景をドリンク片手に楽しめる。

**ワイキキ** **MAP：P6B4**

☎808-234-7245 ⓐⒽヒルトン・ハワイアン・ビレッジ・ワイキキ・ビーチ・リゾートのトロピックス・バー＆グリル前 ⓒサンセットクルーズチェックイン17時10分（9〜3月は16時40分）ⓗ金曜 URLwww.portwaikikicruises.com/ ⓟ$139、4〜12歳$66 ⓣ

➡サラダなどの軽
食とドリンクが用
意されている

空の色が
少しずつ変わって
いくのがキレイ

ハワイの楽園ビーチ
# ワイキキビーチ
●Waikiki Beach ★★★

約3kmにわたる8つのビーチの総称。
世界的知名度を誇るビーチの東側には
ダイヤモンドヘッドがたたずみ、白砂
のビーチ前には高級ホテルが連なる。
なかでも、モアナサーフライダーから
ロイヤルハワイアンホテル前にかけて
のビーチは夕景のベストスポット。

**ワイキキ** **MAP：P11D3**
DATA→P42

サンセットに
染まるころ、
エンターテイメント
が始まります

優雅なサンセットエンターテイメント
# ハウス ウィズアウト ア キー
●House Without A Key

ハレクラニの中庭、キアヴェの巨木と
海をバックにライブ演奏とフラ・ショ
ーを開催。ライブ演奏は17時から、フ
ラは18時頃から。いい席はすぐに埋ま
るので夜は早めに訪れよう。

**ワイキキ** **MAP：P10B3**
🏨ⓗハレクラニ1F ☎808-923-2311 🕐7時
〜10時30分、11時30分〜17時、17〜21時
ⓗなし URL www.halekulani.jp/restaurant/
house-without-a-key/

定番のカクテル
マイタイ $22

フライドポテト
かば焼きソース $20

ロケーション抜群のレストラン
# チャートハウス
●Chart house

アラワイヨットハーバーに面したロコ
に人気の老舗レストラン。ステーキや
シーフードなどおいしい料理を楽しめる
のはもちろん、テラス席からみるサンセ
ットは格別。当日には入れない場合もあ
るので予約をしておくのがおすすめ！

**ワイキキ** **MAP：P6A3**
🏨1765 Ala Moana Bled. ☎808-941-6669
🕐15時30分〜23時(土・日曜は10〜15時
も営業)※サンセットハッピーアワーやレイト
ナイトハッピーアワーも実施 ⓗなし
URL charthousewaikiki.com/

夕日に染まる
ヨットバーを
眺めながら
食事を

きれいな海の眺めもごちそう
# ビーチサイドバーで絶景体験

## Read me!

波の音が自然のBGMになるビーチサイドのバーは、これぞハワイという雰囲気。海を眺めながら、カクテルとおいしい料理を味わいながら極上の時間を過ごそう。

オーシャンフロントの伝説のバー
### マイタイ バー ●Mai Tai Bar

ワイキキビーチやダイヤモンドヘッドを間近に望む、各国のセレブが訪れる伝説のバー。ロイヤル ハワイアン ホテル伝統のロイヤルハワイアンマイタイは1959年オープン以来、レシピを変えていない。

**ワイキキ** MAP：P10C3

🏠🏨ロイヤル ハワイアン ラグジュアリー コレクション リゾート（→P210）1F ☎808-923-7311 ⏰11～23時 🈳なし 📷

サンセットタイムは目の前に夕日が沈んでいく

カラフルなトロピカルカクテルにテンションもアップ

プールサイドから青い海を一望
### エッジ・オブ・ワイキキ
●Edge of Waikiki

シェラトン・ワイキキのプールサイドにあるバー。美しいサンセットを見ながら軽食とトロピカルカクテルが味わえる。夜にはウクレレの生演奏もはじまり、よりムーディーに。

**ワイキキ** MAP：P10C3

🏠🏨シェラトン・ワイキキ・ビーチリゾート1F ☎808-931-8637 ⏰11時30分～17時（ライブは12時～）🈳なし 📷

アボカドトースト$18はヘルシーなおつまみに

眺めのよいプールサイドバー
### スイム ●SWIM

カラカウア大通り沿いのホテルの3階。アウトドア席は、青く美しいワイキキビーチが見下ろせる絶好のロケーション。フルーティなオリジナルカクテルや食事も楽しめる。

**ワイキキ** MAP：P11D2

🏠🏨ハイアット リージェンシー ワイキキ ビーチリゾート＆スパ3F ☎808-923-1234 ⏰11～22時（ライブは17～21時）🈳なし 📷

フローズンカクテルのリリコイマルガリータ$21（左）とブルーハワイ$17（右）

最高級サーロインをトリュフ蒲焼ソースで食べる和州牛の串焼き$28

夜あそび

サンセット

ビーチサイドバー

テラスバー

エンタメ

クラフトビール

ベビーピンクがキュートなカクテルピンクパレス$18

伝説のカクテル、ロイヤル ハワイアン マイタイ$21

←波音を聞きながらゆったりしたハワイ時間を楽しめる ↓トロピカルカクテルとププ(おつまみ)で乾杯!

歴史的空間で
お酒と景色と音楽と

## ザ・ビーチ・バー
●The Beach Bar

サーフライダー アヒポケ・ナチョス$21。ハワイ料理とメキシカンのコラボ

ワイキキビーチのオーシャンフロントにあり、樹齢100年以上のバニヤン・ツリーの下、昼間でも涼しさを感じながらお酒が飲める。夜のライブ演奏もしっとりとしたいい雰囲気。

**ワイキキ** MAP:P11D2

🏠Ⓗモアナ サーフライダー ウェスティン リゾート＆スパ1F ☎808-931-8648 ⏰11時～22時30分 ㉺なし 🅱
🅟 URL www.beachbarwaikiki.com/jp/

トロピカルカクテルはノンアルコールも揃う

ダイヤモンドヘッドを望むバー

## ラムファイヤー
●RumFire

ワイキキビーチとダイヤモンドヘッドの美しいコントラストを前に、おいしい料理をリーズナブルな値段で楽しめるレストラン。テラス席で潮風を感じながら、アロハな時間を過ごそう。

**ワイキキ** MAP:P10B3

🏠Ⓗシェラトン・ワイキキ・ビーチリゾート ☎808-931-8638
⏰16時15分～23時 ㉺なし
🅱 🅟 🅹 URL www.rumfirewaikiki.com/jp/

炎が灯る夜はエキゾチックな雰囲気に

サンセットもナイトタイムも
# 心地よい風を感じる人気のバー

**Read me !**

ワイキキの美景を眺めながらカクテルを味わう、これぞ大人のリゾートの醍醐味。オレンジに染まるサンセット、ネオンきらめくドラマチックな夜を楽しもう。

1 ワイキキの真ん中にありアクセス抜群 2 ファイヤーピットがあるテラス席。夜は火が灯される 3 カウンター席ではなじみの客やスタッフが楽しそうに話している

1

2

クヒオ通りの賑わいを眺めながら乾杯

3

## ハイドアウト・アット・ザ・レイロウ
●Hideout at the Laylow

スタイリッシュなホテル、レイロウのロビーエリアにあるバー。広々としたテラスエリアやバーカウンターでカクテルやププ（おつまみ）を楽しもう。カフェやレストランとしても終日営業している。

ワイキキ　　**MAP：P10C2**

🏠 ザ・レイロウ・オートグラフ・コレクション2F 📞 808-628-3060 🕐 6～22時（金・土曜は～23時30分）🚫 なし

←盛り付けがトロピカルでテンションが上がる

↓17～18時のハッピーアワーには、ビール$5～、ワイン$10～に

レイロウ"ハワイアンスタイル"マイタイ$18

ワンタンポケタコス

夜あそび

サンセット

ビーチサイドバー

テラスバー

エンタメ

クラフトビール

## ワイキキ随一のワインコレクション

ロイヤル・ハワイアン・センターの2階。カフェの隣にある

# アイランド・ヴィンテージ・ワインバー
●Island Vintage Wine Bar

アイランド・ヴィンテージ・コーヒー（→P94）がプロデュースするワインバー。開放的な空間で、世界各国のワインを堪能できる。フードメニューも充実。

**ワイキキ** **MAP：P10B2**

🏠ロイヤル・ハワイアン・センター（→P180）C館2F
☎808-799-9463 ⏰7〜22時（食事は〜21時30分）
🚫なし

シャルキュトリ
$38

ポケバイツ
$12

↑揚げた海苔にポケをのせたポケバイツと、チーズや生ハム、ナッツが満載のシャルキュトリ

### 広角でワイキキの眺めを堪能

**定番**

# スカイワイキキ ●Sky Waikiki

2020年にルーフトップオイスターバーとしてリニューアルオープン。開放的なバーラウンジは、金・土曜の夜にはクラブに変身し、夜遅くまで賑やか。

**ワイキキ** **MAP：P10C2**

🏠ワイキキ・ビジネス・プラザ19F
☎808-979-7590 ⏰16〜23時
（金・土曜は翌2時）🚫なし
URL www.skywaikiki.com/

ランブルスコ
スパークリング $16

アイシーマイタイ
$15

→カクテルも豊富。ロマンティックな時間が過ごせる

1 美しいワイキキの夜景を眼下に望む　2 不定期でイベントが開催されることも。ラウンジはロコで大賑わい　3 ワイキキの夜景が浮かぶころ、スカイデッキの盛り上がりもピークに

### ダイヤモンドヘッドが目前に

# デック ●Deck.

眺めのよいテラスからダイヤモンドヘッド、カピオラニ公園、ワイキキビーチが見渡せる開放的なレストラン。オリジナリティあふれたカクテルが美味。

**ワイキキ** **MAP：P11F2**

🏠🏨クイーン カピオラニ ホテル3F
☎808-556-2435 ⏰6時30分〜22時
（金・土曜は〜23時）🚫なし

→カラフルでキュートなカクテルが豊富

1 心地よい風が吹くバーカウンター　2 ダイヤモンドヘッドを間近に望む贅沢なロケーション　3 半オープンエアのテラス席

サプライズも盛りだくさん♪

# 体験型★エンタメショーが楽しい！

## ロック・ア・フラ ●Rock A Hula

ロイヤル・ハワイアン・シアターで開催されている、ワイキキ最大のハワイアンショー。終演後にはロビーでパフォーマーたちとのグリーティングも楽しめる。子どもから大人まで誰もが魅了されるはず。

**ワイキキ** MAP：P10B2

🏠 ロイヤル・ハワイアン・センター（→P180）B館4F
☎ 808-983-7879（スターオブホノルル日本語予約）
URL www.rockahulahawaii.com/jp/

### ハワイアン・ショー SCHEDULE

| | |
|---|---|
| 開催日 | 土〜木曜 |
| 時間 | 19時40分〜21時（ディナー付きパッケージの場合はショーの前にディナータイムあり） |
| 料金 | $82〜（季節ごとのキャンペーンはWEBサイトチェック） |
| 所要 | 70分〜4時間10分（パッケージにより異なる） |
| 英語力 | ★ |

感動のパフォーマンス！フラも圧巻

**ココがみどころ**
エルヴィス・プレスリーやマイケル・ジャクソンなどのトリビュートスターが迫力のステージを見せてくれる。

ハワイアンパビリオンにてルアウビュッフェ＆フラを

↑おなじみのサウンドにのせて繰り広げられる

## ワイキキで一番新しいルアウショー

### パイナ・ワイキキ・ルアウ
●Paina Waikiki LUAU

2023年6月にスタートした、ワイキキで一番新しいルアウショー。ホテルのプールデッキという開放的な空間で、パイナワイキキオリジナルのフラダンスや大迫力のファイヤーダンスなどを楽しむことができる。

**ワイキキ** MAP：P11F2

🏠 ワイキキ・ビーチ・マリオット リゾート＆スパ（→P215）
☎ 1-888-788-4852 🎫 ショーのみ $125（VIP席$200、一般席$170）URL painawaikiki.com/

### ルアウショー SCHEDULE

| | |
|---|---|
| 開催日 | 月・水・金・日曜 |
| 時間 | 17時45分〜20時（ビュッフェ付きのVIPは17時15分〜、一般席は17時30分〜） |
| 料金 | $125〜 |
| 所要 | 最大3時間 |
| 英語力 | ★★ |

↓しなやかなフラダンスにうっとりすること間違いなし！

→激しく腰を振る動きが特徴のタヒチダンス

圧巻の本格派ルアウ

# ワイキキ・スターライト・ルアウ
●Waikiki Starlight Luau

ホテルの屋上宴会場で、地元産の野菜を使ったディナーとともにライブ演奏やフラなどが楽しめる。フィナーレのファイヤーナイフダンスは、手に汗握る圧巻のパフォーマンス。金曜は花火も見られる。

**ワイキキ**　MAP：P6B4

🏨 ヒルトン・ハワイアン・ビレッジ・ワイキキ・ビーチ・リゾート内　☎808-941-5828
URL hiltonhawaiianvillage.jp

### ルアウ・ショー SCHEDULE

| | |
|---|---|
| 開催日 | 日・水～金曜 |
| 時間 | 17時30分～20時 |
| 料金 | $185～ |
| 所要 | 2時間30分 |
| 英語力 | ★★ |

ココがみどころ
オーシャンフロントで開催されるルアウショー。夕日に染まる絶景と美食をショーとともに味わって。

↑太平洋に沈む夕陽とフラのコラボが美しい ↓ハワイの伝統を感じる食事は各席にサーブされる ↓日が暮れてから始まるファイヤーショーは大迫力!

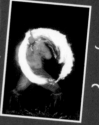

→ホテルのシェフによる豪華ディナーを堪能
←歌とダンスでポリネシアの島々を巡る

ココがポイント
ハワイ語で「宴」という意味のルアウ。地中で蒸し焼きにした豚の丸焼きなど伝統的なハワイ料理とショーが楽しめる。

海をバックにサンセットルアウ

# ロイヤル ハワイアン ルアウ ～アハアイナ～
●Royal Hawaiian Luau Aha Aina

憧れのピンクパレスで行われるルアウは、夕暮れの時間からスタート。ハワイの歴史と文化を、食事とハワイアンミュージック、フラなどの踊りで表現するショーは、ワイキキで一番美しいとも称される。

**ワイキキ**　MAP：P10C3

🏨 ロイヤル ハワイアン ラグジュアリー コレクション リゾート(→P210)内
☎808-921-4600
URL www.royal-hawaiian.jp/dining-overview/ahaaina-luau

### ルアウショー SCHEDULE

| | |
|---|---|
| 開催日 | 月・木曜 |
| 時間 | 17時～ |
| 料金 | スタンダードディナー&ショー$225ほか |
| 所要 | 約180分 |
| 英語力 | ★★ |

→腕にハワイっぽいタトゥーを描いてもらおう!

ココがみどころ
大人顔向けのケイキ(子ども)たちの堂々としたパフォーマンスは見逃せない!

↑ショーの前にはハワイ文化に触れられるプログラムも!

→子どもたちによる見事なパフォーマンス

←子どもとは思えない表現力に驚かされる

↑ビュッフェではロミロミサーモンなどハワイアンフードが楽しめる

→ウェルカムドリンクはハワイアンカクテルのマイタイ

銘柄によってさまざまな味が
楽しめるクラフトビール。ハ
ワイにも多くの専門店があり、
その人気は衰え知らず。飲み
比べて、お気に入りの一杯を
見つけよう。

↑レストランの中心は、大きなバーカ
ウンター

## Very lively!

料理も本格派のブリュワリー

# マウイ・ブリューイング・カンパニー
●Maui Brewing Co.

マウイ島発のブリュワリー＆
レストラン。ワイキキ店は、
バー、レストラン、ラナイ合
わせて435席と広々。常時36
種類の生ビールが用意されて
おり、地元産の新鮮な食材を
使った料理も本格派。

**ワイキキ** **MAP：P10C2**

🏨 アウトリガー・ワイキキ・ビーチ
コマー・ホテル2F ☎808-843-2739
🕐11〜22時（金・土曜は〜23時）
🚫なし

### Happy Hour
15時30分〜16時30分（月〜
金曜）　ビールは$2引き、
一部のププ（おつまみ）半額、
ピザ各種$10

↑料理もおいしい本格派

$18

ワカモレやチーズ、黒豆などがたっぷりの
ったマウイ・ブリューイング・カンパニー・
ナチョス。ハッピーアワーは半額に

1日のシメは
ビールでキマリ！

$10〜

36種類のビールから4種選べるサンプラー

深夜まで盛り上がるバー
## ヤードハウス
●Yard House

クラフト生ビールやサイダーが常時130種以上。ハッピーアワーではププ（おつまみ、前菜）が半額、ビールやワインも割引になる。大きなハーフヤードのビールは$4引きに！

$18.49
ビールによく合う人気のポケナチョス

\Big!/

オススメ！

**ワイキキ** **MAP：P10B3**

🏠ワイキキ・ビーチ・ウォーク（→P183）1F☎808-923-9273 🕐11時～翌1時（金・土曜は～翌1時20分）🈲なし🈂️

◀風が吹き抜けるオープンエアが心地いい

### Happy Hour
14時～17時30分（月～金曜）、22時30分～閉店（日～水曜）、ププ（おつまみ、前菜）半額、ビール・ワインなど割引

$16.50
シェラネバダのハーフヤード

$14.49
オニオンリングタワーの高さに圧倒

↑好きな銘柄を選んで豪快に飲もう！

---

できたてビールが常時9種類
## ワイキキ・ブリューイング・カンパニー
●Waikiki Brewing Company

店内の発酵タンクの中で造る自家製のクラフトビール。屋外にテントを張った開放的なオープンエアの店内で、アメリカンフードやできたてのビールが味わえる。

各$2.50
数種類のビールが飲み比べできるサンプラー

### Happy Hour
15～17時、19時～閉店、ドラフトビール各$5.50など

**ワイキキ** **MAP：P6B3**

🏠1945 Kalakaua Ave. ☎808-946-6590 🕐10時30分～23時（金・土曜は9～24時、日曜は8時～）🈲なし🈂️

↑女性も入りやすい明るい雰囲気の店内

$21

ビールによく合うバーベキュー・ベーコン・チーズ・バーガー

---

## ＋ Plus!
スーパーやABCストアで購入♡

### 缶ビール♥いろいろ

**ロングボード**

クセがなく、キレのよさとすっきりしたのど越しが特徴のラガー。

**マナウィート**

小麦とマウイ島産ゴールデンパイナップルを使用。飲み口フルーティー。

**ビッグスウェルIPA**

IPAは通常のペール・エールよりもホップが多く、苦味が強い。

サンセット

ビーチサイドバー

テラスバー

エンタメ

クラフトビー

# ブルー・ハワイの物語

ハワイ生まれの
カクテル

ハワイらしいトロピカルなカクテルはツーリストに人気だ。
なかでも青い空や海をイメージさせるブルー・ハワイは、爽やかな飲み口が特徴。
エルヴィス・プレスリー主演映画のヒットとともに、有名になったカクテルなのだとか。

ヒルトンでは
ウォッカがベースです！

パイナップルは必須の
トッピング

青いのは
ブルーキュラソーを
使っているから

## ブルー・ハワイは
## ヒルトンが発祥？

ブルー・ハワイは、1957年
に現ヒルトン・ハワイアン・
ビレッジ・ワイキキ・ビーチ・
リゾート（→P212）のヘッド
バーテンダーによって作ら
れたオリジナルカクテル。ヒ
ルトンは、ロック界の大スタ
ーでありハワイ好きとして
知られたエルヴィス・プレス
リーのお気に入りの宿で、映
画『ブルー・ハワイ』のロケ
地にもなったゆかりの場所。

## 一般的にはベースは
## ラム酒だが、
## 元祖はウォッカ

ハワイでブルー・ハワイといえば、
今は一般的にラム酒がベース。でも
ヒルトンでは、オリジナルレシピの
とおり、ウォッカベースのカクテル
を提供しているそう。映画の中でア
ロハを着こなすエルヴィスをまねて、
アロハシャツで元祖ブルー・ハワイ
を飲むのも粋！

## 映画
## 『ブルー・ハワイ』には
## カクテルは
## 登場しない？

エルヴィスの代表的な映画
として『ブルー・ハワイ』が
ある。カクテルが誕生したの
は1957年といわれていて、
映画の公開は1961年なのだ
が、映画にはカクテル、ブル
ー・ハワイは登場しない。

『ブルー・ハワイ』では、
ホテル内のトロピクス・バー&
グリルでも撮影したんだょ

*Beauty*

# ビューティ

至福の高級スパで美しさを手に入れる

# 心もとろけるホテルスパタイム

**Read me!**

ジャクジーなどを備えた施設のスパは、美と健康のための癒しの場所。ホテルスパは技術の高さはもちろん、非日常的なシチュエーションで、セレブな気分になれそう。

→スパへの期待が高まる、シンプルな美しいエントランス

## Garden

→ガーデン内の高級感あるカバナで極上トリートメントを

ハワイ唯一のガーデンスパ
## アバサ ワイキキ スパ
●Abhasa Waikiki Spa

「Spas of America」でハワイ州1位、全米2位に輝いたこともある人気スパ。ハワイの空気が気持ちいいガーデンにあるカバナで施術を受ければ、心身ともに深くリラックスできる。

**ワイキキ MAP：P10C3**

ロイヤル ハワイアン ラグジュアリーコレクション リゾート1F ☎808-922-8200 ⏱10〜18時 休なし ⓈⓉ
URL abhasa.com

**おすすめMENU**

アバサ ハーモニー
所要時間50分 $190/80分 $255(税・サービス料別)
ロミロミと指圧を融合したマッサージ。ツボに圧を加えた後、リズミカルなロミロミでほぐし、やすらぎをもたらす。

定番

↑トリートメントにはセラピスト厳選のプロダクトを使用

---

ハワイのヒーリング手法で癒す
## ザ・リッツ・カールトン・レジデンス ワイキキビーチ・スパ
●The Ritz-Carlton Residences Waikiki Beach Spa

ハワイ諸島に伝わるヒーリング手法にインスパイアされた、オリジナルのトリートメントで五感を目覚めさせる。

**ワイキキ MAP：P10A2**

ザ・リッツ・カールトン・レジデンス ワイキキビーチ ☎808-729-9783 ⏱10時30分〜17時30分 休なし ⓈⓉ URL www.ritzcarlton.com/ja/hotels/hnlrr-the-ritz-carlton-residences-waikiki-beach/spa/

→人気が高いので旅程が決まったらすぐに予約を

→落ち着いた雰囲気のトリートメントルーム

**おすすめMENU**

フキフキ・リフレッシュ
所要時間105分 $325〜
ハワイの人々の生活に深く浸透している植物・キーを使ったトリートメント。心と身体の浄化と気力の回復に。

---

マッサージからネイルまでおまかせ
## スパ ハレクラニ
●SpaHalekulani

オススメ！

ハワイやポリネシア、アジアの伝統的マッサージ、ボディトリートメント、フェイシャルなど、幅広いメニューを提供。

**ワイキキ MAP：P10B3**

ハレクラニ内 ☎808-931-5322 ⏱8時30分〜20時 休なし Ⓣ URL www.halekulani.jp/spa

↓最高ランクの4スターを獲得。至福の時間を

↓リラックスして日々
の疲れを癒そう

*Ocean
Front*

↑海を間近に感じる開放的な
トリートメントルーム

人気のオーシャンフロントスパ

## モアナ ラニ スパ〜
## ヘブンリー スパ バイ
## ウェスティン〜

●Moana Lani Spa, A Heavenly Spa by Westin

ワイキキで唯一、ビーチが目の前に広
がるスパ。波音を聴きながら施術が受
けられるとあって、開店以来、大人気。

**ワイキキ** MAP：P11D3

🏨☎モアナ サーフライダー ウェスティン リ
ゾート&スパ2F ☎808-237-2535
🕘9〜18時（最終入店は17時）⊕なし ✈
URL www.moanalanispa.com/jp/

おすすめMENU

ヘブンリー・スパ・
シグニチャー・マッサージ
**所要時間50分$190**
**（税・サービス料別）**
ウェスティン独自のホワイ
トティーの香りに包まれな
がら施術を受ける。

↑施術当日はジャクジーやサウナを無料
で利用できる

おすすめMENU

ハレクラニマッサージ
**所要時間90分$290/60分$250**
ハワイの神聖な植物マイレからとれ
たオイルとホットストーンを使い、
ロミロミの手法を取り入れたオリジ
ナルマッサージ。

↑熟練のスタッフが日々の疲れを癒
してくれる

---

**+Plus!** ┃ **到着の午後はスパに直行!がおすすめの理由**

長いフライトのあとは体が疲れていたりむくんでいたりするもの。し
かもチェックインまで時間がある場合が多い。まずはスパへ直行し
て疲労回復&リフレッシュ。その後の滞在が快適になる。

| | |
|---|---|
| ロミロミ | ハワイ伝統のマッサージ。手のひらや腕を使って筋肉のコリをほぐし、内臓機能を高める。 |
| ストーン・マッサージ | 温かい石をツボにのせたり、全身をマッサージしたり。肩こりや冷え性などを改善。 |
| 指圧 | 手の指先や手のひらで体の表面を押し、人間の自然治癒力を促進。病気の予防や癒し効果がある。 |
| リンパ・マッサージ | リンパ節に向けてマッサージ。リンパ液の流れを活性化して体内の老廃物を排出する。 |
| リフレクソロジー | 全身のツボがある足裏をマッサージして内臓を活性化。新陳代謝や免疫力をアップ。 |
| ボディ・スクラブ | ジェル、クリーム、ソルトなど、目的に応じたスクラブで古い角質をオフ。美肌に導く。 |
| ボディラップ | クリームやエッセンシャルオイルなどを塗ってぴったりラップ。成分が浸透して美肌に。 |
| ピーリング | 肌の古い角質を取って新陳代謝を促す。毛穴の詰まりを取り、くすみやザラつきを一掃。 |

ハワイ式「ヒーリング」マッサージを体感！

# ロミロミで体をメンテ！

\ 初めてさんでも安心 /

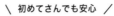

日本語OK、リーズナブル

**Read me!**

オイルを使ったリラクゼーションマッサージ、ロミロミは、古代ハワイアンから伝わる伝統的なヒーリング療法。ハワイ語で「押す」、「揉む」、「圧迫する」という意味がある。

←熟練のセラピストが担当してくれる

↓ワイキキ中心部にあり、日本語OKなので安心

おすすめMENU

ディープティッシュマッサージ
所要時間60分
$90〜（チップ・税別）
熟練のセラピストが筋肉の奥深くに働きかけ、身体の緊張をほぐすとともにストレス緩和効果も。

初めてでも安心の本格スパ **カフナ＆マナ・マッサージ** ●Kahuna ＆Mana Massage

リーズナブルながら技術が高いと評判のサロン。時間や料金、体調などに合わせてメニューを組み立ててくれる。ロミロミのほか、フェイシャルやホットストーンも。

ワイキキ MAP：P10B2 ⌂307 Lewers St. #809 ☎808-351-5038 ⏰10〜21時 ㊡なし ☐
☐ URLlomilomimassagehonolulu.com/

ロミロミの手技いろいろ

ストローク
手のひらや腕を使って流すようにマッサージ

ロミロミ・フラ
左右の前腕を背中に当てて、円を描くように交互に動かす

ウィーグリーウィーグリー
手のひらや腕、ひじを使って左右に揺らしながら流す

ロミロミ
手のひらを使って揉んだりさすったりする

アルナプレス
前腕を使って強めに圧をかけながら流していく

\ 初めてさんでも安心 /

日本語OK、ペア利用可

アクセス至便で気軽に癒し体験
**ココロミ マッサージ**
●Cocolomi Massage

ワイキキの中心で本格ロミロミを良心的な価格で体験。完全個室のサロンで、通常価格より割引になるカップル割（もみほぐしマッサージは対象外）もあるので確認を。

ワイキキ MAP：P10B2 ⌂ワイキキ・ショッピング・プラザ 3F ☎808-799-7213 ⏰10〜22時 ㊡なし ☐ ☐ URL www.cocolomi-hawaii.com/

↓ペアルームは友人同士でも利用可能

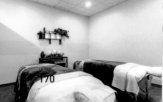

↓2人同時施術なら初心者さんでも安心

おすすめMENU

ロミロミ
所要時間60分 $130
オイルを使うリラックス効果抜群のロミロミ。フラに似た特徴的な動きで体の隅々まで施術してくれる。

＼初めてさんでも安心／

## 日本人セラピスト

事前予約がおすすめの人気スパ

# ルアナワイキキ ハワイアン
# ロミロミ マッサージ＆スパ

●Luana Waikiki Hawaiian Lomi Lomi Massage & Spa

ワイキキの中心にあり、子連れママにも人気の専門店。ロミロミのほかフェイシャルメニューなども多彩に揃う。バスソルト$20などのスパギフトはおみやげにも◎。

ワイキキ **MAP：P10B2**

🏠2222 Kalakaua Ave.ワイキキ・ギャラリア・タワー7F ☎808-926-7773 🕘9〜18時(最終受付17時)※土・日曜は完全予約制 🅿なし 🔗URL luana-waikiki.com/

↑全員日本人セラピストなので英語初心者さんも安心

←日本人女性セラピストによる施術なので安心

→居心地のいい店内。気持ちのいい足湯は無料

おすすめMENU

**ロミロミ**
所要時間60分$105
ハワイの伝統的なマッサージ。オイルを用い、圧とともに肘や腕や手で全身をもみほぐす。日本から到着後の時差調整にも最適

---

＼そのまま寝てもOK／

## 出張ロミロミ

お部屋でゆっくり癒される

# ロミノハワイ ●Lomino Hawaii

ホテルの自分の部屋で施術が受けられるのでリラックス効果も倍増。全員日本人セラピストなので体調や力かげんなどを伝えやすい。

ワイキキ **出張専門**

☎808-741-3534 🕘9時〜21時(最終予約) 🅿なし 📅 🔗URL lominohawaii.com

←自分の部屋での施術はリラックス度もアップ

←人気のデトックスロミロミはおなか周りもマッサージ

おすすめMENU

**ロミロミ**
所要時間90分$160
1日5組限定の老廃物を流すことに特化した、ここだけのロミロミ。トップセラピストのみが施術。

→出張エリアはワイキキとアラモアナ限定

---

＼コミコミ料金で安心／

## 出張ロミロミ

出張ロミロミを、安心の料金設定で

# マナ・ロミロミ ●Mana Lomilomi

税金もチップもすべて含まれた料金設定で安心の出張ロミロミ。店名のマナはハワイ語で「気」を表しており、大自然のエネルギーを感じるロミロミ体験ができる。出張エリアはワイキキとアラモアナ限定。

ワイキキ **出張専門**

☎808-223-5362 🕘8〜22時(最終予約) 🅿なし 📅 🖂 🔗URL mana-luana.com

→スタッフは全員日本人なので気持ちがラク

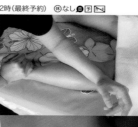

おすすめMENU

**ロミロミボディマッサージ**
所要時間90分$130〜

**アロマロミロミ
ボディマッサージ**
所要時間90分$130〜
天然植物オイルのみを使用するので肌への浸透率がいい。ともに早期予約で$10オフになるのでお得。

現地のネイルショップがおすすめ。ネイルもハワイ仕様に着替えよう！

# ネイルアートでハワイアンな指先に

1.サンセットの風景を表現　2.ハイビスカスのデザインは大人気！バリエーションも豊か　3.深海に潜っていく幸運を運ぶホヌ。3Dのプルメリアを添えて　4.キュートな手描きドルフィンに3Dのお花をデザイン　5.ラインストーンで描いたレインボーパイナップル　6.オリジナリティあふれるフラガール

予約なしでもふらりと立ち寄ってみてください！

人気No.1

3.

4.

2.

5.

6.

1.

手描きのフラガール！

I ♥

Aloha

7.

8.

9.

10.

11.

**手描きネイルやフットケアならここで！**

## アクア・ネイルズ
●Aqua Nails

手描きのフラガールや3Dアートが得意なサロン。ほかにもパワーストーンネイルやハワイアンジュエリーのパーツがあるのもこのお店ならでは。

ワイキキ　**MAP：P10C2**
🏠334 Seaside Ave. #304
☎808-923-9595　🕐10〜17時
休日曜

7.ユニークなアメリカンフードの3Dデザインはフットにいかが？　8.ラメ上下中心に手描きの3Dシャカはインパクト大！　9.アロハの文字をニコニコマークにアレンジ。ポップなカラーがハワイで映える　10.ヤシの木とフラガールのアートができるのはここだけ　11.3Dのニコマークがキュート！

↑ペディキュアには足の角質除去も含まれているので大人気。ゆったり椅子に腰掛けてフットバスでリラックス！

↓ハワイアンネイルのサンプルデザインが豊富で、お得なセットメニューが多い

### ワイキキの元祖ネイルサロン
## ネイル・ラボ
●Naillabo

ハイビスカスのネイルデザインを生んだ、ワイキキで最も古いネイルサロン。ネイリストは全員日本人なので安心。キッズネイルも大人気。

ワイキキ **MAP：P10C3**

⌂Hシェラトン・ワイキキ・ビーチリゾート（→P215）1F ☎808-926-6363
🕐10～19時 ⏹なし

新しいデザインが次々登場。過去にはこんなデザインも

♡ Cute!

ハイビスカスが大人気！

1.メタリックブルーのヤシの木は、手にも足にもおすすめ。大人っぽいデザインがエレガント！　2.不動の一番人気はハイビスカスのデザイン。お好みでアレンジも可能　3.ホヌのネイルはハワイの定番！キッズにも人気、親子でお揃いにするのもカワイイ　4.ハワイらしいパイナップルも人気のデザイン。白×ゴールドがおしゃれ　5.ストーンはセット料金に含まれる。3Dハイビスカスのデザインでゴージャスに

---

**+ Plus!**　**これで安心！ ハワイでネイルのHow to**　現地でネイルをするにはどうしたらいい？疑問にネイリストさんが答えてくれました。

**予約はとったほうがいいの？**

当日のウォークイン、電話でのご予約、Webサイトからのご予約を受け付けています。いずれかの方法でご予約ください。マニキュア、ペディキュアともに所要時間は1時間程度。

**当日準備することは？**

事前に準備いただくことは特にありません。ペディキュアをされる場合は、ビーチサンダルで、マニキュアは施術後30分～1時間は手を使わない時間にお越しください。

**滞在中はどうケアしたらいい？**

施術にはファイリング、甘皮ケア、ハンドマッサージが付いています。マニキュアは1週間から10日もつので、キューティクルオイルなどで指先をケアするのがおすすめ。

**帰国してからのケアは？**

1週間から10日で指先からネイルが剥がれてきます。除光液で落とすか、ジェルネイルなら専用のアセトンを使う必要があるのでサロンで落とすのがおすすめです。

到着後すぐにネイルをすれば滞在中楽しめます！

# ヘルシーな朝活のススメ

*オープンエアでパワーチャージ*

ハワイ滞在中はいつもよりちょっと早起きして、ビューティーアップ！
ビーチ沿いを散歩したりランニングしたりする旅行者も少なくない。
ハワイの自然の力がチャージできる朝ヨガにも挑戦しよう。

## *Running*
### はきなれたスニーカーで
### ビーチへGo！

朝はまだ日差しも強くなく、早朝はちょっとひんやりすることも。だからこそ、ランニングにはぴったり。景色を眺めながらの海沿いのランニングの心地よさはまた格別だ。おだやかな風が背中を押してくれるかのよう。

## *Yoga*
### 朝一番のビーチ・ヨガで、
### 心身をリフレッシュ

ビーチが主な会場。波の音を聞きながら、ゆったりとした気分でヨガができる。現地で急に参加したくなっても大丈夫。ヨガウエアがなくても、動きやすい服装で行けばOK。ヨガマットなどは貸してくれるところがほとんどだ。

## 朝ヨガ開催スポット

| | | |
|---|---|---|
| **ロイヤル ハワイアン ラグジュアリー コレクション リゾート ヨガ・クラス**<br>●Royal Hawaiian Luxury Collection Resort ★<br>ワイキキ MAP：10C3 | 由緒あるホテルの中庭で行われる朝ヨガ。ホテルゲストは毎朝無料で参加できる（ビジター利用不可）。基本のポーズが中心なので初心者でも安心。 | 🏠Ｈロイヤル ハワイアン ラグジュアリー コレクション リゾート ワイキキ中庭 Ⓝホテルゲストのみ参加可（無料／要予約） |
| **ザ・カハラ・ホテル＆リゾート スタンドアップ・パドル・ヨガ**<br>●SUP Yoga ★<br>カハラ MAP：P5F2 | ザ・カハラ・ホテル＆リゾートのプライベートビーチで開催。スタンドアップ・パドルボードの上でバランスを取りながら行う注目のヨガ。ビジターも参加可。 | 🏠Ｈザ・カハラ・ホテル＆リゾート内CHIフィットネス ☎808-739-8940 ⏰9時30分〜14時15分でほぼ毎日開催。時間は予約時に確認を Ⓝ$45（ホテルゲストは割引あり） ✉chitness@kahalaresort.com |

*Town Walk*

# 街歩き

## Contents

# Waikiki

ワイキキ

## ハワイ観光の中心地

ホテルやコンドミニアムが集中する、ハワイ観光の中心地。ワイキキビーチには世界中の人々が訪れる。大型ショッピングセンターやセレクトショップ、カフェなどは通り沿いにも多い。

### 行き方

| | |
|---|---|
| 車 TAXI | 空港から30〜50分で$65〜75（チップ15%別途） |
| シャトルバス | 空港から45〜60分で$25〜。乗客の宿泊先ホテルを順番に停まってゆく |

マノア
カハラ
カパフル&カイムキ
ダウンタウン
ワード&カカアコ
**ワイキキ**

## 時間がなくても ココだけは

Must Go!

**3**hコース

- **DFSワイキキ**（→P131,143）
  ↓ 歩いてすぐ
- **カラカウア大通り**
  ↓ 歩いて10分
- **ワイキキビーチ**
  ↓ 歩いて4分
- **ナル・ストレージ**
  ↓ 歩いて1分
- **バナン**（→P178）
  ↓ 歩いて1分
- **ロイヤル・ハワイアン・センター**（→P180）

> 緑あふれる中庭を囲んで個性派ショップが集まる。グルメスポットが話題だ

**インターナショナル・マーケットプレイス**
International Market Place
P18

> ブランドショップや人気店が並ぶワイキキで最大のショッピングセンター

ルワーズ通り
Lewers St.

ハイアット・セントリック・ワイキキ・ビーチ H

**DFSワイキキ**
P131 P143

**ロイヤル・ハワイアン・センター**
Royal Hawaiian Center
P180

Ⓐ

Ⓑ

アウトリガ
ワイキ
ビーチ・リゾ H

**ワイキキ・ビーチ・ウォーク**
Waikiki Beach Walk
P183

> オープンエアのモール。小規模ながらグルメからファッションまで個性派揃い

ハレクラニ H

シェラトン・ワイキキ・ビーチリゾート H

グレイズ・ビーチ

ロイヤルハワイ H
ラグジュアリー
コレクション・リゾ

## ワイキキのメインストリート

### Ⓐ カラカウア・アヴェニュー
● Kalakaua Ave.

ワイキキビーチを望める大通りで、ワイキキの街を北西から南東に貫く。通りの中心部にはホテルが立ち並び、買物&グルメスポットも満載。

← 沿道は観光客向けのスポットがたくさん

## 通称サーフボードの小路

### Ⓑ ナル・ストレージ
● Nalu Storage ★★

サーフボードなどを預けられる便利な屋外ロッカー。カラカウア・アヴェニューからビーチへ続く小道に並ぶボードがSNS映えすると話題に。

**ワイキキ** MAP：P10C2
⏰休 散策自由

ワイキキ

ワード&カカアコ

ダウンタウン

カイルア

ハレイワ

カパフル&カイムキ

その他

↑ビーチではいろんな遊びが待っている

ハワイで最も有名なビーチ
## Ⓒ ワイキキビーチ
●Waikiki Beach ★★★

西はヒルトン・ハワイアン・ビレッジから東はワイキキ水族館の先まで、約3kmにわたって延びるワイキキビーチは、賑やかなビーチから落ち着いた雰囲気のビーチまでの総称をいう。

ワイキキ MAP：P11E3
DATA ⇨P42

のんびり過ごせる公園
## Ⓔ カピオラニ・パーク
●Kapiolani Park ★

ワイキキビーチの東側に位置し、ダイヤモンドヘッドも見える公園。芝生が気持ちよくピクニックやジョギング、ウォーキングなどに最適で早朝は気持ちがいい。公園のすぐ隣には動物園がある。

ワイキキ MAP：P7F4
🕐㊡散策自由

↑ワイキキの東側にある気持ちのいい公園

---

アラワイ運河　Ala Wai Canal
アラワイ・ブールバード Ala Wai Blvd.
リリウオカラニ通り
クヒオ通り
カパフル通り
ホノルル動物園 P67
暑いから午前中に行くのがおすすめ

アットジェンシーワイキキチ リゾート&スパ Ⓗ
Liliuokalani Ave.
ワイキキ・ビーチ・マリオット リゾート&スパ Ⓗ
Kuhio Ave.
Kapahulu Ave.
カラカウア大通り Kalakaua Ave.
Ⓒ
ハロア&ルコウ・チ
クヒオ・ビーチ
Ⓗ モアナ サーフライダー ウェスティン リゾート&スパ
Monsarrat Ave.
Ⓗ
Ⓔ
ママラ湾 Mamala Bay
クイーンズ・サーフ・ビーチ

---

↓ワイキキビーチからカラカウア大通りへの抜け道

近年の開発で都会的に
## Ⓓ クヒオ通り
●Kuhio Ave.

カラカウア大通りから山側に1本入った通り。ここ数年で開発が進み、最新情報が集まるエリアに発展。おしゃれなホテルやグルメスポットが立ち並ぶ。

→今、注目のクヒオ通り。散策してみよう

# *Waikiki*

# ジェニックスイーツ&ドリンクがいっぱい♥

ワイキキには、SNS映え抜群のフォトジェニックなスイーツや、
かわいい人気のカラフルドリンクがいっぱい。お気に入りを見つけよう！

$13.90〜

**フレッシュマンゴー
センセーション** A
完熟マンゴーの濃厚な
香りとおいしさを存分
に楽しめる一番人気

$10

**マハロハロ** C
9種のトッピン
グを重ね、シグ
ネチャーのウベ
アイスクリーム
をオン

各$18.75

**コンボメニュー** A
カップのサイズがちょ
うどいいシャーベット。
マンゴーやイチゴ、抹
茶などから2種選べる

$9

**アマゾン
カップ** B
アサイのソフト
クリームにイチ
ゴやキヌアなど
が入る

---

Ⓐ台湾発の新星シェイプアイス

## アイスモンスターハワイ
●Ice Monster Hawaii

日本でも長い行列ができる台湾発の
かき氷店がワイキキに初進出。濃厚
な素材の味と削った氷そのもののふ
わっとした口溶け感は、まさに新感
覚の氷スイーツ！

**ワイキキ** MAP：P10C2

🏠🚋ハイアット・セン
トリック・ワイキキ・
ビーチ1F
☎808-762-3192
🕐11〜22時
㊡なし 🅱

---

Ⓑ乳製品不使用のソフトクリーム

## バナン
●Banan

バナナをベースにした、砂糖や乳製
品不使用のソフトクリーム。バナナ
以外の素材もできる限りハワイ産を
使用している。ビーチへ抜ける道沿
いにある。

**ワイキキ** MAP：P10B2

🏠ロイヤル・ハワイア
ン・センター（→P180）
C館外側
☎808-773-7231
🕐9〜20時
㊡なし

---

Ⓒフィリピン+ハワイの味

## マグノリア・アイスクリーム
●Magnolia Icecream & Treats

冷たいスイーツ、ハロハロで知られ
るアイスクリーム専門店。ハロハロ
とは"混ぜる"という意味で具材をグ
ルグルと混ぜて食べるのが王道スタ
イルだ。

**ワイキキ** MAP：P10C2

🏠インターナショナ
ル・マーケットプレイ
ス（→P182）2F
☎808-489-9355
🕐10〜22時
㊡なし

街歩き

ワイキキ

ワード＆カカアコ

ダウンタウン

カイルア

ハレイワ

カパフル＆カイムキ

その他

**$5.75**
**レインボーケーキ** D
ふわふわ食感！断面のカラー
コンビネーションが美しい

**$7.95**
**トロピカルスムージー** F
マンゴーやパイナップル
が入って見た目もカラフ
ルで南国らしい

**$12.95**
**ブルードリームボウル** F
青藻のブルーがかわい
い。すっきりとした甘
さでお腹も満足

**$8**
**シャカブーム** E
シャカ形のワッフル
にフィリングとアイ
スクリーム、トッピ
ングが選べる

---

Ⓓ日本クオリティの創作スイーツ
## クルクル
●Kulu kulu

日本人パティシエが提案する、繊細
な味わいで見た目も美しいケーキや
スイーツ。ショッピングの合間のカ
フェタイムや食後のデザートスポッ
トに最適。

**ワイキキ MAP：P10B2**

🏠ロイヤル・ハワイア
ン・センター（→P180）
B館2F
☎808-931-0915
🕐10〜21時
🈳なし

Ⓔたい焼き生地で作るシャカサイン
## こころカフェ
●Kokoro Cafe

ハワイのハンドサイン、シャカの形
をしたワッフルに、小豆やチョコレ
ート、ココナッツハウピアクリーム
を詰めて、ソフトクリームをトッピ
ングしたユニークスイーツが評判。

**ワイキキ MAP：P10B2**

🏠ロイヤル・ハワイア
ン・センター（→P180）
B館2F
☎808-388-6552
🕐11〜21時
🈳なし

Ⓕヘルスコンシャスなビジュアルスイーツ
## サンライズ・シャック・ワイキキ
●The Sunrise Shack Waikiki

ノースショアのスーパーフードカフ
ェがワイキキに進出。おすすめは、
ゴジベリーなどをトッピングしたフ
ルーツたっぷりのスムージーボウル。
見た目も◎。

**ワイキキ MAP：P10C2**

🏠🅷アウトリガー・ワ
イキキ・ビーチ・リゾ
ート1F
☎808-926-6460
🕐6〜19時
🈳なし

179

# ワイキキの中心！ロイヤル・ハワイアン・センター

ブランドショップや人気店が並ぶワイキキで最大のショッピングセンター。
時間をたっぷりとって見て回ろう。

フレーバーティーも Ⓐ
高級感いっぱい
各$35

### 進化を続けるトレンド発信スポット

## ロイヤル・ハワイアン・センター
●Royal Hawaiian Center

ワイキキの由緒ある場所に羽根を広げるワイキキのランドマーク。有名ブランドからローカルブティック、レストラン、さらにエンターテインメントまでなんでも揃う！

**ワイキキ** MAP：P10B2

🏠2201 Kalakaua Ave. ☎808-922-2299
🕐10〜22時(店舗により異なる) ㉔なし
URL jp.royalhawaiiancenter.com
Free WiFi 6〜24時の間、センターの全館・全フロアで利用できる。

### 別ページでココも！
- ☑ウルフギャング・ステーキハウス P88、103
- ☑チーズケーキ ファクトリー P102
- ☑パイナ・ラナイ・フードコート P107
- ☑つるとんたん P109
- ☑アイランド・ヴィンテージ・コーヒー P94、97
- ☑アイランド・ヴィンテージ・シェイブアイス P92
- ☑アイランド・ヴィンテージ・ワインバー P161
- ☑カルチャーレッスン P60
- ☑ロック・ア・フラ P162

無料のカルチャー
体験はいかが？

#### A館

| 1F | ハワイ最大規模のティファニーをはじめ、ハイブランドなど |
|---|---|
| 2F | 1Fとつながる高級店やハワイらしいアイテムの店が入る |
| 3F | ゴルフショップのほか、香港の人気飲茶レストランも |
| 4F | 駐車場 |

#### B館

| 1F | 有名ブランドを中心に、グルメみやげやABCストアなどが入る |
|---|---|
| 2F | 様々なジャンルの店舗が入るフードコートは休憩場所にも◎ |
| 3F | 寿司やうどんなど日本食のレストランが多いエリア |
| 4F | ロック・ア・フラはココ |

#### C館

| 1F | カラカウアアヴェニュー沿いは有名ブランド、通路側には専門店が並ぶ |
|---|---|
| 2F | 人気のアイランド・ヴィンテージ・コーヒーはこのフロアに |
| 3F | ステーキハウスやタイ料理店などレストランが集まる |

$45 Ⓑ
ホノルル限定Tシャツ。
コットン製で着心地抜群

人気のコスメポーチにはさまざまな柄が登場する Ⓓ

$30

各$18 Ⓐ
カハラホテル「プルメリア・ビーチハウス」のパンケーキミックス

無料フラショーやライブも楽しみ

街歩き

ワイキキ

ワード＆カカアコ

ダウンタウン

カイルア

ハレイワ

カパフル＆カイムキ

その他

$480

各$6

リュックにも
なるバッグは
7型9色展開
E

ヘルシーなハワイ産グルメ
ギフトが揃う
C

休憩しながら買物
を楽しんでね

## マストGoな5店

Ⓐ カハラホテルの限定商品
### シグネチャー・バイ・ザ・
### カハラ・ホテル＆リゾート
● Signature by The Kahala Hotel & Resort

ザ・カハラ・ホテル＆リゾート初の直
営店がワイキキにオープン。カハラホ
テルのオリジナル商品が手に入る。

C館1F
☎808-367-0984
🕐10〜21時 (休)なし

Ⓑ 狙い目はホノルル限定のTシャツ
### ステューシー・ホノルル
● Stussy Honolulu

シンプルで上質なサーフ＆ストリート
系カジュアルは、そのままワイキキの
街で着るのに最適。

B館1F
☎808-744-3880
🕐(休)施設と同じ

Ⓒ スイーツもデリもおいしい
### ディーン＆デルーカ ハワイ
### ロイヤル・ハワイアン・センター店
● DEAN & DELUCA HAWAII

グルメギフトがいろいろ。限定バッグ
などロゴアイテムも豊富に揃う。

B館1F
☎808-492-1015
🕐7〜21時
(休)なし
🅹

Ⓓ キュートなコラボシリーズに注目
### レスポートサック
● LeSportsac

超軽量で機能性の高いバッグブランド。
ハワイ限定柄はもちろん、コラボ・コレ
クションも充実。

B館1F
☎808-971-2920
🕐10〜21時
(休)施設と同じ

Ⓔ ハワイ店舗限定のレア商品も
### ラナイ・トランジット
● Lanai Transit

ロコのために作られたバッグは上質な革
素材を使用しており、機能性が高いと評判。

A館1F
☎808-923-3380
🕐(休)施設と同じ

$390

ハワイらしいミ
ニバッグはマス
トチェック
E

$158〜(ミニサイズ)

DEAN & DELUCA.
HAWAII

$75
C

ロイヤル・ハワイアン・セ
ンター店限定のハイビスカ
ス柄トート
E

「マリア」シリーズは日
常使いに便利。ミニとレ
ギュラーサイズがある
E

# インタマで買物&ひと休み

緑あふれる中庭があり、ワイキキのオアシス的ショッピングセンター。
ラグジュアリーストアや個性派ショップ、レストランまで充実の顔ぶれ。

## International Market Place

**ルアウショー**
火・木・土・日曜には本格的なルアウショーも開催される

**ツリーハウス**
中にはワイキキの歴史がわかるボードが展示されている。

### 自分だけのジュエリーを手に入れる
## マノア・ラブ・デザイン
●Manoa Love Design

14金、18金、24金で作るイニシャルやハワイ語を描いたオリジナルアクセサリーが人気。カスタムオーダーも行っているので、特別なギフトにオーダーしてみるのもおすすめ。

**1F**
☎808-462-8808 ⏰10〜21時 ⊛なし

↑14金の「Aloha」の文字入りネックレス **$1200**

←シャカサインがハワイらしいネックレス **$480**

←カスタムオーダーは完成までに3、4日かかる

### 自由に生きる女性のためのブランド
## フリー・ピープル
●Free People

軽やかで個性的なボヘミアンスタイルを提案。ハイセンスなウエアやシューズ、アクセサリーなどに出あえる。ドレスを買ってワイキキの夜へ繰り出してみよう。

**2F**
☎808-800-3610
⏰施設と同じ

↓ボヘミアン調のマキシドレス

↑デニムのジャンプスーツは新商品 $98

**$168**

←ベストセラーのキルティングバッグ

各 **$68**

### 進化を続けるトレンド発信スポット
## インターナショナル・マーケットプレイス
●International Market Place

ラグジュアリーストアや、人気ブランドのブティックが入り、思いのままのショッピングが楽しめる。3階には世界トップクラスのレストラン、1階にはフードホールも。2024年秋にターゲットもオープン予定。

**ワイキキ** MAP：P10C2
🏠2230Kalakaua Ave. ☎808-921-0536
⏰10〜21時(店舗により異なる) ⊛なし
URL ja.shopinternationalmarketplace.com
Free WiFi 無料WiFi(登録が必要)のほか、館内にスマホ充電スポットがある

### 別ページでココも！
☑ショアファイヤー P82
☑ストリップステーキ、ア・マイケルミーナ・レストラン P89
☑イーティング・ハウス1849 by ロイ・ヤマグチ P103
☑リリハ・ベーカリー（ワイキキ店）P101
☑ホノルル・クッキー・カンパニー P123
☑マグノリア・アイスクリーム P178

# 雰囲気goodなビーチ・ウォークへ

ルワーズ・アヴェニュー沿いに立つオープンエアのショッピングモール。
小規模ながら、ダイニングからギフト、ファッションまで個性派が揃う。

Waikiki Beach Walk

**レッスンやショー**
芝生の広場ではフラなどのレッスンやショーがある。プログラムや時間はサイトで確認を

**ファーマーズ・マーケットも**
毎週月曜の16〜20時にファーマーズ・マーケットを開催。カットフルーツなどもあり

**夕暮れ時がキレイ**
両側のショップやレストランに明かりが灯るころに行ってみよう。絶好の撮影タイム！

➡店内のあちこちにコーディネートのヒントが

$99　各$79　$120

↑ハワイらしい柄と色のバングル　➡リゾート感満載のサマードレス

フレンチシックなセレクトショップ
## ココ・マンゴー
●Coco Mango

フランス、タヒチ、バリ、ブラジル発のブランドを扱う。ポリネシアの島々からインスピレーションを得たデザインとトロピカル感がハワイにもぴったり。

`1F`
☎808-517-0105 🕙10〜22時
㊡なし

進化を続けるトレンド発信スポット
## ワイキキ・ビーチ・ウォーク
●Waikiki Beach Walk

ルワーズ・アヴェニュー沿いに立つオープンエアのモール。小規模ながら、ダイニングからギフト、ファッションまで個性派ショップ揃い。イタリアンなどのレストランも。

`ワイキキ` **MAP：P10B3**
🏠226〜227 Lewers St. ☎808-931-3591
🕙店舗により異なる ㊡なし
🔗jp.waikikibeachwalk.com

別ページでココも！
☑ポケ・バー ダイス&ミックス P83
☑ヤードハウス P165

キッズアイテムもロコ仕様に
## ソーハ・ケイキ
●Honolua Surf Co.

ハワイらしいアイテムで人気のインテリア雑貨店ソーハ・リビングが展開する、キッズ用品の専門店。おしゃれなデザインでハワイみやげにも喜ばれるはず。

`1F`
☎808-240-5040 🕙10〜21時
㊡なし

➡店内はカラフルなアイテムがいっぱいでテンションが上がる

$16.80

➡クリアなビーチバッグは日常使いにも便利

$28.80

➡カジュアルに身につけられる防水構造の腕時計

⬅サーフガール柄のポーチはコスメバッグに◎

$15.80

街歩き

ワイキキ

ワード&カカアコ

ダウンタウン

カイルア

ハレイワ

カパフル&カイムキ

その他

# Ward & Kakaako

ワード＆カカアコ
## アートがあふれる躍動の街

倉庫街だったがエリアが、若手アーティストのウォールアートで人気になった。また、ソルトを中心にショップやカフェが並ふほか、大型オーガニックスーパーもオープンし注目度大。

マノア
カハラ
カパフル＆カイムキ
ダウンタウン
ワイキキ

**ワード＆カカアコ**

WHOLE FOODS MARKET

**行き方**

| | ザ・バス | ワイキキから 20・42番で約20〜25分 |
|---|---|---|
| | aaa トロリー | 遠回りになるが、レッドラインで約1時間40分 |
| | TAXI タクシー | ワイキキから 15分程度 |

**↓オーガニックスーパーにはイートイン施設も**

↑公園の前にエントランスがある

オーガニックスーパーの走り
## Ⓐ ダウン・トゥ・アース（カカアコ店）
●Down to Earth kakaako

野菜やフルーツをはじめ、コスメやおみやげアイテムなど、オーガニックのプロダクツが揃うほか、イートインのメニューも充実。

カカアコ **MAP：P8C3**
**DATA⇨P150**

散策しながらでも、車からでも楽しめる

**カカアコ・ウォールアート**
Kakaako Wall Art
P188

Queen

ハレカウウィラ・ストリート
Reed Ln.
ポフカイナ・ストリート
Pohukaina St.
Ⓐ Ⓑ
Keawe St.
Coral St.
Halekau
Ohe Ln.

カカアコ
KAKAAKO

Auahi St.
Cooke St.
Koula St.

アラモアナ・ブルヴァード

Lana Ln.

**ソルト・アット・アワ・カカアコ**
SALT At Our Kakaako
P189

SALT

「我らのカカアコ」という名の注目の商業施設だ

ポップな文具をマトメ買い！
## Ⓑ フィッシャー・ハワイ
●Fisher Hawaii

ホールセールの文具やアート用品を扱う専門店。日本では見かけないデザインのアイテムはどれもカラフルでユニーク。ハワイ大学のロゴグッズもあり。

カカアコ **MAP：P8C3**

🏠690 Pohukaina St.
☎808-356-1800 🕐8時30分〜18時（土曜は〜17時、日曜は10〜15時）🈺なし

←オフィスで使ってもカワイイ！ホワイトボード消し各$4.64

街歩き

ワイキキ

ワード&カカアコ

ダウンタウン

カイルア

ハレイワ

カパフル&カイムキ

その他

食にこだわるワードエリアの人気店

## Ⓒ ホールフーズ・マーケット（クイーン店）
●Whole Foods Market Queen

オーガニックを中心に自然派のフードやコスメが勢揃いする。メイドインハワイのアイテムはおみやげに◎。1階と2階のイートインコーナーで購入したデリやドリンクを楽しめる。

**ワード MAP：P9D3**
**DATA➡P144**

←きれいに並んだ
フルーツや野菜

時間がなくても
ココだけは
Must Go!
**3hコース**

**Start 🚃 AlaMoanaBl.+CoralSt.**
↓ 歩いてすぐ
●カカアコ・ウォールアート（→P188）
↓ 歩いて5分
●ソルト・アット・アワ・カカアコ（→P189）
↓ 歩いて5分
●ダウントゥアース（カカアコ店）
↓ 歩いて5分
●フィッシャー・ハワイ
↓ 歩いて15分
●ワードビレッジ（→P186）
↓ 歩いて5分
●ホールフーズ・マーケット（クイーン店）
↓ 歩いて10分
**Goal 🍸 Kapiolani Bl.+Kamakee St.**

Ⓒブルーツリーカフェ P95

いくつもの施設が集合した「村」になっている複合施設

オラニ・ブルヴァード

Waimanu St.

Waiahao St.

Ⓡ朝日グリル P101

クイーン・ストリート

ワードビレッジ Ward Village P186

Kamani St.

Kaniwai St.

Ward Ave.

サウスショア・マーケット Ⓢ

Ⓒ

ワード・エンターテイメント・センター Ⓢ

Kamakee St.

Auahi St.

Ⓢワード・センター

Ala Moana Blvd.

アラモアナ・ビーチ・パーク Ala Moana Beach Park

おしゃれなハワイメイドに注目

## Ⓓ フィッシュケーキ
●Fishcake

地元クリエイターの作品を中心にセレクトしたインテリア雑貨店。アートから家具、コスメ、ファッションまで、センスのいいアイテムを幅広く取り揃える。

**カカアコ MAP：P9D3**
🏠307 Kamani St.
☎808-593-1231
🕐10〜17時（日曜は11〜16時）
📅月曜

←遊び心たっぷりのカラフルな指輪はいくつも欲しくなる

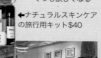
←ナチュラルスキンケアの旅行用キット$40

エコ&サスティナブルなマーケット

## Ⓔ カカアコ・ファーマーズ・マーケット
●Kakaako Farmers' Market

ローカル産やエコフレンドリー、オーガニックにこだわった約140店が出店するマーケット。毎週土曜日の朝に開催。フード系の店が多いので、朝食にもおすすめ。

**ワード MAP：P9D3**
🏠919 Ala Moana Blvd. & 1011 Ala Moana Blvd.
☎808-388-9696（事務局）
🕐土曜の8〜12時
→ディーン&デルーカのラムレーズンローフ$3.50

# Ward & Kakaako

## ワードビレッジのSHOPをハシゴ！

再開発が進むワードエリア最大級のショッピングタウンがワードビレッジ。
今やハワイトレンドの発信地として注目されている。

↓アート感覚あふれるサウスショア・マーケット

→周辺にはコンドミニアムやショップ、レストランなどが次々オープン

←おみやげ探しにぴったりのショップから映画館まで集結

進化を続けるトレンド発信スポット

### ワードビレッジ ●Ward Village

注目度アップのワード地区にあるショッピングタウン。新鋭のデザイナーのショップが集まるサウスショア・マーケットや大型店など、ワイキキとはひと味違った楽しみがある。

**ワード** MAP：P9D3
🏠1240 Ala Moana Blvd.
☎808-591-8411
🕐店舗により異なる
URL www.wardvillage.com
Free WiFi 公式のフリーWiFiはないので、必要な場合はホールフーズ・マーケット（クイーン店）などへ

### アクセス

**トロリー**…レッドラインが停車するが帰路なので時間がかかる。ピンクラインの場合、アラモアナセンターで下車し、徒歩10〜15分
**ザ・バス**…ワイキキから20・42番で約20分
**タクシー**…ワイキキから約15分

### ホールフーズ・マーケット（クイーン店）

ワードビレッジに隣接する大型スーパー。自然派フードやコスメなども揃う。

### サウスショア・マーケット

ハワイらしいインテリア雑貨を取り揃えるセレクトショップ。ビーチシックをテーマにした店が入る。

**おもなShop**
☑サルベージ・パブリック→P187
☑モリ・バイ・アート&フリー→P187
☑オフ・ザ・ウォール→P187
☑スクラッチ・キッチン&ミータリー→P72
☑ジャナ・ラム・スタジオ・ストア→P141
☑アット・ドーン・オアフ（ワードビレッジ アナハ内）→P134
☑T.J.マックス（ワードビレッジショップス内）→P143

ワードビレッジってこうなっている

### ワード・エンターテイメント・センター

シネマコンプレックスや大人のゲームセンターなどがあるエンタメ系のエリア。

**おもなShop**
☑ワード16シアターズ
☑デイブ&バスターズ
☑アン・ディ・ヨー→P187

### ワード・センター

ほかにはない個性派のアイテムを展開するショップが多い。センター内にはレストランもある。

**おもなShop**
☑ナ・メア・ハワイ→P187
☑ノアノア→P187

## 1 ハワイアートとクラフトを探す
### ナ・メア・ハワイ
● Na Mea Hawaii

↓ハワイの健康茶ママキ・ハーバル・ティーも販売

伝統工芸品から最新のデザインまですべてがメイドインハワイ。アーティストのオリジナル作品やアクセサリーなど、ハワイ好きにとっては宝庫のよう！

$20.95

| ワード・センター | MAP：P9E3 |

☎808-596-8885
⏰11～18時（金・土曜は～19時）
㊡なし

➡一点ものも多いので気に入ったら即ゲットしたい

## 2 個性派アイランドウェア
### ノアノア
● Noa Noa

手染めで作られる服は、サイズや柄などのバリエーションが豊富。ポリネシアの伝統的な柄を現代風にアレンジしたとっておきの一着が見つかる。

| ワード・センター | MAP：P9E3 |

☎808-593-0343
⏰10～18時（金・土曜は～19時）
㊡なし

$124

$78

↑アロハシャツとパンツを、上下で合わせることも

## 3 本格ベトナム料理をワードで
### アン・ディ・ヨー
● An Di Dzo

↓サイドオーダーできるボーンマロウ

$7.50

チャイナタウンの人気レストラン「クローンⅡ」の姉妹店。フォーやバインミー、春巻きなど、どれもボリューミーでほっとできる味わい。

| ワード・エンターテイメント・センター | MAP：P9E3 |

☎808-888-2287
⏰11時15分～15時、17～21時（金・土曜は～21時30分、日曜は11～19時）㊡月曜

$13.75～

←姉妹店でも人気のバインミーはここでも人気メニュー

## 4 ハワイ発のサーフブランド
### サルベージ・パブリック
● Salvage Public

↓ダブルジャガードモックネックのニット

ハワイアンライフをテーマにしたウエアやファッション小物をオリジナルデザインで販売。シンプルだがトレンドを意識したさりげなさが評判。

| サウスショア・マーケット | MAP：P9E3 |

☎808-589-0500
⏰11～20時　㊡なし

$164

$158

↑レイやキルトをモチーフにしたデザインのウエアも

## 5 アロハスピリッツ満載の作品
### モリ・バイ・アート＆フリー
● Mori by Art & Flea

↓胸元のポケットはキュートなパイナップル柄！

ハワイで活躍する地元アーティストの作品が集まるショップ。アロハシャツやワンピース、雑貨やアクセサリーなど幅広く展開する。

| サウスショア・マーケット | MAP：P9E3 |

☎808-593-8958
⏰11～18時（金・土曜は～19時）
㊡なし

$35

$6

↑ハワイらしいシャカサインのメッセージカード

## 6 セルフ・タップで好きなだけ！
### オフ・ザ・ウォール
● Off the Wall

タップが並ぶ壁に取り付けられたデバイスに専用のカードをかざし、好きなお酒を自分で注ぐスタイル。おつまみも充実している。

| サウスショア・マーケット | MAP：P9E3 |

☎808-593-2337
⏰11～22時（木曜は～23時、金・土曜は24時、日曜は～21時）㊡なし

↑10種類以上のハワイ産ビールとサイダーと赤白ワインが並ぶ

↓タコプレートやグリルチーズ、ベジタリアン・バーガー、シャルキュトリーなど料理もおいしい

1オンス（約30ml）
$0.52～

↑少しずついろんな味を試せる

ワイキキ

ワード＆カカアコ

ダウンタウン

カイルア

ハレイワ

カパフル＆カイムキ

その他

187

# Ward & Kakaako

# ウォールアートを撮って楽しむ！

倉庫街としてさびれていた街に若手アーティストたちがウォールアートを
描きはじめ、今やフォトスポットとして大人気に！

**ケビン・ライオンズのウォールアート**
カカアコのウォールアートの中でも有名
な作品。ポップで明るい色彩のモンスタ
ーがハワイの日差しの中でSNS映えする

**レンタル自転車
ビキを活用して**
クック通りなどにビキス
トップ（停留所）が点在し
ている

ハワイのみならず
世界中のアーティ
ストが制作するア
ートはジャンルも
さまざま！

**ハワイの日常を
大パノラマで描き出す**
倉庫2軒分の大型アートは大迫力

**街なかにはさまざまな
ウォールアートが！**
建物の壁や駐車場など
あちこちに描かれてい
るので、街歩きしてお
気に入りを見つけよう！

**平塚生まれの
女性ペインターが描く**
鮮やかな色使いの植物モチーフで
知られるオノ・ルイーゼの作品

発想の自由さに驚かされる
# カカアコ・ウォールアート ★★
●Kakaako Wall Art
ハワイのみならず世界中のアーティスト
が制作するウォールアートはジャンルも
モチーフもさまざま。定期的に描き直さ
れるのでお気に入りがあれば即写！

カカアコ **MAP：P8C3**
🕐🈵見学自由

# "映える"と話題のSALTに潜入！

スタイリッシュなカフェやレストラン、ストリート系ショップなどが立ち並ぶ。
ウォールアートが描かれた建物は、まさにカカアコ！

ワイキキ

ワード＆カカアコ

ダウンタウン

カイルア

ハレイワ

カパフル＆カイムキ

その他

## Dining

お酒も充実！ロコ絶賛の地産料理

### モク・キッチン

●Moku Kitchen

ハワイの食材を使い、ハワイのスタイルで提供する料理の数々が、カカアコで働くロコたちを虜にするレストラン。バーテンダーもいるので夜食での利用もいい。

☎808-591-6658 ●日〜水曜は11〜21時、木〜土曜は〜22時 ●なし

→ライブが開催される日も。オリジナルカクテル片手に酔いしれて

↓野菜もたっぷり入るフィッシュタコス(手前)と、ガーリックトリュフオイルフライ

$12

$23

---

ハイセンスなショップが並ぶ

### ソルト・アット・アワ・カカアコ

●SALT at Our Kakaako

「我らのカカアコ」と称した、カカアコエリア中心の複合商業施設。飲食店やセレクトショップなど、次々と店がオープンしていて見逃せない！ウォールアートの見学と一緒に行ってみよう。

**カカアコ** **MAP：P8C3**
●691Auahi St. ☎●●店舗により異なる

←独立した街のような雰囲気

**ココも紹介！**
☑パイオニア・サルーン→P85
☑ブッチャー＆バード→P91
☑ハイウェイ・イン→P101
☑カハラ→P138
☑ロハナ・エステート・チョコレート→P124

---

## For Break

本格エスプレッソならここで決まり！

### ナイン・バー・ホノルル

●9 Bar HNL

モダンインダストリアルな雰囲気のコーヒー専門店。ハワイでは珍しい、バーカウンター内蔵型のエスプレッソマシーンがある。スコーンとマフィンを組み合わせたオリジナルスイーツ「スコフィン」も美味。

☎808-762-0255
●7〜12時(金曜は〜13時、土・日曜は8〜14時)●なし

$4〜

$4.75

↑スコフィンは毎日8種類のフレーバーを用意

←フォームアートを描いてくれるラテとスコフィンの組み合わせが最高

---

## Fashion

シンプルなデザインで幅広い年代に人気

### ヒア

●Here.

ナチュラル素材にこだわったセレクトショップ。小規模ブランドの商品を中心に取り扱うが、オーナーがデザインするオリジナルの洋服にも注目！

●685 Auahi St. #2-115 ☎808-369-2991
●10時〜17時30分(日曜は〜16時) ●なし

↑ファッションに敏感なロゴガールに人気

トップ$98

パンツ$138

↑100%リネンのセットアップはリラックス感抜群

←シンプルなデザインで着回しの良さそうなアイテムが並ぶ

ウォールアートを発見！
ソルトにあるモーニング・ブリューの壁にもかわいい絵が描かれている

# Downtown

ダウンタウン

## 今と昔が交錯するカルチャータウン

ハワイ王朝ゆかりの建物が残るエリア、高層ビルが立ち並ぶ官庁街、さらに、庶民の生活を支えるチャイナタウンと、3つの異なるエリアが共存するのがダウンタウン。

### 行き方

| | | |
|---|---|---|
| ザ・バス | ワイキキから | ザ・バス2・13番でN.Hotel St.＋Bishop St.下車、または20番でRiver St.＋N. Beretania Stで下車 |
| トロリー | ワイキキから | レッドライン利用でハワイ州庁舎／イオラニ宮殿まで約25分 |
| タクシー | ワイキキから | イオラニ宮殿まで約15分 |

マノア
カバフル＆カイムキ
カハラ
ダウンタウン
ワイキキ
ワード＆カカアコ

"ハワイの中の中国"で本場の味に舌鼓!!

**チャイナタウン カルチュラル・プラザ**
Chinatown Cultural Plaza

Ⓐ Ⓑ

ファイティング・イー P1

Ⓡ タイ・パン・ディム・サム P193

ジンジャー13 Ⓢ P192
ロベルタ・オークス Ⓢ P192
ラングーン・バーミーズ・キッチン Ⓡ P193

N-Beretania St.
ノース・ベレタニア・ストリート
N.Pauahi St.
ノース・パウアヒ・ストリート
ノース・キング・ストリート
ノース・ホテル・ストリート

Ⓒ

N. King St.
ビッグ＆レディ Ⓡ P193
オーキムズ・コリアン・キッチン Ⓡ P104
N.Nimitz Hwy.
Bethel St.

**ハワイ・シアター**
Hawaii Theatre

HAWAII

### ハワイに出雲大社がある!?

## Ⓐ ハワイ出雲大社
●Izumo Taishakyo Mission of Hawaii ★★

縁結びの神様として知られる出雲大社の分社として1906年に建立。初詣には、1万人以上のロコが参拝する。御朱印を書いてもらう場合は、時間に余裕をもって16時30分までには参拝を。

**ダウンタウン** MAP：P8A1

🏠215 N.Kukui St. ☎808-538-7778
🕐8時30分〜17時 ㉠なし 📅

↑漢字で「布哇出雲大社」と鳥居に書いてある

↓チャーシューまん $2.29、あんまん $2.29など

↓交通安全シールが貼られた御朱印帳をゲット

### 1日2000個も売れるマナプア

## Ⓑ ロイヤル・キッチン
●Royal Kitchen

マナプアはチャーシューなどを入れたハワイの肉まんのこと。ここでは、蒸しだけでなく焼きマナプアを提供。焼きかげんが絶妙で軽いテイスト。

**ダウンタウン** MAP：P8A1

🏠100 N. Beretania Stチャイナタウン・カルチュラル・プラザ内
☎808-524-4461 🕐5時30分〜14時
（土・日曜は6時30分〜）㉠なし

### 人気のアメリカンキュイジーヌ

## Ⓒ ライブストック・タバーン
●Livestock Tavern

肉料理がメインのアメリカンレストラン。季節ごとにメニューとインテリアを替え、新鮮な食材を使った新感覚のアメリカ料理が楽しめる。

**ダウンタウン** MAP：P8A2

🏠49 N.Hotel St ☎808-537-2577
🕐17〜22時（土・日曜は10〜14時も営業）㉠なし 🔲

➡レンガ造りの店構えでおしゃれな雰囲気

↓自家製バンズがおいしいタバーン・バーガー$25

街歩き

ワイキキ

ワード&カカアコ

ダウンタウン

カイルア

ハレイワ

カパフル&カイムキ

その他

アメリカで唯一の宮殿

## Ⓔ イオラニ宮殿
● Iolani Palace ★

「メリー・モナーク」の愛称で知られる第7代ハワイ国王、カラカウアが1882年に建立した宮殿。公邸として世界各国の元首や著名人を招いて晩餐会や舞踏会が催された。現在は歴史遺産として一般公開されている。

**ダウンタウン** MAP：P8B2

🏠364 S.King St.
☎808-522-0832(予約)／808-522-0822(インフォメーション) 🕐ツアーにより異なる(日本語ガイドツアー、オーディオツアーあり)
🕐日・月曜 URL www.iolanipalace.org

↑近代的な高層ビルが立ち並ぶダウンタウンにある

←公式の面会行事が行われ、王冠が飾られた玉座の間

**時間がなくても ココだけは Must Go! 4hコース**

**Start** 🍷 N. Beretania St. + Opp River St.

●ハワイ出雲大社
　↓ 歩いて1分
●ロイヤル・キッチン
　↓ 歩いて8分
●ロベルタ・オークス(→P192)
　↓ 歩いて3分
●ハワイシアター(外観見学)
　↓ 歩いて2分
●ジンジャー13(→P192)
　↓ 歩いて10分
●イオラニ宮殿
　↓ 歩いて3分
●カメハメハ大王像
　↓ 歩いて2分

**Goal** 🍷 S.King St.+Punchbowl St.

→カメハメハデーのある6月は大量のレイで埋め尽くされる

（地図内）
Queen Emma St.
Queen Emma St.
セント・アンドリュース大聖堂
St.Andrew's Cathedral
サーフボードに乗るキリストのステンドグラスがある
サウス・ベレタニア・ストリート
S. Beretania St.
Alakea St.
S. Hotel St.
ビショップ・ストリート
Richards St.
アラケア・ストリート
ツアーに参加してハワイの歴史を知ろう
Ⓔ
Ⓕ
サウス・キング・ストリート
S. King St.
Ⓓ
Bishop St.
Millani St.
クイーン・ストリート
Queen St.
Ⓡ イリフネ・レストラン P193
Halekauwila St.
S.Nimitz Hwy.
win Park

記念撮影の人気スポット

## Ⓕ カメハメハ大王像
● King Kamehameha Statue ★★

ハワイを統一した初代カメハメハ大王の像。イタリアで製造され、1883年に除幕された。金箔の豪奢な衣服で飾られ、ハワイ州最高裁判所前に威風堂々と立つ。

**ダウンタウン** MAP：P8B2

🕐🕐🕐見学自由

焼きたてパンの香ばしい香り！

## Ⓓ ベーカー・デュード
● Baker Dudes

カイルアをはじめ、オーガニックにこだわるファーマーズ・マーケットに出店している人気ベーカリーの本店。袋入りのパウンドケーキなどはおみやげにもぴったり。

**ダウンタウン**

MAP：P8B2

🏠923 Alakea St.
☎808-346-1697
🕐7〜13時 🕐土〜月曜
↓クロワッサンも人気。パンはどれも1個$3、2個で$5

# 感度の高いセレクトショップへ

ローカルデザイナーのブティックやセンスあふれるセレクトショップなど、
個性的な店も多いダウンタウン。ヴィンテージ・ショップも逸品が揃う。

シンプルなライフスタイルを反映

## ロベルタ・オークス
●Roberta Oaks

オーナーのロベルタさんがデザイン
する服が、おしゃれ好きなロコの間
で評判。ルームフレグランスなど、
世界各地から買い付けてきたお気に
入りも並ぶ。

ダウンタウン MAP:P8A2

🏠1152 Nuuanu Ave.
☎808-526-1111
🕐11〜18時
㊡日曜

←自分みやげに
欲しくなる雑
貨もたくさん

→オリジナルのクロスなど料理
が楽しくなるキッチン雑貨も

←タウンでも着
やすいおしゃれ
なアロハが揃う

新作続々のローカルブランド

## ファイティング・イール
●Fighting Eel

ダウンタウン
MAP:P8B2

母娘のリンクコーデも実現
できるロコに人気のローカ
ルブランド。2〜3週間ごと
に新作デザインが登場する
ので、何度訪れてもうれし
い出会いがあるショップ。

🏠1133 Bethel St.
☎808-738-9300
🕐10〜18時(日曜
11〜16時)
㊡なし

セットで$68

各$58〜

→鮮やかなターコイ
ズのネックレス

天然石を使ったハンドメイドジュエリー

## ジンジャー13
●Ginger 13

ハワイとNYで美術やデザインを学
んだオーナーが、ハワイの自然と都
会的センスを融合したユニークなジュ
エリーを製作。天然石の使い方が
独創的。

ダウンタウン MAP:P8B2

🏠22 S. Pauahi St. ☎808-531-5311
🕐11〜17時(土曜は〜16時)
㊡日・月曜

$95

→左右非対称が
特徴的なピアス

↑旅行で便利なパッキン
グ・キューブ・セット

$58

→淡いブルーのラニカイ・
ジンジャー・レイ・タオル

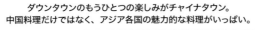

# チャイナタウンでエスニック三昧！

ダウンタウンのもうひとつの楽しみがチャイナタウン。
中国料理だけではなく、アジア各国の魅力的な料理がいっぱい。

## アツアツできたての飲茶ランチ！
### タイ・パン・ディム・サム
●Tai Pan Dim Sum

ダウンタウンで台湾料理を食べるなら
ココ！と評判のお店。飲茶はひとつひ
とつ手作りするため、いつもできたて
が味わえる。テイクアウトも可。

`ダウンタウン` **MAP：P8A1**

🏠100 N. Beretania St.チャ
イナタウン・カルチュラル・プ
ラザ内
☎808-599-8899
🕐8～15時
㊡なし

↑チャイナタウン・カルチ
ュラル・プラザ内にある

**飲茶**
小籠包や大根餅などでき
たての飲茶がおいしい！

飲茶1品$4.95～

## 創作ベトナム料理に行列！
### ピッグ＆レディ
●The Pig and The Lady

家庭料理にシェフが修業したフ
ランス料理の技法を加えた、新
感覚のモダンベトナミーズ。3
年連続でハレアイナ賞を受賞し
たこともある実力派。

`ダウンタウン` **MAP：P8A2**

🏠83 N.King St.
☎808-585-8255
🕐11時30分～14時30分、
17時30分～21時30分
㊡日・月曜

↓たっぷりのネギとガー
リックがのるフォー $75
（ランチタイムのみ提供）

$18

$19
P&Lフォー・フレンチ・ディップ
自家製ミートが絶品のサンドイッチ（ランチタイムのみ提供）

## 人気ミャンマー料理の2号店
### ラングーン・バーミーズ・キッチン
●Rangoon Burmese Kitchen

ハワイ産の材料と独特のス
パイスをたっぷりと使った
ミャンマーの伝統料理を楽
しめる。ほかのエスニック
料理とはひと味違う洗練さ
れたメニューが斬新。

`ダウンタウン` **MAP：P8A2**

🏠1131 Nuuanu Ave.
☎808-367-0645
🕐11～14時、17～22時 ㊡日曜

**ビリヤニ**
土鍋にパイ皮をかぶせて
炊き込んだビリヤニ

$23～25

## + Plus! 　To Goもアジアングルメで

### ホッとできる日本食プレートランチ
### イリフネ・レストラン
●Irifune Restaurant

プレートランチスタイルの日本食を提供する店。
ガーリック・アヒ（マグロ）や豆腐の揚げ物など、
ハワイのビジネスマンも足しげく通う人気の味。

`ダウンタウン` **MAP：P8B3**

🏠850 Mililani St.
☎808-737-1141
🕐11～14時
㊡土・日曜 🅿

↑テーブル席が数
席あるオープンエ
アの店
←ロコワーカーに
人気の唐揚げチキ
ン&刺身コンボ

$12.75

ワイキキ
ワード&カカアコ
ダウンタウン
カイルア
ハレイワ
カパフル&カイムキ
その他

# Kailua
## カイルア

### 東オアフのヘルシータウン

全米でも屈指のビーチをもつオアフ島東部の街は、おしゃれなセレクトショップや健康を意識したカフェやレストランが並ぶ。ショップ巡りは徒歩で、ビーチへはバスで。

**行き方**

ザ・バス　アラモアナセンターから66・67番で約1時間15分

車　ワイキキから約30分程度

ハレイワ
オアフ島
カイルア
コオリナ
ワイキキ

時間がなくても
ココだけは

**Must Go!**

**4hコース**

**Start** 🚏 Wanaao Rd+Awakea Rd
↓ 歩いて12分
●カラパワイ・マーケット(→P44)
↓ 歩いて5分
●カイルア・ビーチ(→P44)
↓ 歩いて30分
●ターゲット
↓ 歩いて5分
●ホールフーズ・マーケット
↓ 歩いてすぐ
●ゴエン・ダイニング+バー(→P198)
↓ 歩いて5分
**Goal** 🚏 Hamakua Dr + Hahani St

---

C シナモンズ・カイルア P198

ミューズ・カイルア P197 F

Ulunia St.

カイルア・スクエア

Kuulei Rd.

カイルア区 Kailua Public Library

ウアヒ・アイランド・グリル R P199

S アイランド・スノー P1

カイルア・ショッピングセンタ Kailua Shopping Center

ビートボックス・カフェ・カイルア P199 C

オリーブ・ブティック J P197

モケズ・ブレッド&ブレックファスト P198

Oneawa St.

Kailua Rd.

カイルア・ロード

S ダウン・トゥ・ア(カイルア店)

B

C カイルア・タウン・センター

D

P198 ゴエン・ダイニング+バー R

P196 ウォーベン・バイ・シャリオン S

P199 パイオロジー・ピッツェリア R

ハマクア・ドライブ

カフェやセレクトショップが長屋のように連なる通り

ホノルルへ

Hamakua Dr.

A

D

ヘキリ・ストリート Hekili St.

---

ISLAND INSPIRE

### カイルア産のクラフトビール
## Ⓐ ラニカイ・ブリューイング・カンパニー
●Lanikai Brewing Company

併設する醸造所で造るクラフトビールは年間約30種類。持ち帰り用のグラウラー(約1.8ℓ入り)での注文も可能。カクテルのような飲み心地のハードサイダーもある。

↑左からビルボックスポーター、ルート70セゾン、モク・インペリアルIPA

**カイルア** MAP：P12B4

🏠167 Hamakua Dr.(タップ&バレル)
☎なし ⏰12〜22時(土・日曜は11時〜)
㉠なし

### ゆったり買物ができる
## Ⓑ ホールフーズ・マーケット（カイルア店）
●Whole Foods Market Kailua

ワード地区やカハラにもあるが、ヘルスコンシャスなカイルア住民の御用達の店で他店よりローカル度が高く、売り場も落ち着いている。カイルア店限定の商品やコーナーもある。

**カイルア** MAP：P12A4

🏠629 Kailua Rd. ☎808-263-6800
⏰7〜22時 ㉠なし

エキゾチックなセレクト

## D アイランド・バンガロー・ハワイ
●Island Bungalow Hawaii

ヴィンテージの布とスクリーンプリントを組み合わせたクッションカバー、インドで特注したハワイモチーフのコースターなど、レア感たっぷりのインテリア小物がずらり。

↑ここでしか入手できないものばかり。一点物も

| カイルア | MAP：P12B4 |

⌂131 Hekili St. ☎808-536-4543
🕐10〜17時 ㊡なし

全米チェーンのディスカウントストア

## E ターゲット（カイルア店）
●Target

赤い◎が目印の本土発の大型店。デザイン性が高いキッチン・ホーム雑貨、ファッションを展開し、女性に人気。アメリカらしい食品や日用品も低価格で揃い、旅行客にも評判。

| カイルア | MAP：P12B4 |

⌂345 Hahani St.
☎808-489-9319
🕐7〜22時 ㊡なし

←店のシンボル、アーチェリーの的をデザインしたオリジナルエコバッグ$1

食事メニューも要チェック

## F ブーツ＆キモズ
●Boots&Kimos

マカダミアナッツソースがかかったパンケーキを目当てで行く人が多い人気店だが、オムレツやステーキプレートなども美味。

| カイルア | MAP：P3F3 |

DATA⇨P73

→シュリンプ・アルフレッド・オムレツ$24.95

---

カイルア湾
Kailua Bay

ツインの島がトレードマークの絶景ビーチ

**カイルア・ビーチ**
Kailua Beach P44

**ラニカイ・ビーチ**
Lanikai Beach P45

**カラパワイ・マーケット**
Kalapawai Market P44

イルアディストリクトパーク
Kailua District Park

カイルアビーチにくり出す前に、いろいろ調達しよう！

Kailua Rd.

ビーチへ

Wanaao Rd.

Awakea Rd.

ア オ ロ ア・ス ト リ ー ト

E

Aoloa St.

F （徒歩約30分）

↓ハワイらしさ満点！
アラナ・エブリシング・トートバッグ$28.80

海を感じさせる雑貨が充実

## C ソーハ・リビング・カイルア
●Soha Living Kailua

カラハモールにある人気雑貨店「ソーハ・リビング」のカイルア店。ハワイらしい海をイメージさせる小物が多く、ナチュラルテイストで女子ウケ間違いなし！

| カイルア | MAP：P12B4 |

⌂539 Kailua Rd.#106
☎808-772-4805
🕐9時30分〜19時
㊡なし

→保冷付きのトートバッグもキュート$16.80

# 店内も映えなショップクルーズ

カイルアにはオシャレでSNS映えするレストランやショップがいっぱい揃っている。
お気に入りの店を探しに行ってみよう!

**オススメ!**

↑商品自体がインテリアの一部になっているおしゃれな店

センス抜群のおしゃれショップ

## ウォーベン・バイ・シャオリン

●Woven by shaolin

インテリアデザイナーのロコガール
が手掛けるショップ。商品はすべて
オーナーがセレクトしていて、世界
中のかわいいアイテムが揃っている。
店内自体もおしゃれな空間で、セン
スよく雑貨や小物が並んでいる。

**カイルア** MAP:P12B4

🏠146 Hekili St. #101 ☎808-261-2671
🕐11〜18時 ⑭なし

**$86**

↑落ち着いた色味のクッション。置いて
あるだけでおしゃれを演出してくれる

↑キャンドルやメモ
帳、花瓶など商品の
種類はさまざま

**$45**

←オーナーイチオシの
グラス。ロリーポップ
をイメージした形はユ
ニークでかわいい

ストリート系サーフアイテム
# アイランド・スノー
●Island Snow

カイルアビーチ近くに1号店があり、こちらは2号店。ファッション性の高いオリジナルブランドが充実するほか、中2階にはステューシー・ホノルル（→P181）のチャプタストアがある。

カイルア MAP：P12B3
🏠600 Kailua Rd.カイルア・ショッピングセンター内 ☎808-261-3300
🕐10〜19時 ㊡なし

↑HAWAIIの文字が入ったステューシーのハワイ限定ロゴTシャツ

$45

$36〜

↓アラモアナセンターで人気店だったIn4mationのTシャツもある

←メンズ、レディース、キッズを展開

---

$38〜

→センスのよいキーチェーンはおみやげにピッタリ

各$16〜

$38〜

↑→オリジナルTシャツは抜群の着心地に定評あり！

さりげない上品カジュアル
# オリーブ・ブティック
●Olive Boutique

カイルアで生まれ育ったアリさんのセレクトショップ。LAカジュアルを中心にメイドインハワイのブランドも扱う。セレブ御用達ブランドのカジュアルウエアや小物が充実。

カイルア MAP：P12A3
🏠43 Kihapai St. ☎808-263-9919
🕐10〜17時 ㊡なし

←心地よい空間を演出するおしゃれなインテリア雑貨も

---

ガーリーなウエア＆雑貨店
# ミューズ・カイルア
●Muse Kailua

ノスタルジックカイルアの癒しのセレクトショップ。店に入ると自然と笑顔になれる。ビンテージから、ロコアーティストのアロハがあふれる、温かく優しいアイテムが揃う。

カイルア MAP：P12B3
🏠330 Uluniu St. ☎808-261-0202
🕐10〜15時 ㊡月曜

←建物もノスタルジックな雰囲気でほっこり♡

↓店内で扱うアクセサリーはすべてロコアーティストのもの

$20〜300

→オアフのファミリーが手掛けるハワイ島で作られているキャンドル

ワイキキ
ワード＆カカアコ
ダウンタウン
カイルア
ハレイワ
カパフル＆カイムキ
その他

# 朝食&ブランチを話題のあの店で

カイルアには朝食やブランチにオススメの店がたくさん揃っている。
朝早めにワイキキを出て現地で朝食&ブランチを堪能しよう!

## 地元に根ざしたロイ氏のダイニング
### ゴエン・ダイニング+バー
●Goen Dining + Bar

ハワイ・リージョナル・キュイジーヌの代表シェフ、ロイ・ヤマグチ氏が手がける店。地元産の魚や肉、野菜を使ったメニューは仕入れによって内容が替わる。

**カイルア** **MAP:P12B4**

573 Kailua Rd.ラウハラ・ショップス内 ☎808-263-4636 ⏰16〜20時(金・土曜は12〜15時、16時〜20時30分、日曜は12〜15時、16〜20時) 休なし

**みそ焼きバターフィッシュ**
店主おすすめのメニューはワインとペアリングして

↑テラス席は外の空気が気持ちいい

**トリュフのニョッキ&ガーリックバターシュリンプ**
濃厚な味わいとトリュフの風味が絶品

$36

$17

**ポークベリーカツ**
旨みを引き出すソースの味が決め手

$41

## おいしさの秘訣は特製ソース
### シナモンズ・カイルア
●Cinnamon's Kailua

地元住民が選ぶ「ハレアイナ賞」で常に上位に選ばれる名店。レッドベルベッドなどパンケーキのほか、エッグベネディクトといった食事系メニューも豊富に揃う。

**カイルア** **MAP:P12B3**

315 Uluniu St. ☎808-261-8724 ⏰7〜14時 休なし

↑店はビルの1階。中庭で食事をすることもできる

**グアバ・シフォン・パンケーキ(2枚)**
生クリームは軽めで甘すぎない。ソースの個性を引き立てている

**バナナパンケーキ**
たっぷりのバナナを練り込んだ生地が絶品

$11.95

## 家族に伝わる秘伝のレシピ
### モケズ・ブレッド&ブレックファスト
●Moke's Bread & Breakfast

オーナーのおばあちゃん直伝のフワフワ、モチモチのパンケーキ。家族経営のレストランならではのアットホームな雰囲気に、足しげく通うカイルアのローカルも多い。

**カイルア** **MAP:P12A3**

27 Hoolai St. ☎808-261-5565 ⏰7時30分〜13時(土・日曜は7時〜) 休月・火曜

$13.75〜

↑カイルアのロコたちに人気

# おいしいヘルシーランチが食べたい

ヘルシーグルメがどこよりも充実しているカイルア。グルテンフリーや
オーガニックにこだわったオシャレカフェのランチはいかが。

*Healthy*

### 新感覚のハワイアン料理
## ウアヒ・アイランド・グリル
●Uahi Island Grill

新鮮なローカル食材を使用したハワイアン料理のレストラン。ポン酢や味噌、バーベキューソースなどでアレンジしたスタイルがロコに好評。通し営業なので旅行者にも便利。

**カイルア** MAP:P12A3
🏠33 Aulike St.
☎808-266-4646
🕐11〜20時(日曜は10時〜)
㊡なし

→カジュアルな雰囲気で
入りやすい広い店内

$18

### シアード・アヒサラダ $22
新鮮なアヒ(マグロ)がたっぷりのったサラダは、日本人の味覚によく合う

### ガーリック・シュリンプ
ぷりぷりの大きなエビにライスとサラダでヘルシーに

### 野菜も豊富なカスタマイズピザ
## パイオロジー・ピッツェリア
●Pieology Pizzeria

LA発祥のピザチェーン。3種の生地、6種のソース、6種のチーズ、10種のミート類、14種の野菜トッピングが選べる。トッピングはいくつ選んでも同一料金。ハンドストレッチド・パイライズ+$3、カリフラワークラスト+$4に変更できる生地のカスタムも人気。

**カイルア** MAP:P12B4
🏠151 Hekili St.#103&104
☎808-378-3990 🕐10時30分〜21時45分(金・土曜は〜22時45分) ㊡なし

↓サラミとミートたっぷり
のお肉系ピザでガッツリ!

↑レーンに並んでピザ生地からソース、具材を好みで注文

$14.99

$14.99

$18.99

↑カスタムメイドで作ったピザ。野菜たっぷりでヘルシーに

↑日本では珍しいカリフラワー生地(+$4)をチョイス

*Organic*

### SNS映えのベジタリアンカフェ
## ビートボックス・カフェ・カイルア
●The Beet Box Cafe Kailua

ハレイワの人気カフェの2号店。できる限りハワイ産のオーガニック食材で作られるメニューは、ヘルシーのみならず味もばっちり! レジ前にはグルテンフリーのスイーツも並ぶ。

**カイルア** MAP:P12A3
🏠46 Hoolai St. ☎808-262-5000
🕐9〜15時 ㊡なし

↓ヘルシー意識の高いカイルア住民で賑わう店内

### ハローバーガー $17
一番人気のハローバーガーは自家製ベジーバーガー

# Haleiwa

ハレイワ

## ノースショアの玄関口

プランテーション時代の面影が残る独特の街並みに、個性的なショッピングセンターが点在する。冬のビッグウェーブに挑むサーファーの聖地としても知られる街の散策を楽しもう。

### 行き方

| | |
|---|---|
| ザ・バス | アラモアナセンターから52番で約1時間40分 |
| 車 | ワイキキから H-1ウエスト、H-2、カメハメハ・ハイウェイを経由して約1時間20分 |

### ハレイワ

オアフ島　カイルア
コオリナ
ワイキキ

### 時間がなくても ココだけは Must Go!

## 2hコース

**Start** 🍷 Kamehameha Hwy + Weed Circle
↓ 歩いて5分
● ジョバンニ
↓ 歩いて10分
● コーヒー・ギャラリー
↓ 歩いて5分
● ハッピーハレイワ
↓ 歩いて5分
● ハレイワ・ストア・ロッツ(→P203)
↓ 歩いて5分
● サーフ&シー
↓ 歩いてすぐ
**Goal** 🍷 Kamehameha Hwy + Opp Lokoea Pl

ゲード・ハウル・ロード／Cene Haul Rd.

パアアラ・ロード／Paalaa Rd.

カメハメハ・ハイウェイ
Kamehameha Hwy.

マライ・タイ **F**

**B**

**F** ノースショア・クレープス・カフェ P202

バブルシャック・ハワイ **S**

**S** ノースショア・グッディーズ

**S** セブンイレブン

→キャロットケーキとモカフリーズでひと休み

### ガーリックシュリンプといえば

## **B** ジョバンニ
● Giovanni's Shrimp Truck

ガーリックシュリンプの元祖。エビをたっぷりのバターとガーリックで炒めた一番人気のスキャンピのほか、レモン&バターやホット&スパイシーもある。

↑スキャンピ$16にはレモンをしぼって召しあがれ

ハレイワ MAP：P12A1
DATA ⇨P87

### 自家焙煎のハワイアンコーヒーを

## **A** コーヒー・ギャラリー
● Coffee Gallery

ハワイ産の豆を自家焙煎したコーヒーや手作りのペストリーが楽しめる。ショップに隣接されたカフェスペースはソファ席もあり、落ち着く雰囲気。テイクアウトも可能。

ハレイワ MAP：P12B1
🏠66-250 Kamehameha Hwy.　☎808-824-0368
🕐6時30分～19時　㊡なし

街歩き

ワイキキ

ワード＆カカアコ

ダウンタウン

カイルア

ハレイワ

カパフル＆カイムキ

その他

## ハレイワきってのサーフショップ

### C サーフ＆シー
●Surf-n-Sea

1965年創業のサーフショップ。オーシャンスポーツ全般のアイテムを取り扱う。建物は20年代に建てられたもので、ハワイ州から歴史的建造物の指定を受けている。

ハレイワ MAP：P12C1

住62-595 Kamehameha Hwy. ☎808-637-7873
⏰9～19時 ⓗなし

→ボタニカルプリントがかわいいサーモボトル$31

←サーファー憧れのロゴ入りTシャツを

↓有名なロゴが目立つオリジナルのトートバッグ$24

ハレイワ・ストア・ロッツ
グルメ、ショップ、ギャラリーなどが集まるモール

**ハレイワ・ストア・ロッツ**
**Haleiwa Store Lots**
P203

Waialua Bay

ハレイワボート港
Haleiwa Boat Harbor

ハレイワ・ショアズ R

セブンイレブン S

R ハレイワ・ビーチハウス

Lokoea

S アオキズ・シェイブアイス P92

クリスピー・グラインズ F
P202
ンバーセブン・ジャパニーズ・フードトラック
P202
カマロン・シュリンプトラック F
P202

F レイズ・キアヴェ・ブロイルド・チキン
P86

リリウオカラニ・プロテスタント教会

ジョゼフ・レオン・ハイウェイ
Joseph P. Leong Hwy.

A

↓マツモト・シェイブアイスのロゴ入りTシャツ$22

ヤズ・バズ＆ワイン
202

**ノース・ショア・マーケットプレイス**
**North Shore Marketplace**

グルメ、ショップ、ギャラリーなどが集まるモール

MATSUMOTO'S SHAVE ICE

## キュートなハッピーちゃんグッズ

### D ハッピー・ハレイワ
（ハレイワ店）
●Happy HALEIWA

ツインテールのマスコットキャラクター「ハッピーちゃん」でおなじみのセレクトショップ。アパレルや雑貨をはじめ、メイドインハワイのアイテムがずらり。

ハレイワ MAP：P12B1

住66-145 Kamehameha Hwy. ☎808-637-9713
⏰11～17時 ⓗなし

↑手のひらサイズのドールチャーム各$24。お揃いで持つのも◎

## 行列ができるシェイブアイス

### E マツモト・シェイブアイス
●Matsumoto Shave Ice

1951年、ハレイワがプランテーション畑だったころに日系人夫妻が開業。手作りシロップのシェイブアイスに、白玉もちやあずきのトッピングもある。

ハレイワ MAP：P12B1

DATA → P92

→手前はレインボー$4.25（L）、奥はトロピカル（S）$3.75にモチ$1をトッピング

# Haleiwa

# ハレイワ名物フードトラックをハシゴ！

フードトラックが百花繚乱のハレイワ。ガーリックシュリンプをはじめ、
和食からデザートまで、お手軽でバラエティ豊か！

## ココナッツテイストが個性的
### カマロン・シュリンプトラック
●Camaron Shrimp Truck

ガーリックソースはクリーミーでコ
コナッツミルクが隠し味。殻をむい
てあるので、身にしっかり味が絡む。
衣がカリカリのココナッツシュリン
プもおすすめ。

↑数台のフードトラック
が集まる場所に常駐

| ハレイワ | MAP：P12B1 |

🏠66-236 Kamehameha
Hwy. ☎808-348-6484
🕐11〜16時 ⑭なし

*Coconut Shrimp & Garlic Shrimp*

**ココナッツシュリンプ＆
ガーリックシュリンプ・コンボ** `$18.46`
2種類セットで食べられる
お得なひと皿は女性に人気

## ブルターニュ仕込みのクレープ
### ノースショア・クレープス・カフェ
●North Shore Crepes Cafe

フランス人のオーナーシェフが、祖
母に教わったレシピで提供する本格
派のクレープ専門トラック。スイー
ツ系のほか、そば粉で作る食事系ガ
レットもある。

| ハレイワ | MAP：P12A1 |

🏠66-470 Kamehameha Hwy.
☎808-238-7206
🕐10〜17時
⑭なし

*Crep'ley*

→新しくなった
キュートな
トラック

`$12.65` ハニーとバナナ、マカダミアナ
ッツがたっぷりのったクレープ

## 本場ブラジル仕込みのアサイボウル
### クリスピー・グラインズ
●Crispy Grindz

*Dessert*

オーナーはブラジル出身。$
1.25〜でトッピングを追加
できるアサイボウルをはじめ、
ブラジルで人気のスナック、
パステル$7.50〜なども。カ
カアコにもトラックを出店。

| ハレイワ | MAP：P12B1 |

🏠66-236 Kamehameha
Hwy. ☎808-373-0145
🕐9〜19時 ⑭なし

`$16.99`

**スペシャルクリスピーボウル**
フルーツたっぷりのオーガ
ニックのアサイボウル

## 本格寿司職人が手がける和食
### ナンバーセブン・ジャパニーズ・
### フードトラック
●No.7 Japanese Food Truck

オーナーは寿司職人として20年近いキャリ
アを持つ本格派。メニューはサラダがつい
たマグロポケ丼や、2種類から選べるコンボ、
ラーメンまで並ぶ。

| ハレイワ | MAP：P12B1 |

🏠66-235 Kamehameha Hwy.
☎808-450-8714 🕐11時30分〜
20時(金・土曜は〜 20時30分)
⑭なし

*Japanese Food*

`$16`
**マグロポケ丼**
新鮮なマグロがたっぷりのっ
たポケ丼はお店のイチオシ

`$19`
**コンボ**
2種類のメニ
ューが味わえ
るコンボはボ
リューム満点

←木陰に、パラソル付きのテー
ブル＆イスが設置されている

## ＋ Plus! こちらも行ってみよう！

### 地産地消とクリエイティブ料理
### マヤズ・タパス ＆ワイン
●Maya's Tapas & Wine

周辺に作物畑が広がるハレイワで、土地の恵
みをタパススタイルで提供しているバル。18時
まではハッピーアワーもあり、早めの時間から
のちょい飲みにもぴったり。

| ハレイワ | MAP：P12B1 |

🏠66-250 Kamehameha Hwy. ☎808-200-2964
🕐11〜15時(土・日曜10〜14時)、17〜22時 ⑭月曜、
日曜ディナー

↑グリルド・スパニッシ
ュ・オクトパスはカクテ
ルと一緒に

# ハレイワ・ストア・ロッツを探検

老舗で有名なマツモト シェイブアイスを中心に、衣料品や雑貨などの
ショップやカフェが20店舗ほど集まった小さなモール。駐車場も完備。

街歩き

ワイキキ

ワード＆カカアコ

ダウンタウン

カイルア

ハレイワ

カパフル＆カイムキ

その他

海や自然がテーマのギャラリー

## ボルーギャラリー
●Polu Gallery

サーフィンなど海や自然がテーマの
作品が並び、地元アーティストへの
サポートにも積極的に取り組む。アー
トプリントやウエア、アクセサリ
ーなどのアイテムが揃う。

🏠66-111 kamehameha Hwy.
☎808-924-4404 ⏰10〜18時 🅿なし

↑オールドハワイを感じ
るノスタルジックな建物

↑ハワイを感じる作品が並ぶ。
おしゃれなカードセットも

美しい波の写真を持ち帰ろう

## クラーク・リトルギャラリー・インテリア
●Clark Little Gallery Interior

ハワイの美しい波を撮る、ププケア
在住の人気写真家、クラーク・リト
ル氏のギャラリー。写真の展示、販
売だけでなく、ポーチやカードなど
のオリジナルグッズも販売。

🏠66-111 kamehameha Hwy.
☎808-626-5319
⏰10〜17時 🅿なし

←迫力ある
波の写真が
展示された
店内
↓15種類の
波の写真が
入ったポス
トカード

各$20

ロコガールに人気のブティック

## グアバ・ショップ
●Guava Shop

オリジナルブランドはタイダイ染めやリゾ
ート風のデザインが魅力的。コンセプトの
ビーチシックにふさわしいアイテムが揃っ
ている。かわいい雑貨もある。

🏠66-111 kamehameha Hwy.
☎808-637-9670
⏰10〜18時 🅿なし

←ショップ
は以前タウ
ンセンター
にあった

$78

↑美しい海の色を思わせるグア
バのタイダイ染めトップス

## ハレイワ・ストア・ロッツ
●Haleiwa Store Lots

ハレイワ MAP：P12B1
🏠66-111 Kamehameha Hwy.
☎808-523-8320
🅿店舗により異なる
🔗haleiwastorelots.com

スヌーピーファン必見の新ショップ

## スヌーピーズ
サーフショップ
●Snoopys Surf Shop

PEANUTSの公式ショップ。Tシャツ
やトートバッグのほかパンケーキミッ
クスやステッカーなどの小物系も揃う。
ハレイワの文字が入ったデザインはこ
こだけの限定品!

🏠66-111 Kamehameha Hwy.
☎808-762-0032
⏰11〜17時
🅿なし
© 2024 Peanuts Worldwide LLC

↑店内にはハワイテイスト
のスヌーピーがいっぱい

$28

→旅の記念にもなる
ハワイのロゴ入り
キッズTシャツ

# Kapahulu&Kaimuki

カパフル＆カイムキ

## ロコの暮らしを垣間見る街

ワイキキの東側から徒歩圏内のカパフル、北上し、ワイアラエ・アヴェニューから東にのびるエリアがカイムキ。昔ながらのたたずまいが残る通りには小さな名店が多く、散策にもぴったり。

### 行き方

**ザ・バス** ワイキキから
カパフルへは13番に乗りカパフル通りの周辺で下車。カイムキへは13番に乗り、マーケットシティ・ショッピングセンターで1番に乗り換え、ワイアラエ通り沿いで下車。約20分

**タクシー** ワイキキから
カパフルへは約5分、カイムキまでは10〜15分程度

### カパフル＆カイムキ

マノア　カハラ
ダウンタウン
ワイキキ
ワード＆カカアコ

## 時間がなくても ココだけは
### Must Go!
## 3hコース

*Start* 🍸 Kapahulu Ave + Campbell Ave
↓ 歩いて3分
● レインボー・ドライブイン（→P82）
↓ 歩いて1分
● ベイリーズ・アンティークス＆アロハシャツ
↓ 歩いて12分
● レナーズ・ベーカリー（→P80）
↓ 歩いて28分 ✿
● シュガーケーン ✳
↓ 歩いて3分
● レッド・パイナップル
↓ 歩いてすぐ
*Goal* 🍸 Waialae Ave + Koko Head Ave

チャミネード大学
Chaminade University

Palolo Stream
Pololo Ave.

ワイアラエ・アヴェニュー

**S** カイムキ・ショッピングセンター

1st Ave.
2nd Ave.
3rd Ave.
4th Ave.
6th Ave.

H-1フリーウェイ
（ルナリロ・フリーウエイ）

**C** カフェ・カイラ P75

スイート・イーズ・カフェ P73 **C**

カイムキ・アヴェニュー・Kaimuki Ave.

Crane Park

カ
パ
フ
ル
・
ア
ヴ
ェ
ニ
ュ
ー
・
Kapahulu
Ave.

**D** レナーズ・ベーカリー
Leonard's Bakery P80

カパフル
KAPAHULU

Paliuli St.

Winam Ave.

オノ・シーフード **R** P105

1952年創業の老舗。揚げたてのマラサダを求めて行列ができている

デイト・ストリート・Date St.

サイド・ **R**
ストリート・イン P100

Campbell Ave.

ロコボーイたちが通う老舗ドライブインはいつも賑わっている

アラワイ・ゴルフ・コース
Ala Wai G.C.

レインボー・ドライブイン
Rainbow Drive In
P82

Castle St.

**E**

街歩き

ワイキキ

ワード&カカアコ

ダウンタウン

カイルア

ハレイワ

カパフル&カイムキ

その他

## ハワイメイドの雑貨がずらり

### Ⓐ シュガーケーン
●Sugarcane

店内に並ぶ約90%のアイテムがローカルブランドもしくは、ローカルアーティストによるもの。レアな物も多く、口コミも特別なギフト探しに訪れるほど。

`カイムキ` **MAP：P5E4**

🏠1137 11th Ave.
☎808-739-2263　🕐10〜16時
🅿なし

→洗練された印象の店内はアーティスト別に商品が並ぶ
←ビーチでも活躍するターキッシュコットン100%のタオル $38〜

↑マウイ島産のソイキャンドル $25はインテリアにも◎

## おしゃれな雑貨やグルメをゲット

### Ⓑ レッド・パイナップル
●Red Pineapple

雑貨からペットグッズまで、幅広く揃うギフトショップ。所狭しと並ぶ個性豊かな品は、ハワイ在住のアーティストのものなど、ハワイ産にこだわる。

`カイムキ` **MAP：P5F4**

🏠1151 12th Ave.　☎808-593-2733
🕐8〜17時　🅿なし

↑キュートなデザインのマグネットはみやげにぴったり $16

---

1936年にオープンしたクイーン・シアターは、カイムキのランドマーク。閉館して以来、20年以上経っている

**クイーン・シアター**
Queen Theater

カイムキ
KAIMUKI

Waialae Ave.

ヴィア・ジェラート Ⓒ P93
Ⓑ Ⓕ チャビーズ・バーガー P91
8th Ave. 9th Ave.
Ⓒ レアヒ・ヘルス P97
10th Ave. 11th Ave. 12th Ave.
Ⓐ Ⓒ Ⓕ

H-1 Fwy.
(Lunalilo Fwy.)

## グルメをとりこにするチーズケーキ

### Ⓒ オットー・ケーキ
●Otto Cake

250種類を超えるなかから、その日の気分で数種類を出すチーズケーキ専門店。ハウピア、マンゴーなど、訪れるたびに新しいフレーバーのケーキに出合える。

`カイムキ` **MAP：P5E4**

🏠1127 12th Ave.
☎808-834-6886
🕐11〜19時(日曜は〜15時)　🅿なし

←わずかだがイートインスペースもある

↑濃厚でありながら爽やかな後味のチーズケーキ $6

## モデルも注目するヘルシーカフェ

### Ⓓ カイマナ・ファーム・カフェ
●Kaimana Farm Café

地元農園で育てたオーガニック素材を使用するデリが評判。好みのメイン料理と5つのデリを選べるカイマナパワー弁当で、旅行中の野菜不足を一気に解消！

`カパフル` **MAP：P7D1**

☎808-737-2840
🕐8時30分〜15時(土・日曜は8時30分〜)、水〜土曜17〜20時　🅿月・火曜 🈂️

↑カイマナパワー弁当 $22.70はモロカイ産スイートポテトのコロッケ入り

←メニューボードは素材の栄養素についても書かれている

*Shopping!*

↓自ら好みのヴィンテージアロハを探し出そう

## ヴィンテージアロハはこの店へ！

### Ⓔ ベイリーズ・アンティークス&アロハシャツ
●Bailey's Antiques and Aloha Shirts

1980年にオープンしたヴィンテージ・ショップ。オーナーがセレクトした主に1940〜70年代のヴィンテージアロハを中心に、アクセサリーやインテリア雑貨も豊富。

`カパフル` **MAP：P7E2**

🏠517 Kapahulu Ave.
☎808-734-7628　🕐11〜17時　🅿なし

→店内にはアロハシャツがぎっしり

## ホロホロと崩れる素朴な味わい

### Ⓕ スコニーズ・ベーカリー
●Sconees Bakery

店内にあるキッチンで、毎朝焼きあげる手作りのスコーンは5種類。人気フレーバーはブルーベリーやチョコチップなど。お目当てがあれば早めの来店がおすすめ。

`カイムキ` **MAP：P5E4**

🏠1117 12th Ave.　☎808-734-4024
🕐6〜14時(日曜は7時30分〜)　🅿なし

→スコーン各 $2.50

↓午後には売り切れの場合もある

# Manoa

マノア

## マノアで幸せの虹を見る

ワイキキを見下ろす高台にあり、静かな住宅街が広がるマノア地区。あまり知られていないが、ザ・バスで簡単に行けるうえ、ハワイ大学マノア校もそばにあるなど、ロコの日常が見えるタウンだ。

### 行き方

| | |
|---|---|
| ザ・バス | アラモアナセンターから5・6番で約30分 |
| タクシー | ワイキキから約20分 |

### ローカルに愛される家族経営の店

## Ⓐ アンディーズ・サンドウィッチ＆スムージー
● Andy's Sandwiches & Smoothies

ハワイ大学の学生や教授、地元住人から長く愛され続ける店。新鮮でヘルシーな材料で作るサンドイッチやスムージーはボリュームも満点。

**マノア** MAP：P5D1
🏠2904 East Manoa Rd.
☎808-988-6161 ⏰7〜16時
㊡土・日曜

→自家製スモークドアヒサンドイッチ＋トマト＆チーズ$9.35

### グリーンの外観がかわいい

## Ⓑ スターバックス・マノア・バレー
● Starbucks Manoa Valley

マノアのランドマーク的存在のスターバックス。地元住民やハワイ大学マノア校の生徒などが集い、コーヒーブレイクを楽しんでいる。

**マノア** MAP：P5D1
🏠2902 E.Manoa Rd.
☎808-988-9295
⏰5時〜18時30分（土曜は5時30分〜18時、日曜は5時30分〜）㊡なし

→抹茶フラペチーノ（トール）$5.46

オフ・ザ・フック
ポケ・マーケット
P8

### 1日に1000個も売れるマナプア

## Ⓒ アイランド・マナプア・ファクトリー
● Island Manapua Factory

マナプア（肉まん）専門店として人気を誇る。一番人気のチャーシューマナプアは、カリヒにある本店と合わせて、1日になんと1000個も売れるのだとか。

**マノア** MAP：P5D1
🏠2752 Woodlawn Dr.マノア・マーケットプレイス内
☎808-988-5441 ⏰8時30分〜16時30分（土曜は〜17時、日曜は〜16時）㊡月曜

↓マナプア各$2.50は「蒸し」ほかに「焼き」もある

Ⓓ マノア・マーケットプレイス
Manoa Marketplace

### マノア唯一のショッピングセンター

## Ⓓ マノア・マーケットプレイス
● Manoa Marketplace

約50軒が並ぶロコ御用達のショッピングセンター。名店もあり、ロコにまじって店をのぞくのも楽しい。火・木・土曜の7〜14時はファーマーズ・マーケットも開催。

**マノア** MAP：P5D1
🏠2752 Woodlawn Drive. ☎808-525-6602 ⏰店舗により異なる URL manoamarketplacehawaii.com（英語）

指定農場から仕入れる食材がおいしい

## 🍽 モーニング・グラスコーヒー＋カフェ
●Morning Glass Coffee+ Café

地元ファンも多い人気カフェ。毎朝焼きあげる自家製イングリッシュ・マフィンや種類豊富なスコーン、丁寧にドリップするコーヒーもおいしい。

**マノア** **MAP：P5D1**
🏠2955 E. Manoa Rd.☎808-673-0065
🕐7〜14時（土・日曜は8時〜）、朝食は8時〜10時30分、ランチは11〜14時 ㊡なし

← マカロニチーズ・パンケーキ＋ベーコン$19.50

← 地元の生産者から食材を仕入れ、店内で手作り

↑ ワイキキの喧騒を離れて、本物のハワイらしさを堪能

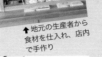

**時間がなくても ココだけは**

**Must Go!**

**3hコース**

*Start* 📍 Dole St + Lower Campus Rd
↓ 歩いて5分
●**ハワイ大学マノア校**
↓ 歩いて5分
📍 Dole St + Lower Campus Rd
↓ ザ・バスで15分
📍 E Manoa Rd + Huapala St
↓ 歩いてすぐ
●**マノア・マーケットプレイス**
↓ 歩いてすぐ
●**スターバックス・マノア・バレー**
↓ 歩いてすぐ
*Goal* 📍 E Manoa Rd + Huapala St

のどかな雰囲気のショッピングセンターにはスーパーのセーフウェイなども入っている

ワイキキ

ワード＆カカアコ

ダウンタウン

カイルア

ハレイワ

カパフル＆カイムキ

その他

**+Plus!** 🏛 **ハワイ大学のキャンパスを見学♪**

大学のキャンパスを見学♪

## ハワイ大学マノア校
●University of Hawaii Manoa ★

1907年に設立されたハワイを代表する大学。広大なキャンパスではガイド付きの見学ツアーを実施。参加は進学を考える高校生が多いが旅行者もOK。ショップやカフェにも寄ってみては？

**マノア** **MAP：P5D2**
🏠2500 Campus Rd.
☎808-956-8111

↓ツアーは火〜金曜の13時スタート

↑ 3〜5店ほどの小さな朝市だが、周辺エリアからも訪れる人が多い

〔アクセス〕
ハワイ大学へはワイキキから直接行くことも可能。13番で約30分、マノア・マーケットプレイスからは6番で約10分

見学ツアーはオンライン予約が必要
☎808-956-7137 🕐月〜金曜の8〜16時※テストシーズンや夏季休暇中など、実施しない日も多いので要確認 ㊡無料
URL manoa.hawaii.edu/admissions/visit/（英語）

# Kahala

カハラ

## 高級住宅地に隣接するエリア

カハラ地区はハワイでも有数の高級住宅地。そんなエリアに隣接するショッピングモールと高級ホテルを巡って、ワイキキとはひと味違うセンスのいい大人のショップを訪れたい。

### 行き方

| | |
|---|---|
| ザ・バス | ワイキキから23番で約20分、キラウエア・アベニュー下車 |
| トロリー | ワイキキからブルーラインで約20分 |
| タクシー | ワイキキから約15～20分 |

### セレブ御用達モール
## Ⓐ カハラモール
● Kahala Mall

カハラの住民に長年愛されてきた大型ショッピングモール。オーガニック&ナチュラルスーパーのホールフーズのハワイ1号店を中心に個性的なショップが100店舗近く入っている。

カハラ MAP：P5F2

4211 Waialae Ave.　☎808-732-7736
⏰10～21時（日曜は～18時、一部店舗により異なる）　休なし
URL www.kahalamallcenter.com

↑地元のショッピングモールらしくゆったりした雰囲気

### 時間がなくても ココだけは
## Must Go!
## 5hコース

**Start** ザ・カハラ・ホテル&リゾート入口

● プルメリアビーチ ハウス(→P77)
　↓ 歩いてすぐ
● カハラ・ビーチ
　↓ 歩いてすぐ
● シグネチャー・アット・ザ・カハラ
　↓ 歩いて30分
● カハラモール

**Goal** Kilauea Ave ＋Waialae Ave

↑大粒のマカダミアナッツとフランス産のチョコレート(ミルク)の高級品。$32

### 高級ホテルが作るこだわりのおみやげ
## Ⓑ シグネチャー・アット・ザ・カハラ
● Signature at the Kahala

ホテルのパティシエがていねいに作るマカチョコはクラシックなミルク、ダーク、ホワイトなどのほかに、季節によってコナコーヒーや抹茶味なども。ワンランク上のギフトとして人気。

カハラ MAP：P5F2

ザ・カハラ・ホテル&リゾート(→P211)
ロビー階　☎808-739-8862　⏰9～17時
休なし

↓スタンド・アップ・パドル・ヨガ(→P174)も開催

### 静かでおだやかなビーチ
## Ⓒ カハラ・ビーチ
● Kahala Beach ★

プライベートビーチのようなホテル前のビーチは静かで、人も少ないので、賑やかなビーチが苦手な人向け。ホテル主催のビーチアクティビティは宿泊ゲストでなくても参加することができる。

カハラ MAP：P5F2

⏰休散策自由

*Hotel*

# ホテル

## Contents

最高のハワイSTAYを叶える
# 4大ラグジュアリーホテルをご案内

**Read me!**

ハワイでのバケーションを最高のものにしてくれるのは、オーシャンビューの客室も極上のラグジュアリーホテル。憧れのホテルでくつろぐ時間はかけがえのない思い出に。

← ハワイアンホスピタリティにあふれたロビー

**プールcheck**
ワイキキビーチが目の前
ビーチと太平洋を望み、リゾート感たっぷり。プライベート・カバナが贅沢なひとときを演出

**オーシャンビュー** 一部客室

ワイキキにそびえるピンクの宮殿
## ロイヤル ハワイアン ラグジュアリー コレクション リゾート
●The Royal Hawaiian, a Luxury Collection Resort

「太平洋のピンクパレス」の愛称で親しまれ、90年以上の歴史が息づく老舗ホテル。ククイナッツのレイでの歓迎やバナナブレッドのサービスなど、スペシャルなおもてなしも充実。

**ワイキキ** MAP:P10C3
DATA→P215

| 施設info | |
|---|---|
| 屋外プール | 2 |
| ジャクジー | 2 |
| キッズプール | 1 |
| レストラン | 2軒 |
| バー・ラウンジ | 2軒 |
| ショップ | あり |
| スパ&サロン | あり |
| フィットネス | あり |
| コインランドリー | なし |

**客室check**
マイラニ・タワー・プレミアム・オーシャン33㎡
ビーチに面したマイラニ・タワーにあり、バルコニーから青く輝く海とダイヤモンドヘッドを一望

**オーシャンビュー** 一部客室

オアフ屈指の高級リゾートホテル
## ハレクラニ
●Halekulani

高級感あるファシリティときめ細かなホスピタリティ。最上級のホテルステイが楽しめる大人のリゾートとして、世界のセレブ達を魅了する。バスルームやベッドも広々と快適。

**ワイキキ** MAP:P10B3
DATA→P215

| 施設info | |
|---|---|
| 屋外プール | 1 |
| ジャクジー | なし |
| キッズプール | なし |
| レストラン | 4軒 |
| バー・ラウンジ | 3軒 |
| ショップ | あり |
| スパ&サロン | あり |
| フィットネス | あり |
| コインランドリー | なし |

➡ グレイスビーチを目の前にハワイらしい景色を楽しめる

**プールcheck**
エレガンスなホテルの象徴
大輪のカトレアが描かれたプールはガラスタイルで造られていて光の反射で見え方が変わる

**客室check**
スタンダードルーム39㎡
（バルコニーを含め48㎡）
「七彩の白」を基調とした気品あふれる客室で心地よくステイ

高級住宅街に佇む老舗ホテル

# ザ・カハラ・ホテル＆リゾート

●The Kahala Hotel & Resort

ワイキキから車で15分。歴代のアメリカ大統領や各国セレブが訪れる、豪邸が並ぶカハラ地区の特別な存在。エントランスの空間美、イルカが棲むラグーンなどすべてが別格。

**カハラ** MAP:P5F2
DATA→P214

| 施設info | |
|---|---|
| 屋外プール | 1 |
| ジャクジー | 1 |
| キッズプール | なし |
| レストラン | 4軒 |
| バー・ラウンジ | 1軒 |
| ショップ | あり |
| スパ＆サロン | あり |
| フィットネス | あり |
| コインランドリー | なし |

**客室check**
ビーチフロントラナイ51㎡
上品なトロピカルトーンの客室はビーチを間近に感じるラナイが特徴

←イルカとふれ合うアクティビティも充実

**プールcheck**
カハラビーチが目の前！
水温管理されたプールは快適で波穏やかなビーチへ歩いてすぐ。プライベート感覚で過ごせる

---

↓1901年創業とワイキキで最も古い歴史をもつ

**プールcheck**
海に面していて開放的
プールは広々としていて、ビーチへのヌケ感もあって開放感に浸れる

ワイキキ最古の白亜の宮殿

# モアナ サーフライダー ウェスティン リゾート＆スパ

●Moana Surfrider, A Westin Resort & Spa

「ワイキキのファーストレディー」とよばれ、白を基調としたヴィクトリア様式のホテル。客室の多くはワイキキビーチを望め、クラシカルなバニヤン・ウィングは雰囲気抜群。

**ワイキキ**
MAP:P11D2
DATA→P215

| 施設info | |
|---|---|
| 屋外プール | 1 |
| ジャクジー | なし |
| キッズプール | なし |
| レストラン | 2軒 |
| バー・ラウンジ | 3軒 |
| ショップ | あり |
| スパ＆サロン | あり |
| フィットネス | あり |
| コインランドリー | あり |

**客室check**
タワー・オーシャン32㎡
ダイヤモンドヘッド側もしくはアラモアナ側に位置する広い間取りで、ラナイからは美しい眺望が

➡ホテルの前のビーチからはカタマランも運航中

プールがすてきなホテル派? コンド派?

# 個性でえらぶリゾートホテル

┥ Read me! ┝

ホテル選びの決め手はいろいろ。遊び甲斐のあるプールやSNS映えするプールもいいし、キッチンが完備され、暮らす感覚で過ごせるコンドミニアムタイプも捨てがたい!

┥プールcheck┝
気分でプールを使い分け
ワイキキ最大規模のメインプールをはじめ、4つのスライダーがあるプールなど多彩

オーシャンビュー　一部客室
ハワイ最大級の一大リゾート
## ヒルトン・ハワイアン・ビレッジ・ワイキキ・ビーチ・リゾート
●Hilton Hawaiian Village Waikiki Beach Resort

広大な敷地に5つの客室棟と5つのプール、80軒を超えるレストランやショップが集まるハワイ屈指のリゾート。ヤシの木が生い茂る庭園には、さまざまな動植物が生息する。

ワイキキ　MAP:P6B4
DATA→P215

### 施設info

| | |
|---|---|
| 屋外プール | 5 |
| ジャクジー | 3 |
| キッズプール | 1 |
| レストラン | 10軒 |
| バー・ラウンジ | 2軒 |
| ショップ | あり |
| スパ&サロン | あり |
| フィットネス | あり |
| コインランドリー | なし |

┥客室check┝
ラグーンビュー
40㎡（ラナイ含む）
ラグーンを眼下に望むレインボータワーの客室

↑スリル満点! ウォータースライダー

ここで半日過ごしてみたい
プールがステキ!

┥プールcheck┝
おしゃれで絵になる
プールの文字は地元アーティストによるもの。プールサイドレストランの雰囲気も◎

←フォトジェニックなロビー

オーシャンビュー　一部客室
レトロな雰囲気のブティックホテル
## 星野リゾート
## サーフジャック ハワイ
●The Surfjack Hotel & Swim Club

ミッドセンチュリーな印象のおしゃれホテル。客室はバンガローのほか、1〜3ベッドルームのスイートを用意。レストラン「マヒナ&サンズ」や、カカアコで人気のカフェ「ARVO」が入店。

ワイキキ
MAP:P10B1
DATA→P215

### 施設info

| | |
|---|---|
| 屋外プール | 1 |
| ジャクジー | なし |
| キッズプール | なし |
| レストラン | 1軒 |
| バー・ラウンジ | 1軒 |
| | （上記レストラン内） |
| ショップ | あり |
| スパ&サロン | なし |
| フィットネス | なし |
| コインランドリー | なし |

┥客室check┝
3ベッドルーム
スイート 85㎡
大人数でもOK。客室には小型冷蔵庫、LEDテレビとプライベートラナイがついている

### オーシャンビュー
高級感あふれるコンドミニアム
## アストン・ワイキキ・ビーチ・タワー
●Aston Waikiki Beach Tower

客室はゆったりした造り。キッチンからリビング、テラスへと抜ける開放的な設計は贅沢そのもの。全室から海が望め、洗濯機・乾燥機とフルキッチンを完備。観光にも便利な立地。

**ワイキキ** MAP:P11E2
DATA→P214

**客室check**
2ベッドルーム/プレミアムオーシャンフロント100㎡
タワーの上層階に位置し見晴らし抜群。家具付きラナイや2つのバスルームなどが揃う

#### 施設info
| | |
|---|---|
| 屋外プール | 1 |
| ジャクジー | 1 |
| キッズプール | 1 |
| レストラン | なし |
| バー・ラウンジ | なし |
| ショップ | なし |
| スパ&サロン | なし |
| フィットネス | あり |
| コインランドリー | なし |

↑コアウッドの家具を配した室内

↑新設されたプールエリア。カバナも自由に使える

**プールcheck**
プライベート感満載
プールサイドにサンデッキが並び、思い思いにくつろげる。子ども用プールもあり安心

**プールcheck**
ワイキキーの高所にある
タワー8階にあり、見晴らし最高。ダイニングとプライベートカバナを備えていて優雅

暮らす感覚で毎日を過ごせる
## コンドタイプ

### オーシャンビュー 一部客室
世界的ブランドの新型ホテル
## ザ・リッツ・カールトン・レジデンス ワイキキビーチ
●The Ritz-Carlton Residences, Waikiki Beach

リッツカールトンならではの細かなサービスのレジデンスホテル。「ラグジュアリー・ロウ」直結で、9〜38階に位置する客室からはワイキキビーチを望める。全室洗濯乾燥機付き。

**ワイキキ** MAP:P10A2
DATA→P215

#### 施設info
| | |
|---|---|
| 屋外プール | 2 |
| ジャクジー | 2 |
| ファミリープール | 1 |
| アダルトプール | 1 |
| レストラン | 4軒 |
| バー・ラウンジ | あり |
| ショップ | あり |
| スパ&サロン | あり |
| フィットネス | あり |
| コインランドリー | なし |

**客室check**
スタジオ・オーシャンビュー38㎡
コンドミニアムならではの贅沢なゆとりある客室。全客室にランドリーを完備している

▼機能的なキッチンがあるダイヤモンドヘッドタワーの客室

←ツインタワーが目印。ビーチへのアクセスも◎

213

ツアーでよく使われる

# ホノルルのホテルを検索！

リゾートの快適さはホテルによって決まる。レストランやバー、プールにショップなどのほか、アメニティもチェックしてお気に入りのホテルを決めよう。

| エリア | ホテル名 | MAP | DATA | プール | 冷蔵庫 | ドライヤー | バスタブ | セーフティボックス | ポット | 日本語スタッフ | Wi-fi |
|---|---|---|---|---|---|---|---|---|---|---|---|
| ワイキキ | アウトリガー・リーフ・ワイキキ・ビーチ・リゾート ★★★★<br>●Outrigger Reef Waikiki Beach Resort | P10A3 | ハワイらしさを満喫できるビーチフロントリゾート。カルチャーアクティビティも充実。☎2169 Kalia Rd. ☎808-923-3111 $289~ URL jp.outrigger.com | ○ | ○ | ○ | ○ | ○ | ○※2 | ○※3 | 無料 |
| ワイキキ | アウトリガー・ワイキキ・ビーチコマー・ホテル<br>●Outrigger Waikiki Beachcomber Hotel | P10C2 | ロイヤル・ハワイアン・センター(→P180)の向かいでビーチも至近。☎2300 Kalakaua Ave. ☎808-922-4646 $269~ URL jp.outrigger.com | ○ | ○ | ○ | × | ○ | ○※2 | ○※3 | 無料 |
| ワイキキ | アウトリガー・ワイキキ・ビーチ・リゾート ★★★★<br>●Outrigger Waikiki Beach Resort | P10C2 | ダイヤモンドヘッドを望む、ワイキキ中心地に立つビーチフロント・ホテル。☎2335 Kalakaua Ave. ☎808-923-0711 $349~ URL jp.outrigger.com | ○ | ○ | ○ | ○ | ○ | ○※2 | ○※3 | 無料 |
| ワイキキ | アクア・スカイライン・アット・アイランドコロニー ★<br>●Aqua Skyline at Island Colony | P10C1 | アラワイ通りに近い静かな環境。全室簡易キッチン付きのコンドミニアム。☎445 Seaside Ave. ☎808-923-2345 $139~ URL jp.aquaaston.jp | ○ | ○ | ○ | ○ | × | × | | 無料※4 |
| ワイキキ | アストン・アット・ザ・ワイキキ・バニアン ★★<br>●Aston at the Waikiki Banyan | P11F2 | 全室1ベッドルームでフルキッチンとラナイ、ソファーベッド付きのリビングルーム完備。☎201 Ohua Ave. ☎808-922-0555 $485~ URL www.aquaaston.jp | ○ | ○ | ○ | ○ | ○ | ○ | × | 無料※4 |
| ワイキキ | アストン・ワイキキ・ビーチ・タワー ★★★★<br>●Aston Waikiki Beach Tower | P11E2 | 全室から海が望め、洗濯機やフルキッチンを完備。観光にも便利な立地。☎2470 Kalakaua Ave.. ☎808-926-6400 $649~ URL www.aquaaston.jp | ○ | ○ | ○ | ○ | ○ | ○ | × | 無料※4 |
| アラモアナ | アラモアナ・ホテル・バイ・マントラ ★★★<br>●Ala Moana Hotel by Mantra | P6A3 | アラモアナセンター(→P114)直結のホテル。アラモアナビーチパークが徒歩圏内。☎410 Atkinson Dr. ☎808-955-4811 $179~ URL jp.alamoanahotel.com | ○ | ○ | ○ | ○ | ○ | ○ | ○ | 無料 |
| ワイキキ | アロヒラニ・リゾート・ワイキキ・ビーチ ★★★★<br>●Alohilani Resort Waikiki Beach | P11E2 | ワイキキビーチが目の前というロケーション。洗練されたモダンなホテル。☎2490 Kalakaua Ave. ☎808-922-1233 $364~ URL jp.alohilaniresort.com | ○ | ○ | ○ | ○※1 | ○ | ○ | ○ | 無料 |
| ワイキキ | イリカイ・ホテル&ラグジュアリー・スイーツ ★★★<br>●Ilikai Hotel & Luxury Suites | P6A3 | 全室フルキッチン付き。☎1777 Ala Moana Blvd. ☎808-949-3811/03-3544-5110(日本での予約先) $209~ URL www.ilikaihotel.com | ○ | ○ | ○ | ○※1 | × | × | | 無料※4 |
| ワイキキ | ウェイファインダーワイキキ<br>●Wayfinder Waikiki | P11D1 | モダンな雰囲気の最新おしゃれデザイナーズホテル。☎2375 Ala Wai Blvd. ☎808-922-4744 $200~ URL www.wayfinderhotels.com/ja/hotels/waikiki | ○ | ○ | ○ | × | ○ | ○※2 | ○※3 | 無料 |
| ワイキキ | カ・ライ・ワイキキビーチ、LXRホテルズ&リゾーツ ★★★★★<br>●KA LA'I WAIKIKI BEACH, LXR HOTELS & RESORTS | P10A3 | 暮らすように過ごせる5つ星ラグジュアリーホテル。☎223 Saratoga Rd. ☎808-683-7777 $427~ URL www.hilton.com/en/hotels/hnlwiol-ka-lai-waikiki-beach/ | ○ | ○ | ○ | ○ | ○ | ○ | ○ | 無料 |
| ワイキキ | クイーン カピオラニ ホテル ★★<br>●Queen Kapiolani Hotel | P11F2 | カピオラニ公園に隣接、ダイヤモンドヘッドを間近に望むモダンなホテル。☎150 Kapahulu Ave. ☎808-922-1941 $199~ URL www.queenkapiolani.com | ○ | ○ | ○ | ○ | ○ | ○※1 | × | 無料 |
| カハラ | ザ・カハラ・ホテル&リゾート ★★★★★<br>●The Kahala Hotel & Resort | P5F2 | ワイキキから車で15分。各国のセレブが訪れる、すべてが別格のホテル。☎5000 Kahala Ave. ☎808-739-8888 $550~ URL jp.kahalaresort.com | ○ | ○ | ○ | ○ | ○ | ○ | ○ | 無料 |

P213で特集

P211で特集

※1…部屋のタイプによってはあり
※2…リクエストがあれば用意
※3…フロントに日本語が話せるスタッフはいるが常駐ではない
※4…リゾートフィーに含まれる

# ホテル選びのヒント

**❶ 朝食はどうする？**
ワイキキのホテルは朝食にも力を入れている。オープンエアでゆったりと朝食がとれるホテルを選んでは？

**❷ プールの充実度で**
プールサイドでのんびりと過ごすのはリゾートホテルならでは。プールにこだわって選んでみてもいい。

**❸ 子ども連れだったら**
キッチンの付いているコンドミニアムもいいし、ホテルによっては託児施設があるところもある。

| エリア | ホテル名 | MAP | DATA | プール | 冷蔵庫 | ドライヤー | バスタブ | セーフティボックス | ポット | 日本語スタッフ | Wifi | |
|---|---|---|---|---|---|---|---|---|---|---|---|---|
| ワイキキ | ザ・モダンホノルル・ヒルトンバケーションクラブ ★★★★ ●Hilton Vacation Club The Modern Honolulu | P6A3 | 感性を刺激する都会派のデザイナーズホテル。☎1775 Ala Moana Blvd. ☎808-943-5800 ㊟$197〜 URL hhonors.hiltonhotels.jp/hotel/hawaii/hilton-vacation-club-the-modern-honolulu | ○ | ○ | ○ | ※1 | ○ | ○※2 | ○※3 | 無料 | P213で特集 ラグジュアリー |
| ワイキキ | ザ・リッツ・カールトン・レジデンス ワイキキビーチ ★★★★★ ●The Ritz-Carlton Residences, Waikiki Beach | P10A2 | 世界的ブランドのレジデンスホテル。☎383 Kalaimoku St. ☎808-922-8111/0120-853-201(東京予約センター) ㊟$635〜 URL www.ritzcarlton.com/jp/hotels/hawaii/waikiki | ○ | ○ | ○ | ○ | ○ | ○ | ○ | 無料 | |
| ワイキキ | シェラトン・ワイキキ・ビーチリゾート ★★★★ ●Sheraton Waikiki Beach Resort | P10C3 | ワイキキビーチの中心に位置し、ショップやプールを擁するリゾートホテル。☎2255 Kalakaua Ave. ☎808-922-4422 ㊟$429〜 URL www.sheratonwaikiki.jp | ○ | ○ | ○ | ○ | ○ | ○ | ○ | 無料 | |
| ワイキキ | ダブルツリー by ヒルトン・アラナ - ワイキキ・ビーチ ★ ●DoubleTree by Hilton Alana - Waikiki Beach | P6B3 | デザインホテル。☎1956 Ala Moana Blvd. ☎808-941-7275 $202〜 URL doubletree.hiltonhotels.jp/hotel/hawaii/doubletree-by-hilton-alana-waikiki | ○ | ○ | ○ | ※1 | ○ | ○※1 | ○※3 | 無料 | |
| ワイキキ | ハイアット リージェンシー ワイキキ ビーチ リゾート＆スパ ★★★★ ●Hyatt Regency Waikiki Beach Resort & Spa | P11D2 | 観光に便利な立地にあるツインタワーホテル。☎2424 Kalakaua Ave. ☎808-923-1234 ㊟ワイキキシティビュー $259〜 URL www.hyattwaikiki.jp | ○ | ○ | ○ | ○ | ○ | ○ | ○ | 無料 | |
| ワイキキ | ハイアット・セントリック・ワイキキ・ビーチ ★★★★ ●Hyatt Centric Waikiki Beach | P10C2 | スタイリッシュで機能的なモダンなホテル。天井が高く広い部屋が特徴。☎349 Seaside Ave. ☎808-237-1234 ㊟$250〜 URL www.hyatt.com/hyatt-centric/hnlct-hyatt-centric-waikiki-beach ※プールは浅いため泳げません | ○ | ○ | ○ | ※1 | ○ | ○※2 | ○※3 | 無料 | P210で特集 リゾート |
| ワイキキ | ハレクラニ ★★★★★ ●Halekulani | P10B3 | 高級感ある設備ときめ細かなホスピタリティで最上級のホテルステイが楽しめる。☎2199 Kalia Rd. ☎808-923-2311 ㊟$620〜 URL www.halekulani.jp/ | ○ | ○ | ○ | ○ | ○ | ○ | ○ | 無料 | |
| ワイキキ | ヒルトン・ハワイアン・ビレッジ・ワイキキ・ビーチ・リゾート ★★★★ ●Hilton Hawaiian Village Waikiki Beach Resort | P6B4 | 広大な敷地に客室棟とプール、レストランやショップが集まる一大リゾート。☎2005 Kalia Rd. ☎808-949-4321 ㊟$306〜 URL www.hiltonhawaiianvillage.jp/ | ○ | ○ | ○ | ○ | ○ | ○ | ○ | 無料 | P212で特集 |
| ワイキキ | プリンス ワイキキ ★★★★ ●Prince Waikiki | P6A3 | アラモアナセンターまですぐのオーシャンフロント。☎100 Holomoana St. ☎808-956-1111 ㊟オーシャンフロント・ハーバー $625〜 URL www.princehotels.co.jp/waikiki | ○ | ○ | ○ | ○ | ○ | ○ | ○ | 無料 | P212で特集 |
| ワイキキ | 星野リゾート サーフジャック ハワイ ●The Surfjack Hotel & Swim Club | P10B1 | 客室はバンガローのほか、1〜3ベッドルームのスイートを備える。☎412 Lewers St. ☎808-923-8882/050-3134-8094(星野リゾート予約センター) ㊟$245〜 URL surfjack.jp | ○ | ○ | ○ | × | ○ | ○※2 | ○※3 | 無料 | P211で特集 |
| ワイキキ | モアナ サーフライダー ウェスティン リゾート＆スパ ★★★★ ●Moana Surfrider, A Westin Resort & Spa | P11D2 | 「ワイキキのファーストレディ」とよばれるヴィクトリア様式のホテル。☎2365 Kalakaua Ave. ☎808-922-3111 ㊟$338〜 URL www.moanasurfrider.jp/ | ○ | ○ | ○ | ○ | ○※1 | ○ | ○ | 無料 | P210で特集 |
| ワイキキ | ロイヤル ハワイアン ラグジュアリー コレクション リゾート ★★★★★ ●The Royal Hawaiian, a Luxury Collection Resort | P10C3 | 「太平洋のピンクパレス」の愛称で親しまれ、今も歴史が息づく老舗ホテル。☎2259 Kalakaua Ave. ☎808-923-7311 ㊟$439〜 URL www.royal-hawaiian.jp/ | ○ | ○ | ○ | ○ | ○※1 | ○ | ○ | 無料 | リスト |
| ワイキキ | ワイキキ・ビーチ・マリオット リゾート＆スパ ★★★★ ●Waikiki Beach Marriott Resort & Spa | P11F2 | 客室の7割がオーシャンビューもしくはオーシャンフロント。☎2552 Kalakaua Ave. ☎808-922-6611 ㊟$479〜 URL www.marriott.com/ja/hnlmc | ○ | ○ | ○ | ○ | ○ | ○ | ○ | 無料 | |

※料金は1泊1室あたりの室料です。時期や季節により変動があります
※★…JTBによるホテルのグレード区分けを星で記載しています

215

最高のハワイSTAYを叶える

# ディズニーの仲間と過ごすハワイ

**Read me!**

「アウラニ・ディズニー・リゾート&スパ コオリナ・ハワイ」は、ハワイ州で唯一のディズニーリゾート。遊び心いっぱいのプレイエリアなど、語り尽くせぬ魅惑のひとときを堪能して。

↑ディズニーの世界観あふれるリゾート空間

遊び心いっぱいの楽園ステイ

## アウラニ・ディズニー・リゾート&スパ コオリナ・ハワイ

●Aulani, A Disney Resort & Spa, in Ko Olina, Hawaii

高級リゾート地であるコオリナ地区に位置するディズニーリゾート。レストランやイベント、アクティビティなどが充実しており、ゲストを楽しませる仕掛けが満載。ハワイの文化を体験させてくれるキッズクラブも魅力。

**カポレイ** **MAP:P2B4**

🏠 92-1185 Ali'inui Dr. Kapolei
（料）スタンダード・ルーム$494〜
☎ 808-674-6200
客室数 351、ヴィラ481 URL aulani.jp/

↑最大で4名まで泊まれるスタンダードルーム
→1ベッドルーム・ヴィラタイプの客室はキッチン付き

**魅力 01**

随所にディズニーを感じる客室！

ハワイがテーマの落ち着いた内装。客室のあちこちに隠れミッキーがいるのでぜひ探してみて。

↑各部屋にミッキーランプが設置

**魅力 02**

アクティビティが充実♪

世界中を探しても、ここでしか楽しめないアクティビティがあるのでぜひ参加してみよう。

↑カ・ヴァア：ルアウ・アット・アウラニでは、迫力あるフラのパフォーマンスと島の伝統料理が楽しめる

↑ウクレレのレッスンを受けることができる。予約は当日のみ受け付け

**魅力 03**

キャラクターと朝食を！

ファミリー向けのカジュアルなレストランは、ハワイの伝統的な収穫祭「マカヒキ」をイメージした空間。味わい深い料理や地元の美術作品、ステンドグラス、ウォールアートや照明などを通して、マカヒキのストーリーが描かれている。朝食時にはディズニーキャラクターとの出会いも！

↑キャラクターがテーブルを回ってくれる

Travel Information

# 旅のきほん

## Contents

# 約7時間の空の旅
# 日本からハワイへ

ハワイ旅行のプランニングをする際に、確認しておきたい項目をチェック。
出発前に知っておくと安心につながり、余裕をもって旅立つことができる。

## ハワイへの入国条件

渡航に必要なESTAの申請を取得の際は、早めの手配を!

### パスポートの残存有効期間

米国入国日から90日以上の残存有効期間があることが望ましい。

### ESTA(電子渡航認証システム)

ビザ免除プログラム(VWP)を利用した、90日以下の短期商用・観光目的のハワイへの旅行には、年齢を問わずESTA(電子渡航認証システム)の申請が必要。有効なEパスポート(IC旅券)を持ち、90日以内の渡航で飛行機または船で入国する場合にビザが不要になる。

**重要**
出発前に事前にチェック

### ※ESTA渡航認証の流れ
❶ ESTAのHP(URL esta.cbp.dhs.gov)にアクセスし、日本語を選択。ESTA申請をスマホやタブレットから行える公式アプリ「ESTA Mobile」もある。
❷申請フォームに入力した後、回答ページで必要事項を入力。パスポートを用意しておこう。入力はすべて英語で行う。
❸「認証は承認されました」が表示されれば完了。申請料は1人\$21。クレジットカードまたはPay Palで支払う。申請完了画面はプリントアウトして持参するのがおすすめ。一度登録すれば2年間有効だが、パスポートの期限がそれまでに切れる時はパスポートの有効期限まで。

## 機内持ち込みと預け入れ荷物 　各航空会社によって規定が異なるので注意。

航空会社で違いあり!

### 機内持ち込み荷物のサイズと重量制限
機内持ち込み手荷物は、座席の上や座席の下の収納スペースに入る大きさであること。荷物の数はほとんどの航空会社で1個のみ。重量制限もそれぞれ違うので、詳しくは利用する航空会社で確認を。

無料のサイズも違いあり

### 預け入れ荷物のサイズと重量制限
機内に預ける手荷物も航空会社によっていろいろ。三辺の和だけでなく一辺の長さの制限もあったりするので気をつけよう。

**機内持ち込みNG**
・日用品のスプレー缶製品
・ハサミ、ナイフ、カッターなどの刃物
・100㎖以上の液体物

液体物は、100㎖以下の個々の容器に入れ、1ℓ以下のジッパー付きの透明なプラスチック製の袋に入れれば、持ち込みOK。詳細は国土交通省のウェブサイトをチェック。
URL www.mlit.go.jp/koku/

袋は1ℓ以下 ／ 一人一袋のみ
容器は100㎖以下

・ビニール袋は縦横合計40cm以内が目安。
・液体物は100㎖以下の個々の容器に入っていること。
・一人一袋のみ→手荷物検査の際に検査員に提示する。

## 手荷物制限(ホノルル線　航空会社)

| 航空会社 | 略号 | 機内持ち込み手荷物 | | | 機内預け手荷物 | | |
| --- | --- | --- | --- | --- | --- | --- | --- |
| | | サイズ | 個数 | 重量 | サイズ | 個数 | 重量 |
| 日本航空 | JL | 3辺の和が115cm以内 W55cm×H40cm×D25cm以内 | 1個まで | 10kgまで | 3辺の和が203cm以内 | 2個まで | 各23kgまで |
| 全日本空輸 | NH | 3辺の和が115cm以内 W55cm×H40cm×D25cm以内 | 1個まで | 10kgまで | 3辺の和が158cm以内 | 2個まで | 各23kgまで |
| デルタ航空 | DL | 3辺の和が114cm以内 W56cm×H35cm×D23cm以内 | 1個まで | ー | 3辺の和が158cm以内 | 2個まで※ | 各23kgまで |
| ハワイアン航空 | HA | 3辺の和が約114.3cm以内 W55.9cm×H35.6cm×D22.9cm以内 | 1個まで | 約11.5kgまで | 3辺の和が157cm以内 | 2個まで | 各23kgまで |
| ユナイテッド航空 ※ANAとのコードシェア便のみ運航中 | UA | W56cm×H35cm×D23cm以内 | 1個まで | ー | 3辺の和が157cm以内 | 2個まで | 各23kgまで |
| 大韓航空 ※運休中。2024年4月26日〜成田⇔ホノルル間再開予定 | KE | 3辺の和が115cm以内 W40cm×H55cm×D20cm以内 | 1個まで | 10kgまで | 3辺の和が158cm以内 | 2個まで | 各23kgまで |
| ジップエア | ZG | W55cm+H40cm+D25cm以内 2個目はW35cm+H45cm+D25cm以内 | 2個まで | 合計7kgまで | 3辺の和が203cm以内 | 5個まで※ | 各30kgまで |

※エコノミークラスの場合。他社運航便(コードシェア便)の場合は、原則、運航航空会社の規定に従う。詳細は利用する航空会社へ問合せを。　※ジップエアの機内預け手荷物は有料。

## ハワイ入国の流れ

### 1 ホノルル到着
飛行機を降りたら、到着 (Arrival) の表示に従って入国審査へ進む。

### 2 入国審査
入国審査のカウンターでパスポートを提示し、審査を受ける。ESTA申請者であってもスキャン端末による指紋の採取と顔写真の撮影は必須。入国審査官に滞在目的や予定滞在期間などについて簡単に質問されるほか、往復の航空券の提示を求められる場合もある。なお、以前は機内で配られていた税関申告書は廃止されている。
※2024年3月現在、入国スタンプの押印が段階的に廃止されている

### 3 荷物受取
フライト便名が書かれたターンテーブルで荷物を待つ。出てこなかった場合はクレーム・タグを航空会社の係員に提示し、その旨を伝える。

### 4 税関審査
申告がない場合は緑のサインのカウンター、申告がある場合は赤のサインのカウンターへ進む。

### 5 到着ロビー
個人用出口と団体用出口に分かれているので注意。

**ホノルル市内へGO**
P221参照

## ハワイ入国時の免税範囲
免税範囲を超える時は申告を。

| 品名 | 数量など |
|---|---|
| 紙巻たばこ | 200本または、葉巻100本、加熱式たばこ個装10個 (21歳以上のみ) |
| アルコール | 1ℓまで (21歳以上のみ) |
| 現地通貨・外貨 | 1人$1万以上の現金および相当額の現地通貨・外貨等を持ち込む場合は要申告 |
| みやげ品 | $100相当まで |

## ハワイ旅行の前に準備しておこう！
海外旅行前に事前登録しておきたいサービスや確認しておきたいWEBをチェック！

### 外務省
### 海外安全情報無料配信サービス「たびレジ」

「たびレジ」とは、外務省から最新の安全情報を日本語で受信できる海外安全情報無料配信サービス。旅行前に登録しておけば、渡航先の最新の安全情報や緊急時の現地大使館・総領事館からの安否確認、必要な支援を受けることができる。
[URL] www.ezairyu.mofa.go.jp/tabireg/index.html

## Visit Japan Web

日本入国・帰国時に必要な「税関申告」をWEBサイト上で行うことができるサービス。日本帰国前にメールアドレスでアカウントを作成し、同伴する家族などの利用者情報や、入国・帰国のスケジュールを登録しておくとスムーズ。帰国時にはVisit Japan Webの「日本入国・帰国の手続き画面」の「入国審査及び税関申告」をタップして手続きを済ませると、空港内の税関検査場にある電子申告端末を操作するときに必要な「携帯品・別送品申告」の情報を含んだ二次元コードが発行される。
[URL] services.digital.go.jp/visit-japan-web/

## ハワイ州観光局

ハワイ州観光局の公式ポータルサイト。ハワイの最新観光情報から渡航情報まで発信。旅行前にはチェックしておきたい。
[URL] www.allhawaii.jp

## まずは航空会社へチェックイン
# ハワイから日本へ

ツアーの場合は集合時間までに指定の場所に集まり送迎車で、
個人の場合はシャトルバスやタクシーを使って、それぞれ空港へ向かう。

### ハワイ出国

#### チェックイン

空港へは出発時間の2時間前には到着したい。航空会社のカウンターで航空券(eチケット控えなど)とパスポートを見せ、搭乗券と荷物引換証(クレームタグ)をもらう。なお、預け入れ荷物は鍵を壊して中を確認される場合もあり、鍵をかけないことが推奨されている。ただし、TSロック式のスーツケースなら、保安官は特殊ツールで開けられるので鍵をかけたまま預け入れられる。

#### セキュリティチェック

ゲート前までには最低1回の手荷物検査及びボディ・チェックがあり、パスポートと搭乗券の提示が求められる。時間がかかることも多いので注意。テロ対策のため、ベルト、時計、アクセサリーなどの金属類を外し、上着と靴を脱いで金属探知機を通るよう指示される。

↓

#### 搭乗

### 日本入国

#### 到着
↓

#### 入国審査

日本人用の入国審査ブースで、審査官にパスポートを提示。空港によっては自動化ゲートや顔認証ゲートも使用可能(2024年2月現在)

↓

#### 荷物受取

フライト便名が表示されているターンテーブルの前で荷物を待つ。預けた荷物が出てこない、破損している場合は、税関を通る前に航空会社職員に申し出ること。

↓

#### 税関申告

動植物やその加工品を持ち帰った人は税関検査の前に動植物検疫カウンターで検査を受ける。それ以外の人は税関へ進み、「Visit Japan Web」(→P219)で取得した二次元コードを電子申告端末にタッチする。もしくは、機内で配布される「携行品・別送品申告書」を税関係員に提出する。すべての人(家族の場合は代表者1名)が記入・提出する必要がある。

### 携行品・別送品申告書の提出

帰国時に日本の税関に提出。Visit Japan Webを使用する場合は不要。用紙は機内でもらえる。

A面

B面

## 日本帰国時の免税範囲（成人1人当たり）

成人1人当たりの免税は限られている。免税範囲内かどうかチェックしておこう。

| 品名 | 数量または価格 |
|---|---|
| 酒類 | 3本　※1本760mℓのもの。20歳未満は免税なし |
| たばこ | 紙巻きたばこのみの場合200本、または葉巻たばこのみの場合50本。加熱式たばこのみの場合、個装等10個(「アイコス」のみ、または「グロー」のみの場合は200本、「プルームテック」は50個まで)。その他の場合は総量が250gを超えないこと。20歳未満の免税なし。 |
| 香水 | 2オンス　※1オンスは約28mℓ。オーデコロン、オードトワレは含まない |
| その他 | 1品目ごとの海外市価の合計額が1万円以下のもの全量。その他は海外市価の合計額20万円まで　※詳細は税関 [URL] www.customs.go.jp/ を参照 |

## 日本への持ち込み禁止と規制品

うっかりしてしまうのが植物や食品。
検疫証明が必要なものも多い。

| 禁止品 | 麻薬、大麻、覚せい剤、指定薬物、銃砲類、爆発物や火薬類、通貨または証券の偽造・変造・模造品、わいせつ物、偽ブランド品など |
|---|---|
| 規制品 | ワシントン条約に該当する物品。対象物を原料とした漢方薬、毛皮・敷物などの加工品も同様。ワニ、ヘビなどの革製品、象牙、はく製、ラン、サボテンなどは特に注意土付きの植物、果実、切花、野菜、ハム・ソーセージといった肉類などはほとんどの場合、持ち込めない。乳製品も検疫対象。医薬品及び化粧品は個人が自ら使用するものでも数量制限があり、外用剤、毒薬、劇薬および処方せん薬以外の医薬品は2カ月分以内(外用薬は1品目24個以内)。化粧品は1品目24個以内　※詳細は税関 [URL] www.customs.go.jp/を参照 |

## 旅のきほん③

### ハワイの空の玄関口
# ダニエル・K・イノウエ国際空港

到着口は団体用と個人用の出口があるので間違えないように。
出発時はフライトまで買物したり、飲食店で過ごしたりすることができる。

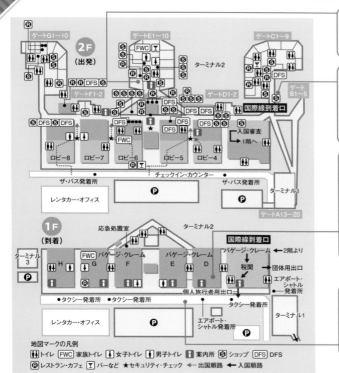

**案内所**
1・2階にある。無料の地図やパンフレットが入手できる。

**レストラン・カフェ**
国際線ターミナルの2階中央にフードコートがある。ほかに2階にはフロアの両サイドにもバーやカフェがある。

**ATM**
1・2Fの各所に設置。自分が所持する国際クレジットカードに対応しているか確認し、ATMにカードを挿入、画面上で「日本語」があれば選択、暗証番号を入力して現地通貨を引き出す。

**各種交通機関の乗り場**
タクシーとエアポート・シャトルは1階、ザ・バスは2階から出発する。

## 空港からワイキキへ

空港からの移動は荷物の量や人数によってベストな移動手段を選びたい。
ホテルによっては無料送迎がある場合も。予約時に確認を。

| | 交通機関 | 特徴 | 料金(片道) | 運行間隔 | 所要時間 |
|---|---|---|---|---|---|
| オススメ | エアポート・シャトル<br>Airport Shuttle | ロバーツ・ハワイの場合、ミニバン・タイプの乗合でワイキキでは乗客の宿泊ホテルを巡回する。帰国時に利用する場合は、少なくとも24時間前までに予約を。 | $25〜 | 随時<br>※ロバーツ・ハワイの場合、間隔は不定期 | 約45〜60分 |
| 安い | ザ・バス<br>The Bus | 到着ロビー1階の個人旅行者用出口を出て、道路の中央分離帯にある階段を2階に上るとバス停がある。スーツケースなどの大きな荷物は持ち込み不可なので注意。 | $3(現金払い)<br>$2(Holoカード払い) | 約15〜30分 | 約60〜75分 |
| 早い | タクシー<br>Taxi | 待ち時間が少ないうえ、目的地までドア・トゥー・ドアで行けるので、最も手軽で便利な手段。スーツケースなど大きな荷物が2つ以上ある場合はチップを多めに(約15%+α)に。 | 約$65〜75<br>※チップ約15%は別途 | 随時 | 約30〜50分 |

221

# ツーリストのメインの足になる
# ワイキキトロリーを乗りこなそう

旅行者に便利な交通手段であるワイキキトロリー。現在、レッドライン、ピンクライン、グリーンライン、ブルーラインの4ラインで運行している。

## チケットの種類と料金

掲載は2024年3月の情報。最新の運行情報はホームページで確認を。　URL waikikitrolley.com/jp/

| 使える期間 | ライン | 大人 | 子ども |
|---|---|---|---|
| シングルライン・パス | ピンクライン | $5.50 | $5.50 |
| | グリーンライン | $19 | $12.75 |
| | ブルーライン | $31.50 | $21 |
| | レッドライン | $31.50 | $21 |

| 使える期間 | | ライン | 大人 | 子ども |
|---|---|---|---|---|
| 乗り放題パス | 1日 | 4ライン乗り放題 | $57.75 | $31.50 |
| | 4日 | 4ライン乗り放題 | $68.25 | $42 |
| | 7日 | 4ライン乗り放題 | $78.75 | $52.50 |

※3～11歳は子ども料金、2歳以下は無料

## ワイキキトロリーの乗り方　ワイキキ中心部から出発する、乗り降り自由なトロリーツアー。

### ❶ チケットを買う

チケットはオンラインで販売するほか、トロリーチケット販売所があるワイキキ・ショッピング・プラザで購入できる。ホテルのデスクで販売していることもある。

チケットカウンターと乗車場

### ❷ 停留所を探す

トロリーのイラストと「TROLLEY STOP」と書かれた縦長の看板がトロリーの停留所。また、どのラインが停まるか分かるように、ラインの色分けをしている。

トロリーのイラストが目印

### ❸ 乗車する

各停留所に停車するときは、運転手が必ず停留所名を知らせてくれる。トロリーによっては日本語アナウンスが流れることもある。

手足や顔を外に出さないなど基本的なマナーを守ろう

### ❹ 下車する

ザ・バスのような停止ボタンはない。停留所に停車したら席を立てばOK。2階の場合は天井が低いので頭をぶつけないように注意を。

夕方や閉店間際は混雑で乗れないことも

# 4つのラインをチェック

まずは目的地を決めて、乗車するラインを見つけよう。

 **ピンクライン**
（アラモアナショッピング＆ダイニングシャトル）

ワイキキやアラモアナの主要ショッピングセンターを回る、買物に最適なコース。クヒオ通りを走り、停留所が3カ所あるので便利。9時45分発はアラモアナ・センター直通便。

| 発 着 地 | ワイキキ・ショッピング・プラザ |
|---|---|
| 運行時間 | 10時〜19時15分（終発） |
| 運行間隔 | 約15分 |

**1周 約1時間**

 **ブルーライン**
（東海岸周遊＆ローカルグルメツアー）

東海岸経由でシーライフ・パーク・ハワイ（→P66）へ向かう車窓からの眺めが美しいコース。レインボードライブインなど、ローカルグルメスポットへも行かれる。

| 発 着 地 | ワイキキ・ショッピング・プラザ |
|---|---|
| 運行時間 | 8時30分〜13時50分（終発） |
| 運行間隔 | 約40分 |

**1周 1時間50分**

**レッドライン**
（ダウンタウン・ホノルル、ハワイの英雄と伝説ツアー）

ダウンタウン周辺のみどころを網羅。ダウンタウンやチャイナタウンの街歩きにも便利。ホノルル美術館（→P59）やハワイ出雲大社（→P190）も通る。

| 発 着 地 | ワイキキ・ショッピング・プラザ |
|---|---|
| 運行時間 | 10〜15時（終発） |
| 運行間隔 | 約60分 |

**1周 約1時間50分**

**グリーンライン**
（ダイヤモンドヘッドシャトル）

ダイヤモンドヘッドやサタデー・ファーマーズ・マーケットKCC（→P78）に行くことができるライン。ダイヤモンドヘッドの入場は予約制（→P62）。

| 発 着 地 | ワイキキ・ショッピング・プラザ |
|---|---|
| 運行時間 | 7時30分〜13時30分（終発） |
| 運行間隔 | 約60分 |

**1周 約1時間30分**

グリーンライン・ブルーライン

● グリーンライン
● ブルーライン

入出国

空港ガイド

トロリー／ザ・バス

タクシー／レンタカーなど

お金のこと

お役立ち情報

# 安くて便利。オアフ島をほぼ網羅
# ザ・バスを乗りこなそう

約80のルートをもち、オアフ島中のほぼすべてを網羅する市バス。ルートが複雑で使いこなすには慣れが必要だが、1回$3の一律料金は魅力的！ URL thebus.org

## 料金

乗車距離にかかわらず一律料金で島内を移動できる。料金は現金かプリペイドカードのHOLOで支払う。HOLOカードはフードランド・ファームズ（→P146）やABCストア（→P150）で購入できる。

| 使える期間 | 大人 | 子ども |
| --- | --- | --- |
| 1回 | $3 | $1.50 |
| HOLOカード利用 1日最大運賃 | $7.50 | $3.75 |

※6〜17歳は子ども料金。5歳以下は無料

## ルートマップの入手方法

無料なら アラモアナセンター（→P114）
1Fゲストサービスで
無料配布の路線図（英語）がゲットできる。
☎808-955-9517⊙10時〜20時 ㊡なし

有料なら ABCストアなどへ
主要観光スポットへの行き方や乗車方法などの情報が日本語で書かれている「The Bus 徹底活用ガイド」がおすすめ。

## ザ・バスの乗り方

### ❶ バス停を探す
黄色地に「TheBus」と書かれた看板がバス停。電柱などに看板が付けられているだけのバス停もある。ワイキキのバス通りはクヒオ通りでほぼ1ブロックごとにバス停がある。

↓

### ❷ 乗車する
正面と乗車口の横にある電光表示で行き先を確認して乗車。不安ならドライバーに「Dose this go to ○○○（目的地）？」と確認。運賃は乗車時にドライバーの横にある料金箱に入れるかHOLOカードをタップ。

↓

### ❸ 降車する
降りるときは窓に張られたワイヤーを引くかボタンを押して合図する。降車は基本的に後ろからで、ドアの上の緑のランプが点灯後、ドアのバーに軽くふれると自動で開く。

↓

### ❹ 乗り換える
現金払いの場合は乗車ごとに支払いが必要。HOLOカードの場合は、2時間半以内なら乗り換え無料。運転席横の機械に再度カードをタップして乗る。

## ザ・バスで行くのが便利な場所

アラモアナセンターはもちろん、ダウンタウンやカイラ、ハレイワといった人気のタウン、そして観光の目玉のひとつであるダイヤモンドヘッドなどに行くのも便利だ。

### ・ダイヤモンドヘッド
路線番号 2 23

2番に乗る場合はKCCで降りた後、Diamond Head Rd. を約3分歩く必要がある。23番ならダイヤモンドヘッドの最寄りのバス停まで行くことができる。

### ・ダウンタウン
路線番号 2 13

ダウンタウンに行く路線は多いので路線図で番号を確認しよう。イオラニ宮殿（→P191）前、またはハワイ州庁舎前で下車。ワイキキから約30分程度で到着。

### ・カイラ
路線番号 66 67

アラモアナセンターから乗車し、約1時間でカイラ・ショッピングセンターに到着。ラニカイ・ビーチへはそこから671番に乗り換える。

### ・ハレイワ
路線番号 52 88A

アラモアナセンターから乗車。52番はドール・プランテーション（→P67）を通るルート。88Aは東海岸をぐるりと回るルート。

### 車内マナーと注意事項

**・支払い時、おつりは出ない**
運賃の支払い時、日本のバスのような両替機はないので、小銭を用意しておこう。

**・車内は飲食、喫煙禁止**
気軽に利用できる乗り物だが、車内での飲食や喫煙は禁止。

**・持ち込める荷物には制限あり**
膝の上に置けない大きさの荷物は持ち込み禁止（ベビーカーは畳めばOK）。ほとんどのスーツケースは持ち込めないので、空港への移動は厳しい。

**・「COURTESY SEATING」は空けておく**
「COURTESY SEATING」は優先席を指す表示。お年寄りや妊娠している方など、席を必要とする人のために空けておくこと。

# ザ・バスの主な路線図

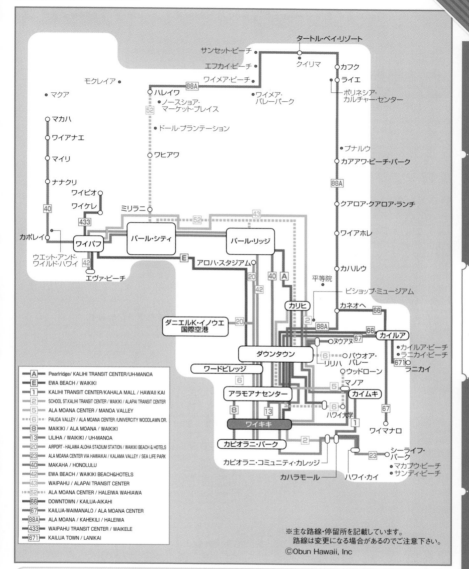

| | |
|---|---|
| A | Pearlridge/ KALIHI TRANSIT CENTER/UH-MANOA |
| E | EWA BEACH / WAIKIKI |
| 1 | KALIHI TRANSIT CENTER/KAHALA MALL / HAWAII KAI |
| 2 | SCHOOL ST.KALIHI TRANSIT CENTER / WAIKIKI / ALAPAI TRANSIT CENTER |
| 5 | ALA MOANA CENTER / MANOA VALLEY |
| 6 | PAUDA VALLEY / ALA MOANA CENTER /UNIVERCITY WOODLAWN DR. |
| 8 | MAIKIKI / ALA MOANA / WAIKIKI |
| 13 | LILIHA / WAIKIKI / UH-MANOA |
| 20 | AIRPORT - HALAWA ALOHA STADIUM STATION / WAIKIKI BEACH & HOTELS |
| 23 | ALA MOANA CENTER VIA HAWAKAI / KALAMA VALLEY / SEA LIFE PARK |
| 40 | MAKAHA / HONOLULU |
| 42 | EWA BEACH / WAIKIKI BEACH&HOTELS |
| 43 | WAIPAHU / ALAPAI TRANSIT CENTER |
| 52 | ALA MOANA CENTER / HALEIWA WAHIAWA |
| 66 | DOWNTOWN / KAILUA-AIKAHI |
| 67 | KAILUA-WAIMANALO / ALA MOANA CENTER |
| 88A | ALA MOANA / KAHEKILI / HALEIWA |
| 433 | WAIPAHU TRANSIT CENTER / WAIKELE |
| 671 | KAILUA TOWN / LANIKAI |

※主な路線・停留所を記載しています。
路線は変更になる場合があるのでご注意下さい。
©Obun Hawaii, Inc

入出国

空港ガイド

トロリー／ザ・バス

タクシー／レンタカーなど

お金のこと

お役立ち情報

## 便利なアプリをcheck!

ザ・バスを乗りこなすために便利なアプリが「DaBlus2」。GPS機能を使って近くにあるバス停を探せるほか、目的地までのルートや、バスが到着する時間の確認もできる。また、「Google Map」のアプリも便利。今いる場所から目的地までの行き方をバスや徒歩を含めて瞬時に検索することができる。出発時刻・到着時刻を設定して検索することも可能。ただし、どちらのアプリもWi-Fi環境がないと使用できないのでご注意を。

# まだある、移動の選択肢
# タクシー/ウーバー/レンタカー/ビキ

バスやトロリーもいいけれど、自由にあちこち見て回るなら、思いついたときに移動できる交通手段が便利。時間も有効に使えてハワイ旅がより充実!

## タクシー Taxi

ハワイでは流しのタクシーはほとんど走っておらず、また、道路端で手を挙げても止まってもらえない。ホテルのフロントやレストランで呼んでもらうか、ショッピングセンターのタクシー乗り場などから乗ろう。

**料金** メーター制で、現金払いが基本。初乗り$4〜、以降約200mごとに$0.45加算。車を止めて待ってもらった場合や渋滞時は45秒ごとに$0.45加算。※料金は目安。会社により異なる

**運行時間** 24時間

**注意&ポイント**
- おつり用の紙幣が不足していることも。なるべく小額紙幣や小銭の用意を。
- 発車したらメーターが動いているか確認を。
- チップはメーター料金の15%が相場。トランク使用の場合は荷物ひとつあたり$1を追加する。

### タクシーの乗り方

**❶ ホテルで呼んでもらうかタクシー乗り場へ**
タクシーを呼んでもらった場合はチップ$2程度を渡す。タクシー乗り場にタクシーがいない場合は専用電話を使用。それ以外の場所では自分でタクシー会社に電話する。

**❷ 乗車する**
日本と違い、ドアは手動のため自分で開けて乗車する。

**❸ 行き先を伝える**
英語に自信がない場合は、地図やガイドブックを見せて指差ししてもOK。

**❹ シートベルトを装着**
法律で義務付けられているので、乗車したら後部座席も必ずシートベルトを着用するように。運転手がメーターを動かしたかも確認を。

**❺ 支払&下車する**
目的地に着いたらメーターの額を支払って降車。大きな荷物があるときは一定料金が加算される。下車時はしっかり後方を確認してからドアを開けよう。

### 主な目的地料金の目安

| | |
|---|---|
| 初乗り | $4〜（以降約200mごとに$0.45加算） |
| ダニエル・K・イノウエ空港〜ワイキキ | 約$60〜75※チップ約15%を含む |
| ワイキキ〜アラモアナ | 約$15〜20 |
| ワイキキ〜カハラ | 約$25〜30 |

### 主なタクシー会社

チャーリーズ・タクシー
☎1-844-531-1331（日本語）、
☎808-233-3333
⏰24時間、6〜22時（日本語）
[URL] jp.charleystaxi.com

## ウーバー Uber

自動車配車アプリの「Uber」。市民ドライバーが顔写真や車のナンバーを登録し、自分の車を使ってタクシーのようなサービスを行う。利用者は予約から支払いまでをアプリ上で行える。

**料金** 一般のタクシーと同じく、基本料金は乗車時間と距離で決まる。

**運行時間** 24時間

**注意&ポイント**
- 事前にアプリのインストールと初期設定が必要。
- Wi-Fi環境がないと利用できない。
- キャッシュレスで乗車でき、チップは任意。
- 乗車後に星の相互評価制度がある。

### 利用のしかた

**初めての人はここから**

**アプリをインストールして初期設定する**
Uberのアプリ（iOS版、Android版）をスマホにインストール。アプリを立ち上げ、携帯電話番号や名前などを登録する。クレジットカード情報は必須。海外で使う場合は、電話番号の登録は日本の国番号「81」から、名前はローマ字で入力を。

**❶ アプリを立ち上げ乗車位置と目的地を決める**
現在地の地図が出てくるので、乗車位置を確定し、目的地を入力する。

**❷ 車のタイプと待ち合わせ場所を決める**
次に、UberPool（相乗り）、UberX（一般的な自家用車）、UberXL（大型車）、UberSelect（ハイエンドカー）の中から車のタイプを選択（1人であればUberXがおすすめ）。到着までの時間や現在の走行場所も表示されるので安心。

**❸ 乗車する**
予約時に、ドライバーの顔写真とナンバー、車種が表示されるので、車が到着したら相手を確認して乗車。目的地は改めて言葉で言わなくても大丈夫。

**❹ 目的地に着いたら降車**
支払いはアプリ上で決済されるため、お礼を言って降りるだけ。降車後、ドライバーの評価通知にこたえれば終了だ。なお、乗車側も相手を評価される。最低限のルールやマナーは守ろう。

# レンタカー Rent a Car

ドライブでしか行けない絶景に出合いたいなら自由に動けるレンタカーがおすすめ。なお、車を借りると、対人・対物保険に自動加入する（保険料はレンタル料に含まれる）が、補償額は低い。できるだけカバー力の高い任意保険に加入しておこう。

| 料金 | 1日15,000円～ |

（レンタカー会社、為替により異なる）

| 利用可能時間 | プランにより異なる |

| 免許 | 日本の免許証があれば運転できるが、国際免許証も持っているほうがベター |

注意&ポイント
- ●ハワイは右側通行。日本と違う交通ルールもあるので事前に確認を。
- ●現地での予約は、空港のレンタカーカウンターや現地のオフィスに電話、または出向いて手続きを。

## 利用のしかた

### ❶ 予約をする
車種の選択肢や保険のことを考え、予約は日本で済ませておく方が賢明。日本の問合先に電話かメールで日程と希望車種、ピックアップ場所を伝えれば予約完了。予約成立後、確認書が送られてくる。

↓

### ❷ 車種を選ぶ
車種は日本と同様の設定。カップルや小グループならコンパクトタイプで荷物も十分収まる。SUVタイプやオープンカーもあるので目的に合わせてチョイス。

### ❸ 現地で借りる
実際に借りる際は、現地オフィスに出向き予約確認書と運転免許証（国際免許証）は不要なところが多いが、日本の問合先で要確認）、ドライバー名義のクレジットカードを提示する。支払いは、返却時にクレジットカードで行う。

↓

### ❹ 返却する
出発間際まで借りる場合は、空港での返却が便利。空港近くに「Car Rental Return」の標識があるので、それに従って進む。ガソリン満タンで返す契約の人は返却前に給油し、契約書に必要事項を記入。キーはつけたままカウンターに書類を提出し、精算する。

### 主な保険の種類

**LDW/CDW**
**（自車両損害補償制度）**
盗難、紛失、事故などでレンタル車両が被害を受けた場合に、損害額の契約者負担を免除。

**PEP/PEC（所持品盗難保険）**
現金を除く携行品の盗難、損傷を補償（契約者とその一親等親族、同居家族のみ）。

**PAI（搭乗者傷害保険）**
契約者および同乗者が事故などで負傷した場合、治療費などを負担。

**SLI/ALI/LIS**
**（追加自動車損害賠償保険）**
LE/LPの補償限度額を格段に引き上げられる保険。最大で20倍以上の補償になる。

## 主なレンタカー会社

- ・アラモ Alamo
  URL www.alamo.jp/home.html
- ・ダラー Dollar
  URL www.dollar.co.jp

- ・ハーツ Hertz
  URL info.hertz-car.co.jp
- ・バジェット Budget
  URL www.budgetjapan.jp/

- ・ニッポンレンタカー Nippon Rent A Car
  URL www.nipponrentacar.co.jp/hawaii/
- ・エイビス Avis
  URL www.avis-japan.com

# ビキ biki

2017年6月に導入されたレンタルサイクル。ホノルル中心部に130以上のbikiストップが設置されており、好きな時に利用できる。日本語にも対応している。

URL gobiki.org/japanese/

| 料金 | ・1回利用　$4.50（30分以内利用）1枚のクレジットカードで最大4台までレンタル可能 |

・ザ・ジャンパー　$12（24時間以内乗り放題、1回の利用は30分以内、回数無制限）

・ザ・エクスプローラー　$30（300分乗り放題、回数無制限、1年間有効）パス購入1回につき1台まで

| 利用可能時間 | 24時間 |

- ●支払い方法はクレジット（ビザ、マスター、アメリカン・エキスプレス、JCB、ディスカバー）かデビットカード。　●16歳未満は利用不可。
- ●30分以上利用した場合は30分ごとに$5が追加

## 利用のしかた

### ❶ bikiストップを探す
bikiストップはストリート・パーキングのため、歩道や道路のあらゆるところに設置されている。近くのbikiストップは、公式HPやアプリ、パンフレットなどをチェック。

### ❷ 手続き&支払い
bikiストップにあるタッチパネルで手続き開始。画面左上の言語選択で日本語を選択し、タッチパネルの指示に従い、支払う（現金不可）。支払い完了後、暗証番号が記載されたレシートが出てくるので自転車左側にあるボタンで暗証番号を入力。黄色いランプが緑になったら力いっぱい自転車を引き出す。なお、暗証番号は発行から5分間有効。万一、時間が過ぎた場合、再発行も可能だ。

### ❸ レンタル開始
出発の前にサドルの高さを調節する。基本的に自転車専用レーンを利用するが、専用レーンがない場合は、車道の一番右側を走行するとよい。ワイキキやダウンタウンなどでは、自転車で歩道を走るのは禁止なので注意。また、bikiには鍵がないため、駐輪する際はbikiストップに止めること。

↓

### ❹ 返却
bikiストップならどこでも返却可能。自転車の前輪をしっかりと差し込み、緑のランプが点くと返却完了となる。

### 便利なアプリも！

 bikiを利用するなら必須のアプリ！最寄りや目的地などのbikiストップの空車情報などがリアルタイムでわかる。また、月契約などの会員登録もアプリからできる（英語のみ）。

## 両替はどうする？物価は安いの？
# ハワイのお金のこと

チップや予算が気になって旅が楽しめないのではもったいない。だいたいの目安で
考えよう。両替は両替所によって金額が違ってくるため、賢く利用を。

## ハワイの通貨とレート　アメリカの通貨は日本のほとんどの銀行で両替できる。

### 通貨は $

通貨単位は US ドル($)。補助通貨単位とし
てセントがあり、$1=100 セント(¢)。紙幣は
偽造対策で順にデザインを変更している。
レートは変動相場制。

### $1＝約150円

(2024年3月現在)

主な紙幣は $1、$5、$10、$20、$50、
$100の6種類、一般的な硬貨は1¢、5¢、
10¢、25¢の4種類。チップでよく使う
$1紙幣や、ザ・バス、公衆電話などで出
番の多い25¢の硬貨は常に用意しておく
と便利。

| 紙幣 |
|---|

 $1

 $5

 $10

 $20

 $50

 $100

| 硬貨 |
|---|

| 1¢ | 5¢ | 10¢ | 25¢ |
| ペニー | ニッケル | ダイム | クォーター |

## 両替はどうする　両替できる場所は限られるので現地での両替は最小限に。クレジットカードを活用して。

| 空港 | 銀行 | 街なかの両替所 | ホテル | ATM |
|---|---|---|---|---|
| 安全&便利 | レートがよい | 夜遅くまで営業 | 24時間可能 | 見つけやすい |
| 2024年3月現在、空港に両替所はないので、全くドルの手持ちがないなら日本の空港で両替するか、ATMを利用しよう。 | レートのよさは一番だが、営業時間が短いのが難点。多額の両替をする場合はパスポートの提示を求められることも。 | ワイキキ中心部に何店舗かあり、夜遅くまで営業している。手数料やレートは店により異なる。 | フロントで24時間両替が可能。手数料、レートはホテルにより異なるが、基本的に少し割高。 | 空港や市内に多くあり、カードでほぼ24時間ドルが引き出せるので便利。日本語で操作できるものもある。 |

### 両替のオキテ

**❗** 基本的に両替には手数料($2.5～7)がかかるので、両替はなるべくまとめて。

**❗** 一般にレートがよいのは銀行や街なかの両替所で、ホテルは少し割高。ATMを利用するのが便利だ。

**❗** チップやザ・バスなど、現金が必要になることもしばしばあるので、両替の際には少額紙幣を多めにしてもらおう。

**❗** 再両替できるのは紙幣のみ。帰国前の買物で硬貨を使い切ろう。不足分はクレジットカードで。

## 知っておきたいハワイのお金事情

●コロナ禍以降、両替所の数は減っているので、日本の空港で最小限の両替をし、現地ではクレジットカードを
利用するのが得策　●ポーターやベッドメイキングなど、個人へのチップは現金(紙幣)が基本。コインはNG。

## ATMでお金をおろす

ワイキキには多言語対応型のATMがたくさん設置されている。日本語対応のものもあるが、郊外では英語のみのATMも多いので、使い方をマスターしよう。※利用する機種により手順は異なる

**1 ATMのマークを確認&カードを挿入**
持参したカードが使えるか、ATM画面やATM周辺のマークで確認後、カードを挿入する。

**2 「INTERNATIONAL」を選択**
日本語対応ならそれに従う。英語で進める場合は「ENTER」を押す。

**3 暗証番号を入力**
暗証番号（PIN）を入力して「ENTER」を押し、「WITHDRAWAL」か「GET CASH」を選択（どちらも意味は同じ）。国際キャッシュカードは「SAVING」、クレジットカードは「CREDIT CARD」を選択。

**4 金額を入力**
必要な金額を入力し、「ENTER」を押す。

**5 現金とレシートを受け取る**
手続きを続けるか聞かれるので「NO」を選び、カードを受け取る

## ハワイでのチップ

ホテルやレストランなど、サービスを受ける場所ではチップを払うのがマナー。コインは敬遠されるので、$1紙幣を常に用意しておこう。なお、チップはファストフード店やフードコートなどセルフサービスのお店では不要。

### チップ目安表

| 支払先 | 目安 |
|---|---|
| レストラン | 料金の15〜20% |
| ポーター（ホテル、空港など） | $2〜 |
| ハウスキーピング | $2〜3 |
| バリデーション・パーキング | $3〜5 |
| タクシー | 料金の15% |
| アクティビティのインストラクター | 料金の10〜15% |
| エステやスパ | 料金の10〜15% |

### 金額別チップ早見表

| 提示額 | +15% | +18% | +20% |
|---|---|---|---|
| $20 | $23 | $23.6 | $24 |
| $40 | $46 | $47.2 | $48 |
| $60 | $69 | $70.8 | $72 |
| $80 | $92 | $94.4 | $96 |
| $100 | $115 | $118 | $120 |

## ハワイでの予算

日本と比べて物価が高く、同じものでも店によって値段に幅がある。多少の余裕をもって予算を組むと存分に楽しめる。食事や観光などピンポイントで予算をかけるのもいい。

### 食事代の目安

毎食レストランでの食事では費用がかさむ。出費を抑えたいときはフードコートの利用やファーマーズ・マーケットでの食べ歩きも楽しい。

| 朝ごはん | アサイボウルは$10〜15、パンケーキは$15〜20 |
|---|---|
| 昼ごはん | グルメバーガーは約$12〜20、プレートランチは約$20 |
| おやつ | マラサダは約$2、シェイブアイスは約$8〜10 |
| お酒 | ビーチバーで地ビールとププ（おつまみ）約$30 |
| 夜ごはん | ファインダイニングで約$120、フードコートなら約$25 |

### 交通費の目安

ワイキキ・トロリーの乗り放題は期間が長くなるほどお得になる。タクシー料金はチップも考慮して。

| ワイキキ・トロリー | 4ライン乗り放題1日 $57.75〜7日$78.75 |
|---|---|
| ザ・バス | 1回$3 |
| タクシー | 初乗り$4〜（会社により異なる） |

### 観光費の目安

ツアーなどは費用がかかるが中身の濃い観光ができる。ショッピングセンターのカルチャー体験は無料のところが多いので活用を。

| ダイヤモンドヘッド | $5 |
|---|---|
| シュノーケリングツアー | 約$130 |
| カタマラン | 約$50〜 |

■ + ■ + ■ ＝1日あたり約**4.5万円**

（$1 = 150円の場合）

## 物価の目安

ハワイの物価は日本とくらべて大きな差はないが、若干高め。

ミネラルウォーター（500ml）
$2前後

コーヒー
$4〜

生ビール
$8〜

タクシー初乗り
$4〜
（会社により異なる）

出発前にも、現地でも
# 知っておきたい旅のあれこれ

知っているようで意外と知らないハワイのローカルルール。基本的な情報とともに
押さえておけば、いざというときに戸惑わずバカンスを楽しめる。

## 基本のローカルルール

しっかりチェックしておきたいのは喫煙・飲酒・交通など法律に関わるルール。
飲酒の際にはパスポートを確認されることも多い。

### 電圧・電源

ハワイの電圧は110Vまたは120Vで周波数は60Hz。電気機器本体記載の電圧許容範囲を確認し、長時間使用する場合は変圧器を持参すること。プラグは日本と同じAタイプ。

### 喫 煙

21歳以上。灰皿のある喫煙エリアでのみ可能。レストランやバーに加え、オアフ島の主要なビーチ、公園、バス停などの公共の場所はほぼ全面的に禁煙。

### 交通ルール

車線は右側通行が基本。歩行者は横断歩道以外で道を渡ったり、歩行者信号を無視すると「ジェイウォーキング」という交通違反になり、$130の罰金を支払わなければならない。

### 飲 酒

21歳以上。購入には写真付き身分証明書を求められることもあるのでパスポートを持参しよう。路上や公園、ビーチなどでの飲酒は法律で禁止されており、罰金対象。

### 飲用水

飲用水は水道水でも問題ないが、心配な人はミネラルウォーターを。ABCストアやホテルの売店などで販売している。

### 治 安

比較的治安がよいといわれているが、窃盗やスリ、置き引きなどは頻発している。日本とは違うことを意識して、安全対策を怠らないように心がけたい。

### トイレ

ワイキキ周辺のビーチや公園には公衆トイレが設置され、ホテルも多いので不便は感じない。郊外ではカフェやガソリンスタンドを見つけたら済ませておこう。

### 子どもの放置

12歳以下の子どもを13歳以上の保護者なしで放置することは法律で禁止されている。車中に子どもを残して買物をするなどの行為は児童虐待とみなされ、逮捕されることもある。

### 営業時間

観光客の多いワイキキは夜遅くまで営業しているところも多い。ただし、クリスマスなどハワイの三大祝日(→P38)は、ほとんどの店やレストランが休業するので要注意。

## インターネット接続

スマートフォンやタブレット等を持参する人はWi-Fiの利用が重要ポイント。ショッピングセンターや各レストラン、カフェでは、利用客に無料でIDとパスワードを配布しているところもある。(接続にはメールアドレスなどの登録が必要な場合もある)。

### 主な無料Wi-Fi スポット

- ☑ アラモアナセンター(→P114)
- ☑ ロイヤル・ハワイアン・センター(→P180)
- ☑ インターナショナル・マーケットプレイス(→P182)
- ☑ DFSワイキキ(→P131、143)
- ☑ ハイアット リージェンシー ワイキキ ビーチ リゾート&スパ 1〜3Fパブリックスペース(→P215)
- ☑ デュークス・レーン・マーケット&イータリー(→P127)

### レンタルWi-Fiがあると快適!

ホテルやショッピングセンターでは無料Wi-Fiが使える場所も多いが、街歩きやアクティビティの際にインターネットが使えないのは不便に感じることも。特に地図アプリや通話アプリを常に使いたいという人は多いのでは? そんな場合は、日本からWi-Fiルーターを借りて行くのが安心だ。レンタル料は定額制で速度やセキュリティも万全、複数台が同時に使えるのもうれしい(サービスによって異なる)。ほとんどの場合、出発当日に空港で受け取れる。空港のカウンターで直接申し込める場合もあるが、事前に予約しておくのが安心。通常は帰国時に空港で返却できる。Wi-Fiレンタル以外にも、プリペイドSIMカードを利用するのもおすすめだ。

## 郵便・宅配便の出し方

日本への航空便は普通ハガキ、封書ともに1オンス(約28g)まで$1.55。追加で1オンス増えるごとに$1.30〜加算される。切手は郵便局のほか、ホテルのフロントや自動販売機で購入可能。国際宅配便は、ワイキキ周辺の宿泊施設であれば、客室まで荷物をピックアップしに来てくれる。重さ、会社によって料金は変わる。

航空便を扱っている主な会社
・ヤマト運輸U.S.A ホノルル支店
　……………☎808-422-6000

## ケガ・病気

小さなケガであれば市販薬で対応もできるが、薬の成分は日本のものより強いことがあるので注意。緊急を要する場合は、救急に電話して日本語を話せるオペレーターを呼ぶか、旅行者向けのドクターズ・オン・コール(日本語OK)へ連絡。

## 事故

レンタカーなどで事故にあった場合は、自損でも保険会社に連絡することが必要。ケガ人の有無を確認して、警察・救急・レンタカー会社に連絡する。名前や住所、運転免許証番号などを相手と交換し、警察から事故報告ナンバーをもらうまで、安易な謝罪や示談へ持ち込むのは控えよう。その後24時間以内に所定の報告書に記入し、保険の申請へ。

---

### 海外旅行保険は必須

万が一のケガや病気に備えて、海外旅行保険に加入しておきたい。多くの保険会社がインターネット受付を行っているので、各社のホームページをチェックしよう。空港に行ってからでも、カウンターや自動販売機で加入することができる。

成田国際空港で入れる主な保険会社
・東京海上日動 [URL] www.tabikore.jp/
・AIG損保 [URL] travel.aig.co.jp/

---

## 電話のかけ方

ホテルからかける場合は、外線番号(ホテルにより異なる)を押した後、相手の電話番号をダイヤル。携帯電話は会社によって料金形態が異なるので確認を。

### ハワイから日本への国際電話

| 直通ダイヤルの場合 | | | |
|---|---|---|---|
| **011** ▶ | **81** ▶ | 市外局番 ▶ | 相手の電話番号 |
| アメリカの国際電話識別番号 | 日本の国番号 | はじめのゼロをとる | |

たとえば、東京03-1234-5678にかけるとしたら011-81-3-1234-5678となる

### 日本からハワイへの国際電話

| **010** ▶ | **1** ▶ | **808** ▶ | 相手の電話番号 |
|---|---|---|---|
| 日本の国際電話識別番号 | アメリカの国番号 | ハワイのエリアコード | |

たとえば、ホノルル808-1234-5678にかけるとしたら010-1-808-1234-5678となる

---

### アプリを利用して無料電話!

各携帯キャリアの海外パケット定額への申込み、もしくはWi-Fiを経由すれば無料通話が可能。

 **LINE**：自分と相手がどちらもインストールしてあれば、国内同様無料通話が可能。日本にいるときと変わらないトークと写真のやりとりもできる。

 **Messenger**：お互いにインストールしてあれば利用可能。Facebookから登場したアプリで、メッセージはもちろん、通話も無料でできる。さらにテレビ電話もでき、会話が楽しめる。

---

## 盗難・紛失

多額の現金や貴重品は持ち歩かず、セーフティボックスなどを活用したい。万が一、盗難にあった場合でも、冷静に下記の手続きを。

### クレジットカード

すぐにカード会社に連絡して無効手続きを行う。カード番号や有効期限を聞かれるので、事前に控えておくとよい。ワイキキなどに支店をもつカード会社には、旅行中のみ使用できる暫定カードを発行してくれるところも。

| 問合先 | |
|---|---|
| ・VISA | [URL] visa.co.jp |
| ・Mastercard | [URL] mastercard.co.jp |
| ・JCB | [URL] www.jcb.jp |

### パスポート

パスポートの盗難・紛失の際は、日本国総領事館にある旅券発給申請書、紛失一般旅券等届出書などの書類や、顔写真2枚、戸籍謄本等が必要になる。また緊急を要する場合は「帰国のための渡航書」を取得することも可能。交付は申請の翌々日が目安。

### パスポート新規発給の流れ

警察に届けを出して、ポリスレポート(盗難証明書)、または紛失証明書を発行してもらう

▼

日本国総領事館にてパスポートの失効手続きをする

▼

日本国総領事館にて新規発給、または帰国のための渡航書を申請

### 現金・貴重品

警察に届け、盗難・紛失証明書を発行してもらう。ホテル内で盗難にあった場合は、フロントを通じて警察に連絡する。貴重品については、帰国後に保険会社に連絡し、保険の申請を行う。現金は基本的に保険対象外。

---

### 緊急時には!

#### 現地で困ったら

**警察・救急・消防**
☎911

**ホノルル警察**
☎808-529-3111

**ワイキキ交番**
☎808-529-3801

**在ホノルル日本国総領事館**
[URL] www.honolulu.us.emb-japan.go.jp/itprtop_ja/index.html

#### 日本語が通じる病院

**ワイキキ緊急医療クリニック**
☎808-924-3399

**ドクターオンコール**
☎808-923-9966(日本語専用)

見たい、食べたい、行きたい場所がすぐわかる♪

# せかたび的 ハワイ まとめ。

旅先で気になる場所やお店を
すぐに探せるのがこの一覧。
「あそぶ」「おいしいもの」「おかいもの」
「夜あそび」「ビューティ」と
テーマ別だから便利。ぜひ活用して！

| | |
|---|---|
| ダイヤモンドヘッド | ……エリア名 |
| ファッション&雑貨 | ……ジャンル名 |
| MAP P00A0 | ……MAP掲載ページ |
| P000 | ……本誌掲載ページ |
| ★★★ | ……ハワイの魅力あふれる、絶対に行きたい場所 |
| ★★ | ……滞在中、時間に余裕があれば行ってみたい場所 |
| ★ | ……「知りたい」「やってみたい」と興味があれば楽しめる場所 |
| 定番 | ……ハワイを代表する有名店。一度は足を運んでみよう |
| オススメ! | ……編集部のオススメ店。ぜひチェックしてみて |

エリア名・店・スポット名　評価　ジャンル名　ひと言コメント　MAP掲載ページ

♪ あそぶ

**あ**

**ワイキキ ★★**
**アトランティス・サブマリン・ワイキキ**
サブマリンツアー　潜水艦アトランティス号でワイキキの海中へ。熱帯魚やウミガメなどの生き物、沈没船や飛行機の残骸なども必見。⊙9〜14時の1時間おき ⊛なし
MAP P6B4 / P55

**ダウンタウン**
**イオラニ宮殿**
歴史遺産　第7代ハワイ国王・カラカウア大王が1882年に建立した宮殿。⊙ツアーにより異なる（日本語ガイドツアー、オーディオツアーあり）⊛日・月曜
MAP P8B2 / P191

**カポレイ ★★**
**ウェット・アンド・ワイルド・ハワイ**
テーマパーク　ハワイ州唯一のウォーターパーク。東京ドーム約3倍の広さに各種アトラクションが揃う。⊙10時30分〜15時 ⊛月・火曜 ※営業時間、休業日は月や日により異なる
MAP P2B4 / P67

ビルボックスの上で絶景見物しよう

**か**

**カイルア ★★**
**カイヴァ・リッジ・トレイル**
トレッキング　人気タウンのカイルアを代表する絶景スポット。登り始めは急坂だが、難関さえクリアすれば、あとは小高い丘の峰が続く。⊙日の出〜日没
MAP P12C2 / P64

**カイルア ★★**
**カイルア・ビーチ・アドベンチャーズ**
カヤック　約2時間のカヤックツアーで、目指すはカイルア・ビーチから約500m沖にある、ハワイ州が管轄する海鳥の保護区フラット島。⊙8〜17時 ⊛日曜
MAP P12C2 / P52

**カイルア ★★**
**カイルア・ビーチ**
ビーチ　真っ白な砂浜や木々の緑が美しいビーチ。北側からの貿易風がウインドサーフィンに最適。シャワーやトイレの設備があり、ライフガードも常駐しているので安心。
MAP P12C2 / P44

**カカアコ ★★**
**カカアコ・ウォールアート**
フォトスポット　倉庫街としてさびれていた街に若手アーティストたちがウォールアートを描きはじめ、今やフォトジェニックスポットとして大人気に。
MAP P8C3 / P188

**カハラ ★**
**カハラ・ビーチ**
ビーチ　ホテルのプライベートビーチのような静かなビーチ。にぎやかなビーチが苦手な人向き。ホテル主催のビーチアクティビティは宿泊していなくても参加できる。
MAP P5F2 / P208

カメハメハ大王はハワイ島生まれの人だ

**ワイキキ ★**
**カピオラニ・パーク**
公園　ワイキキビーチの東側に位置し、ダイヤモンドヘッドも見える公園。芝生が気持ちよくピクニックやジョギング、ウォーキングなどに最適。⊙⊛散策自由
MAP P7F4 / P177

**ダウンタウン ★★**
**カメハメハ大王像**
フォトスポット　ハワイを統一した初代カメハメハ大王の像。イタリアで製造され、1883年に除幕された。金箔の豪奢な衣服で飾られている。⊙⊛見学自由
MAP P8B2 / P191

232

| エリア名<br>店・スポット名 | 評価 | ジャンル名 | ひと言コメント | MAP<br>掲載ページ |
|---|---|---|---|---|

巨大なサボテンと一緒に写真を撮ろう！

| **カネオヘ**<br>キャプテンブルース<br>天国の海シュノーケリングツアー | ★★★ | ツアー | カネオヘ湾での営業許可を最初に取得したツアー会社。ボートで向かう一番大きくて広いサンドバーはまさに天国！ ①1便は9時〜、2便は12時15分〜 ㉡日曜 | MAP<br>P3E3<br>P49 |
| **クアロア**<br>クアロア・ランチ・ハワイ | ★★★ | テーマパーク | 東京ドームの約450倍という広大な牧場。かつては王族のみが立ち入ることができた土地だった。映画やテレビのロケ地としても有名。①7時30分〜18時 ㉡なし | MAP<br>P3E2<br>P56 |
| **コオリナ**<br>コオリナ・ビーチ | ★★ | ビーチ | オアフ島の中でも西部のコオリナは晴天率が高く、湿度も低く過ごしやすい。4つの美しい人工入り江の砂は、素足で歩いても気持ちいいパウダーサンド。 | MAP<br>P2B4<br>P47 |
| **ハワイ・カイ**<br>ココ・クレーター・<br>ボタニカル・ガーデン | ★ | トレッキング | 広大な植物園で、1周約3km強。プルメリアの林や雄大なサボテンの庭、希少な絶滅の危機に瀕した乾燥地植物が見られる。①日の出〜日没 ㉡なし | MAP<br>P3F4<br>P65 |
| **ハワイ・カイ**<br>ココ・クレーター・<br>レイルウェイ・トレイル | ★ | トレッキング | かつて軍の展望台だった頂上に、資材や人を運ぶためにつくられたトロッコの線路がトレイルになっている。勾配が急なのでペース配分に注意。①日の出〜日没 ㉡なし | MAP<br>P3F4<br>P65 |
| (さ)　**カハラ**<br>ザ・カハラ・ホテル&リゾート<br>スタンドアップ・パドル・ヨガ | ★ | ヨガ | カハラホテルのプライベートビーチで行われるビジターOKのスタンドアップ・パドル・ヨガ。①9時30分〜14時15分でほぼ毎日開催 | MAP<br>P5F2<br>P174 |
| **ハレイワ**<br>サーフ&シーの<br>サーフィンレッスン | ★ | サーフィンスクール | ノースショアのサーフショップの草分け。かわいいロゴで知られるサーフ&シーが開催するスクール。①9〜19時（レッスンは10時〜、13時〜）㉡なし | MAP<br>P12C1<br>P53 |
| **カネオヘ**<br>サンドバー | ★★★ | ビーチ | 1億年前の地震でできた地形に砂が堆積した浅瀬がサンドバー。潮が引くと白い砂浜が海面に出て歩くことができる絶景ビーチ。砂浜へ行けるのは限られたツアーのみ。 | MAP<br>P3E3<br>P48 |
| **マカプウ**<br>シーライフ・パーク・ハワイ | ★★ | テーマパーク | 東海岸にあるマリンパーク。イルカ、ペンギン、アシカなどのショーが見られる。イルカとふれ合うプログラムあり。①10〜16時 ㉡なし | MAP<br>P3F4<br>P66 |
| **カカアコ**<br>セグウェイ・オブ・ハワイ | ★★ | ツアー | 体重移動で動く電動式の乗り物。ヘルメットをつけて、ショップで乗り方を教わってから出発。①ツアーにより異なる ㉡なし | MAP<br>P8C3<br>P55 |
| (た)　**ダイヤモンドヘッド**<br>ダイヤモンドヘッド | ★★★ | トレッキング | 標高232mのワイキキを象徴する山。コースは舗装路も含む、比較的穏やかな傾斜で初心者向き。①6〜16時（最終入山可能時刻）㉡なし※要事前予約 | MAP<br>P5E3<br>P62 |
| **カネオヘ**<br>天使の海ピクニック・セイル | ★★★ | ツアー | サンドバーに向かう途中では、ウミガメウォッチングができる。アクティビティはウォーターバレーボールも楽しめる。①9時〜15時30分 ㉡日曜 | MAP<br>P3E3<br>P49 |
| **ワヒアワ**<br>ドールプランテーション | ★★ | テーマパーク | パイナップルで有名なドールの歴史が学べる。施設内に汽車が走り、巨大な迷路などもある。①9時30分〜17時30分（アトラクションは〜17時）㉡なし | MAP<br>P2C2<br>P67 |
| **ワイアナエ**<br>ドルフィン&ユー | ★★★ | ツアー | 野性のイルカに会いに行く人気のツアー。約30年の実績があり、イルカとの遭遇率は98%以上。①ツアーは1日2便 ㉡なし | MAP<br>P2A3<br>P50 |
| (な)　**ワイキキ**<br>ナル・ストレージ | ★★ | フォトスポット | サーフボードなどを預けられる便利な屋外ロッカー。カラカウア通りからビーチへ続く道に並ぶボードがSNS映えすると話題になっている。①㉡散策自由 | MAP<br>P10C2<br>P176 |
| (は)　**ハワイ・カイ**<br>ハナウマ湾 | ★★★ | ビーチ | オアフ島東南部に位置し、広く遠浅の湾に約500種以上の生き物たちが生息する海洋保護区。①6時45分〜16時（ビーチ利用は〜15時30分）㉡月・火曜※要事前予約 | MAP<br>P3F4<br>P46 |
| **ハレイワ**<br>ハレイワ・アリイ・ビーチ | ★★ | ビーチ | ハレイワの住宅街の外れにあるビーチ。駐車場やトイレ、ベンチなどの設備が整っている。サーファーの姿も見られ、冬季には多くのサーフィン大会の舞台となる。 | MAP<br>P2B2<br>P47 |

5分ほどの練習で操作できるようになる？

ペイン味のソフトクリームがおいしいと評判

| | エリア名 店・スポット名 | 評価 | ジャンル名 ひと言コメント | MAP 掲載ページ |
|---|---|---|---|---|

**♪ あそぶ**

は
**ワイキキ**
**ハワイ・パラセイル** ★
パラセイル｜美しい海とワイキキの景色を一望。高度は、122m、152mの中から選べる。2～3人掛けのシートなので友人同士でも楽しめる。⏰8～17時 ㊡なし
MAP P6A4 / P53

**ダウンタウン**
**ハワイ出雲大社** ★★
神社｜縁結びの神様として知られる出雲大社の分社として1906年に建立。初詣には、1万人以上のロコが参拝する。⏰8時30分～17時 ㊡なし
MAP P8A1 / P190

**マノア**
**ハワイ大学マノア校** ★
大学ツアー｜キャンパスを巡るツアーを実施。⏰ツアーのチケット・インフォメーション＆IDオフィスは月～金曜の8～16時 ㊡テストシーズン、夏季休暇中など
MAP P5D2 / P207

**ワイキキ**
**ハンズヒーデマン・サーフスクール** ★★
サーフィンスクール｜プロサーファー、ハンズ・ヒーデマンさんのサーフスクール。経験豊富なサーファーたちが教えてくれる。⏰9時～、12時～、15時～ ㊡なし
MAP P11F2 / P52

**カリヒ**
**ビショップ博物館** ★★
博物館｜ハワイ州最大級の博物館。ハワイを含めた太平洋諸島全域の自然や文化、歴史についての貴重な収蔵品を展示。日本語ガイドツアーあり。⏰9～17時 ㊡なし
MAP P4A2 / P58

**ワイキキ**
**ヒルトン・フライデー・花火ショー** ★★
花火｜金曜の夜はワイキキのビーチサイドで見逃せないのが花火。打ち上げ時間は約5分と短い。⏰毎週金曜19時45分～約5分間（6～9月は20時～）
MAP P6B4 / P154

**ワイキキ**
**フラ・シャック** ★
フラレッスン｜ビーチで海の音、ハワイの風感じながら本格的なフラレッスンが受けられる。プライベートなので初心者でも気軽に楽しめる。グループレッスン主体。
MAP - / P61

**ホノルル**
**ブルー ハワイアン ヘリコプターズ** ★★
ヘリコプター｜ダイヤモンドヘッドやハナウマ湾などオアフ島の絶景を上空から眺められるヘリコプターツアー。⏰ツアーは8時～15時30分発の間に7便 ㊡なし
MAP P3D4 / P54

**ワイキキ**
**ホノルル動物園** ★★
動物園｜カピオラニ公園に隣接した敷地に約900種の動物が自然な姿で暮らす。小動物とふれ合えるエリアもある。⏰10～16時（最終入園は15時）㊡なし
MAP P7E3 / P67

**ダウンタウン**
**ホノルル美術館** ★★
美術館｜白壁と瓦屋根が印象的。アジアンギャラリーの中庭は池を配し、欧米ギャラリーの中庭は地中海風。⏰10～18時（金・土曜は～21時）㊡月・火曜
MAP P9D1 / P59

**ライエ**
**ポリネシア・カルチャー・センター** ★★
テーマパーク｜ポリネシアの6つの国（サモア、トンガ、ニュージーランド、タヒチ、フィジー、ハワイ）の文化に触れ体験できる。⏰12時30分～21時 ㊡水・日曜
MAP P3D1 / P66

ま
**ワイキキ**
**マイタイ・カタマラン・セーリング** ★★
カタマラン｜ワイキキのビーチを出発して、ダイヤモンドヘッドを眺めながらセーリング。⏰11時～、13時～、15時～（アフタヌーン）、17時～（サンセット）㊡なし
MAP P10B3 / P55

**マカプウ**
**マカプウ・ポイント・ライトハウス・トレイル** ★
トレッキング｜オアフ島東部にあるマカプウ岬の景色を楽しむトレイル。12～3月は沖にクジラを眺められることもある。⏰日の出～日没
MAP P3F4 / P64

**マノア**
**マノア・フォールズ** ★
トレッキング｜マノアは多雨湿潤のエリア。雨の恵みにより育まれた緑の原生林を歩いてマイナスイオンいっぱいの滝へ。⏰日の出～日没
MAP P3E4 / P65

ら
**カイルア**
**ラニカイ・ビーチ** ★★
ビーチ｜カイルア・ビーチの東側、高級住宅が並ぶ海岸線にある。ラニカイとはハワイ語で「天国の海」の意味で、白砂のビーチにソーダ色の海はまさに絶景！
MAP P12C2 / P45

**ワイキキ**
**ロイヤル ハワイアン ラグジュアリー コレクション リゾート ヨガ・クラス** ★
ヨガ｜「ピンク・パレス」の中庭で、ホテルゲスト対象に毎日開催されている朝ヨガ教室。基本のポーズが中心なので初心者でも安心。※要予約
MAP P10C3 / P174

**ワイキキ**
**ロイヤル・ハワイアン・センター カルチャーレッスン** ★★
カルチャーレッスン｜より多くの人にハワイアン文化を親しんでもらうため、日替わりのカルチャー体験イベントを無料で開催。当日申し込むだけで、誰でも自由に参加できる。
MAP P10B2 / P60

ワイキキを涼しい海上から眺めてみたい

動物園には暑いので午前中に行くのがおすすめ

毎日いろいろなレッスンが開催されている

せかたび的 ハワイまとめ。

▲ワイアンモン シールには絶 会いたい！

🍴 おいしいもの

キッズサイズで シンプルな味わ いの一番人気

| エリア名<br>店・スポット名 | 評価 | ジャンル名 | ひと言コメント | MAP<br>掲載ページ |
|---|---|---|---|---|

**おいしいもの**

あ

| ワイキキ | | イタリアン | オリジナリティあふれる料理が人気のイタリアン。アルデンテのパスタや薄い生地のピザなど、日本人好みの味が評判。⏰17〜22時 ㊡なし | MAP P11F2 |
|---|---|---|---|---|
| アランチーノ・ディ・マーレ | | | | P102 |

| モンサラット | | カフェ | 日本生まれのハワイアンカフェ。ボリュームたっぷりのプレートランチやエスプレッソ系のドリンクはマストで味わいたい。⏰7〜15時 ㊡火曜 | MAP P7F2 |
|---|---|---|---|---|
| アロハカフェパイナップル | | | | P85 |

| マノア | | カフェ | ローカルに愛される人気店。ヘルシーな材料で作るサンドイッチやスムージーは、ボリュームも満点でリーズナブル。⏰7〜16時 ㊡土・日曜 | MAP P5D1 |
|---|---|---|---|---|
| アンディーズ・サンドウィッチ&スムージー | | | | P206 |

| ワード | | ベトナム料理 | チャイナタウンの人気レストランの2号店。味もボリュームも大満足！⏰11時15分〜15時、17〜21時（金・土曜は〜21時30分、日曜は11〜19時）㊡月曜 | MAP P9E3 |
|---|---|---|---|---|
| アン・ディ・ヨー | | | | P187 |

| ワイキキ | | 創作ハワイアン | インターナショナル・マーケットプレイスにあるカリスマシェフ、ロイ・ヤマグチ氏が手がけるレストラン。⏰16〜21時、土・日曜は10時30分〜14時も営業 ㊡なし | MAP P10C2 |
|---|---|---|---|---|
| イーティング・ハウス1849 by ロイ・ヤマグチ | | | | P103 |

| ダウンタウン | | プレートランチ | ガーリック・アヒ（マグロ）や豆腐の揚げ物など、和食のプレートランチを提供する。ハワイのビジネスマンも足しげく通う人気店。⏰11〜14時 ㊡土・日曜 | MAP P8B3 |
|---|---|---|---|---|
| イリフネ・レストラン | | | | P193 |

スモークドサンドイッチは野菜もたっぷり

| カイルア | | ハワイアン | 新鮮なローカル食材を使ったハワイ料理の店。ポン酢や味噌、バーベキューソースなどでアレンジしたスタイル。⏰11〜20時（日曜は10時〜）㊡なし | MAP P12A3 |
|---|---|---|---|---|
| ウアヒ・アイランド・グリル | | | | P199 |

| カイムキ | 定番 | アイスクリーム | カイムキの人気ジェラート店。フレーバーは14種類あり、週によって味が変わるのが楽しみ。⏰11〜22時（金・土曜は〜23時）㊡なし | MAP P5E4 |
|---|---|---|---|---|
| ヴィア・ジェラート | | | | P93 |

ハワイ産の食材を使った作りたてのジェラート

| ワイキキ | オススメ！ | ステーキ | 熟成庫でドライエイジングした高級プライムビーフで有名。ランチのロコモコは隠れた人気メニュー。⏰7時〜22時30分（金・土曜は〜23時）㊡なし | MAP P10B2 |
|---|---|---|---|---|
| ウルフギャング・ステーキハウス | | | | P88, P103 |

| ワイキキ | 定番 | パンケーキ | 山盛りのホイップクリームがのるパンケーキでおなじみの店。朝食メニューも充実。オリジナルのパンケーキミックスはおみやげにも◎。⏰7〜14時 ㊡なし | MAP P10A2 |
|---|---|---|---|---|
| エッグスンシングス | | | | P75 |

| ダウンタウン | | 韓国料理 | 化学調味料を使わないヘルシーで見た目も美しい韓国料理を提供。⏰11〜15時、17〜21時（テイクアウトは11〜21時）㊡日曜 | MAP P8A2 |
|---|---|---|---|---|
| オーキムズ・コリアン・キッチン | | | | P104 |

| カイムキ | | チーズケーキ | 250種類を超えるなかから、その日の気分で数種類を出すチーズケーキ専門店。ハウピア、マンゴーなどもある。⏰11〜19時（日曜は〜15時）㊡なし | MAP P5E4 |
|---|---|---|---|---|
| オットー・ケーキ | | | | P205 |

| カパフル | | ポケボウル | 1995年以来、オーナーとオーナーの母親が研究を重ねた自家製レシピを守り続けている。ポケは9種類から選ぶ。⏰9〜16時 ㊡日・月曜 | MAP P7E1 |
|---|---|---|---|---|
| オノ・シーフード | | | | P105 |

口コミも大好き！濃厚なめらかなチーズケーキ

| マノア | | ポケボウル | 日本食レストランのマネージャーやミュージシャンという経験をもつ2人がオーナーのひと味違うポケを味わって。⏰10〜18時 ㊡日曜 | MAP P5D1 |
|---|---|---|---|---|
| オフ・ザ・フック・ポケ・マーケット | | | | P83 |

か

| ワイキキ | | カフェ | ハワイ産最高級のコーヒー豆のシングルオリジンにこだわった、上質なコーヒーが味わえる。テラス席が気持ちいい。⏰6〜21時 ㊡なし | MAP P11E2 |
|---|---|---|---|---|
| カイ・コーヒー・ハワイ | | | | P110 |

| カパフル | | デリ&カフェ | 地元農園で育てたオーガニック素材で作るデリが評判。⏰8時30分〜15時（土・日曜は7時30分〜）、水〜土曜17〜20時 ㊡月・火曜 | MAP P7D1 |
|---|---|---|---|---|
| カイマナ・ファーム・カフェ | | | | P205 |

| カイムキ | | パンケーキ | オーナー、カイラさんの選りすぐりメニューが楽しめる有名店。パンケーキのフルーツ全部のせが人気。⏰7時〜15時30分 ㊡なし | MAP P7D1 |
|---|---|---|---|---|
| カフェ・カイラ | | | | P75 |

種類セットで
べられるお得
ひと皿もある

| エリア名<br>店・スポット名 | 評価 | ジャンル名 | ひと言コメント | MAP<br>掲載ページ |
|---|---|---|---|---|

**モンサラット**
**カフェ・モーリーズ**
ジェニックカフェ｜朝食・ブランチメニューから、早めのディナーやお酒まで、バラエティ豊かな料理が開放的な空間で終日楽しめる。🕐8〜14時（13時LO）㊡なし
MAP P7F3　P99

**ハレイワ**
**カマロン・シュリンプトラック**
フードトラック｜ガーリックソースはクリーミーでココナッツミルクが隠し味。殻をむいてあるので、身にしっかり味が絡む。🕐11〜16時 ㊡なし
MAP P12B1　P202

**ハレイワ**
**クリスピー・グラインズ**
フードトラック｜オーナーはブラジル出身。好みのトッピングを追加できる本場のアサイボウルが人気。ブラジルのスナック、パステルも提供。🕐9〜19時 ㊡なし
MAP P12B1　P202

**ワイキキ**
**クリーム・ポット**
パンケーキ｜日本未上陸のスフレパンケーキ発祥店。口溶けなめらかなパンケーキに虜になるリピート客も。🕐8〜14時 ㊡火・水曜
MAP P6B3　P75

**ワイキキ**
**クルクル**
スイーツ｜日本人パティシエが提案する、繊細な味わいで見た目も美しいケーキやスイーツ。ショッピングの合間のカフェタイムなどに。🕐10〜21時 ㊡なし
MAP P10B2　P179

**イヴィレイ**
**コアラ・モア**
フリフリチキン｜塩胡椒でシンプルに味付けた若鶏肉をキアヴェでスモークする。1日200〜300羽も売れる。🕐10〜17時 ㊡月曜
MAP P4A3　P86

**カイルア**
**ゴエン・ダイニング+バー**
ローカルダイニング｜地産の魚や肉、野菜を使ったこだわり創作料理を提供する。🕐16〜20時（金・土曜は12〜15時、16時〜20時30分、日曜は12〜15時も営業）㊡なし
MAP P12B4　P198

シャカサインの
ワッフルがかわ
いくて人気

**ワイキキ**
**こころカフェ**
スイーツ｜たい焼き生地で作るシャカサインに、小豆やチョコレート、ココナッツハウピアクリームをつめて、ソフトクリームで仕上げてある。🕐11〜21時 ㊡なし
MAP P10B2　P179

**ハレイワ**
**コーヒー・ギャラリー**
カフェ｜ハワイ産の豆を自家焙煎したコーヒーや手作りのペストリーが楽しめる。カフェスペースはソファ席もあり、落ち着く雰囲気。🕐6時30分〜19時 ㊡なし
MAP P12B1　P200

（さ）

**カパフル** 定番
**サイド・ストリート・イン**
ローカルダイニング｜日・中・韓のテイストを加えたローカルフードはどれも4〜5人前のボリューム！シェアして楽しもう。🕐16時〜20時30分（土・日曜は11時〜）㊡なし
MAP P7E2　P100

**ワイキキ** 定番
**ザ・ベランダ**
ホテルダイニング｜クラシックホテルでフルーツや野菜などバランスのとれた朝食を。🕐6時〜10時30分（金〜日曜は11時30分〜14時30分も営業）㊡なし
MAP P11D2　P77

**ワイキキ** 定番
**サーフ ラナイ**
ホテルダイニング｜ハワイらしいロケーションで楽しむ朝食は美食をテーマにしており、味のクオリティも高い。🕐6時30分〜10時30分 ㊡なし
MAP P10C3　P77

**モンサラット**
**サニーデイズ**
パンケーキ｜フルーツの甘ずっぱさと甘さ控えめのパンケーキがベストマッチ。ふわふわもっちり食感のパンケーキをシンプルでオシャレな店内で。🕐8〜15時 ㊡なし
MAP P7F3　P75

フワフワもちも
ちのパンケーキ

**ワイキキ**
**サムズ・キッチン**
ローカルフード｜日本のハワイ情報番組で司会を務めていたサムさんの店。エビやチキンなどを数種類のオリジナルソースから選んで味付けできる。🕐10時〜翌1時 ㊡なし
MAP P10B2　P87

**カカアコ**
**サンティーミックス**
台湾ドリンク｜ホノルルでも人気が高まっている台湾ドリンク&スイーツの店。タピオカドリンクやスフレパンケーキはロコの間でも話題に。🕐11〜19時 ㊡なし
MAP P8C3　P96

**ワイキキ**
**サンライズ・シャック・ワイキキ**
スイーツ｜ノースショアのカフェがワイキキに進出。おすすめは、ゴジベリーなどをトッピングしたフルーツたっぷりのスムージーボウル。🕐6〜19時 ㊡なし
MAP P10C2　P179

**アラモアナ**
**ジェン・コリアンBBQハウス**
焼肉｜カリフォルニアをベースに展開するオーダー式焼肉食べ放題のチェーン店。🕐10〜22時 ※金〜日曜は終日ディナー料金 ㊡アラモアナセンターと同じ
MAP P9F2　P119

237

さ

| エリア名 店・スポット名 | 評価 | ジャンル名 | ひと言コメント | MAP 掲載ページ |
|---|---|---|---|---|
| ワイキキ ジグ | | 和食 | ファームトゥテーブルにこだわった和食が味わえる店。メニューには食材の産地や農場名まで記されている。⊙16〜24時 ㊡なし | MAP P10C1 P108 |
| ワイキキ シナモンズ アット ザ イリカイ | | パンケーキ | ベスト朝食レストランに選ばれたカイルアで人気のレストランの姉妹店。グアバソースのパンケーキをぜひ。⊙7〜21時(ランチは11時〜) ㊡なし | MAP P6A3 P75 |
| カイルア シナモンズ・カイルア | | パンケーキ | レッドベルベッドなどのパンケーキのほか、エッグベネディクトなど食事系メニューも豊富。「ハレアイナ賞」で金賞に輝いた実力派。⊙7〜14時 ㊡なし | MAP P12B3 P198 |
| ワイキキ ショアファイヤー | | ロコモコ | パンケーキやロコモコといった朝食メニューをはじめ、ランチ以降はステーキ&シーフードも楽しめる。⊙10〜24時(金・土曜は〜翌2時、日曜は9時〜) ㊡なし | MAP P10C2 P82 |
| ハレイワ ジョバンニ | 定番 | フードトラック | ガーリックシュリンプの元祖。エビをたっぷりのバターとガーリックで炒めた一番人気のスキャンピなど。⊙10時30分〜17時 ㊡なし | MAP P12A1 P87.200 |
| カパフル スイート・イーズ・カフェ | | パンケーキ | 白を基調にしたマリンテイストのインテリアはおしゃれで居心地が良い。ここの朝食目当てにロコが押し寄せる。⊙7〜14時 ㊡なし | MAP P7D1 P73 |
| ワード スクラッチ・キッチン&ミータリー | オススメ! | パンケーキ | パンケーキなど、創造的なアメリカ料理が好評。フレンチトーストも人気。⊙9〜21時(土・日曜は8時〜) ㊡なし | MAP P9E3 P72 |
| カイムキ スコニーズ・ベーカリー | | スコーン | キッチンで、毎朝焼きあげる手作りのスコーンは5種類。お目当ては早めにゲットして。⊙6〜14時(日曜は7時30分〜) ㊡なし | MAP P5E4 P205 |
| ワイキキ すし匠 | | 寿司 | リッツ・カールトン内にある超人気店。伝統の江戸前の技で握る寿司をおまかせで味わえる。⊙17時〜22時30分 ㊡月曜 | MAP P10A2 P108 |
| マノア スターバックス・マノア・バレー | | カフェ | マノアのランドマーク的存在のスターバックス。地元住民やハワイ大学マノア校の生徒などが集まっている。⊙5〜18時30分(土曜は5時30分〜18時、日曜は5時30分〜) ㊡なし | MAP P5D1 P206 |
| ワイキキ ステーキ・シャック | | プレートランチ | 注文を受けてから好みの焼き加減に仕上げるステーキや、こだわりのタレに漬け込んだチキンなど。⊙10時30分〜19時(金・土曜は〜19時30分) ㊡なし | MAP P10A3 P84 |
| ワイキキ スティックスアジア | | フードコート | ワイキキ・ショッピング・プラザにオープンしたフードコート。天ぷら、焼き肉、ラーメンなどの日本食が揃う。⊙17〜22時(土・日曜11時〜) ㊡なし | MAP P10B2 P109 |
| ワイキキ ストリップステーキ、ア・マイケルミーナ・レストラン | オススメ! | ステーキ | グルメガイド星付きシェフ、マイケル・ミーナ氏がプロデュースする。米国産プライムビーフなど最高級食材を用いる。⊙17〜21時(金・土曜は〜22時) ㊡なし | MAP P10C2 P89 |
| アラモアナ スリルズ・ソフト・サーブ | オススメ! | ソフトクリーム | ピンクのフラワーウォールがとびきりかわいいお店にはフォトスポットも多数。ソフトクリームは常時6種類。⊙13〜21時(金・土曜は〜22時) ㊡なし | MAP P9E2 P93 |
| ダウンタウン タイ・パン・ティム・サム | | 台湾飲茶 | ダウンタウンで台湾料理を食べるならココ。できたて熱々の飲茶が評判で、いつも地元客で賑わっている。⊙8〜15時 ㊡なし | MAP P8A1 P193 |
| モンサラット ダイヤモンドヘッド・マーケット&グリル | オススメ! | 自家製デリ | 窓口で注文するプレートランチのコーナーと種類豊富なデリを販売するマーケット。⊙7時30分〜20時30分(グリルは11〜20時) ㊡なし | MAP P7F2 P80.85 |
| ワイキキ 高橋果実店 | | 軽食&アイス | サンドイッチはシンプルながらボリュームがあり、ワイキキとは思えない価格の手頃さからもリピーターが多い。⊙10〜22時 ㊡なし | MAP P10A3 P81 |

た

シュリンプはレモンをしぼって食べよう

季節のフルーツをカラフルにトッピングして

香ばしいビーフは自家製ソースと好相性!

| エリア名 店・スポット名 | 評価 | ジャンル名 | ひと言コメント | MAP 掲載ページ |
|---|---|---|---|---|

テイクアウトしてビーチで朝ごはんはいかが?

| ワイキキ サンドイッチ タッカー&ベヴィー・ピクニックフード | | サンドイッチ | ワイキキビーチのすぐ近く。パッケージされた軽食のほか、店頭で注文を受け、その場で作る温かいフードもある。🕐6時30分～19時(月・水・日曜は～15時) 休なし | MAP P11F3 P81 |
| ワイキキ 定番 チーズケーキ ファクトリー | | アメリカン | 全米チェーンのレストラン。前菜からデザートまで約200種類のメニューがある。🕐11～23時(金・土曜は～24時、日曜は10時～) 休なし | MAP P10B2 P102 |
| カイムキ チャビーズ・バーガー | | ハンバーガー | フードトラックとして営業していた店が実店舗をオープン。口コミも認めるクラシックスタイルのバーガーは健在。🕐10時30分～21時 休なし | MAP P5F4 P91 |
| ワイキキ 定番 チャンピオンズ・ステーキ&シーフード | | プレートランチ | 一流ホテルで修業をした日本人シェフの作る本格的ステーキやガーリックシュリンプなどを手頃な値段で提供している。🕐10～21時 休なし | MAP P10B2 P84 |
| アラモアナ チョダン・レストラン | | 韓国料理 | 本格的な韓国料理を手軽に楽しめる店。人気のスンドゥブは、カクテキなど小鉢が付いてリーズナブル。🕐11～15時 休なし | MAP P9E2 P105 |
| ワイキキ つるとんたん | | うどん | 毎日職人がうどんを手作り。だしも日本で提供しているものと変わらないよう工夫を重ね、クオリティの高いメニューを提供。🕐9時30分～21時 休なし | MAP P10B2 P109 |
| ワイキキ ティム・ホー・ワン ワイキキ | | 飲茶 | おいしいうえにコスパがよい香港の飲茶料理店。甘い身がたっぷり詰まったスチームロブスターが好評。🕐11～22時 休なし | MAP P10B2 P104 |
| ワイキキ デック | | レストラン | 広々としたテラスからはダイヤモンドヘッドとワイキキビーチのワイドビューを楽しめる。🕐6時30分～22時(金・土曜は～23時) 休なし | MAP P11F2 P161 |
| ワイキキ デニーズ | | ファミリーレストラン | 24時間営業のアメリカを代表するファミレス。写真付きメニューを開けば、ちょっぴりレトロな雰囲気漂うアメリカンな料理がずらり。🕐24時間営業 休なし | MAP P10B3 P81 |
| カリヒ ドラゴン・ティー | | ティースラッシュ | 台湾産の上質な茶葉を使ったフルーツたっぷりのティースラッシュが評判。台湾の麺料理や点心などのフードも提供している。🕐11時～20時30分 休月曜 | MAP P4A2 P97 |
| ワイキキ トロピカル・トライブ | | アサイ&ピタヤボウル | アサイの発祥地、ブラジル出身のオーナーはアサイのクオリティにこだわっている。多いときは一日で100個以上売れる。🕐8～19時 休なし | MAP P10A3 P95 |
| な カカアコ ナイン・バー・ホノルル | | カフェ | モダンインダストリアルな雰囲気のコーヒー専門店。本格エスプレッソが飲める。🕐7～12時(金曜は～13時、土・日曜は8～14時) 休なし | MAP P8C3 P189 |
| ハレイワ ナンバーセブン・ジャパニーズ・フードトラック | | フードトラック | オーナーは寿司職人として20年近いキャリアをもつ本格派。ちらし寿司、ポケ丼など。🕐11時30分～20時(金・土曜は～20時30分) 休なし | MAP P12B1 P202 |
| ハレイワ ノースショア・クレープス・カフェ | | クレープ | フランス人オーナーシェフが、祖母に教わったレシピで提供するクレープ専門トラック。そば粉で作る食事系ガレットもある。🕐10～17時 休なし | MAP P12A1 P202 |
| ワイキキ ノッツ コーヒー ロースターズ | | カフェ | 最新型のエスプレッソマシンで淹れるラテや、ひと晩かけて水出しするコーヒーが自慢。🕐6～16時 休なし | MAP P11F2 P110 |
| は アラモアナ パーヴェ・ドーナツ・ストップ | | ジェニックカフェ | 常時14種類のドーナツは、カラフルで遊び心を感じるメニューばかり。店内もインスタ映えする。🕐6～14時(金・土曜は～17時) 休なし | MAP P9E2 P99 |
| ダウンタウン バーガーズ・オン・ビショップ | | ハンバーガー | バーガーごとに作る特製ソースが決め手のワギュウ・バーガーやアメリカン・バーガーが人気。🕐9～14時(ハンバーガーの提供は11時～) 休土・日曜 | MAP P8B2 P91 |

ステーキ1枚がどーんとのってボリューム満点!

マグロがたっぷりのったポケ丼が店のイチオシ

おいしいもの

ヘルシー&オーガニックで美味なドリンクたち

アサイのソフトクリームに果物をのせて

| エリア名<br>店・スポット名 | 評価 | ジャンル名 | ひと言コメント | MAP<br>掲載ページ |
|---|---|---|---|---|
| **カイルア**　定番<br>ブーツ＆キモズ | | パンケーキ | オリジナルレシピのバターミルクパンケーキにはバニラ風味のマカダミアナッツソースがかかる。🕐8〜13時（土・日曜は〜14時）🚫火曜 | MAP<br>P3F3<br>P73,195 |
| **カカアコ**<br>ブッチャー＆バード | | ハンバーガー | 精肉職人が作る肉感あふれるハンバーガーに大満足！ステーキ肉をミンチにしたパテのボリュームは圧巻。🕐11〜18時（日曜は〜16時）🚫月曜 | MAP<br>P8C3<br>P91 |
| **ワード**<br>ブルーツリーカフェ | | カフェ | 日本にも展開する人気カフェの1号店。アンティークなインテリアが飾られた店内は雰囲気も抜群！🕐7時30分〜15時30分 🚫なし | MAP<br>P9D2<br>P95 |
| **カハラ**<br>プルメリアビーチハウス | | ホテルの朝食 | 白砂のカハラビーチが目の前のレストラン。メニュー豊富な朝食ビュッフェが評判。🕐6時30分〜11時、11時30分〜14時、17時30分〜20時30分 🚫火・水曜のディナー | MAP<br>P5F2<br>P77 |
| **ダウンタウン**<br>ベーカー・デュード | | ベーカリー | オーガニックにこだわるファーマーズ・マーケットに出店している人気ベーカリーの本店。袋入りのパウンドケーキなどが人気。🕐7〜13時 🚫土〜月曜 | MAP<br>P8B2<br>P191 |
| **ワイキキ**<br>ヘブンリー・アイランド・<br>ライフスタイル | | アサイ＆ピタヤボウル | 地元食材とオーガニック素材にこだわるヘルシー志向のカジュアルカフェ＆ダイニング。スムージーやジュースも評判。🕐7〜14時、16〜22時 🚫なし | MAP<br>P10C2<br>P95 |
| **モンサラット**<br>ボガーツ・カフェ | | カフェ | ダイヤモンドヘッドの麓にあり、エッグベネディクトやワッフル、アサイボウルなど、ロコ溺愛の朝食メニューが人気。🕐7〜15時 🚫なし | MAP<br>P7F3<br>P62 |
| **アラモアナ**<br>ポケ＆ボックス | | ポケボウル | ポケの種類は13種類。ベースはサラダか白米、玄米から選ぶ。🕐11〜19時（金・土曜は〜19時30分、日曜は〜18時）🚫アラモアナセンターと同じ | MAP<br>P9F2<br>P83 |
| **ワイキキ**<br>ポケ・バー ダイス＆<br>ミックス | | ポケボウル | ソースには、ポン酢やワサビマヨなど日本人好みのものもある。もちろん、ハワイの伝統スタイルのものを作ることも可能。🕐11〜22時 🚫なし | MAP<br>P10B3<br>P83 |
| **ワイキキ**<br>ホノルルコーヒー・<br>エクスペリエンス・センター | | カフェ | ハワイ島コナに自社農園をもち品質をすべて管理。毎日バリスタがカッピングラボで焙煎した豆をチェックしている。🕐6時30分〜16時30分 🚫なし | MAP<br>P6B3<br>P110 |
| **アラモアナ**<br>ホノルル・バーガー・<br>カンパニー | | ハンバーガー | パテや野菜など、ハワイ産食材にこだわるハンバーガー屋さん。追加トッピングの種類も豊富。🕐11〜20時（月曜は〜15時、日曜は〜16時）🚫なし | MAP<br>P9E1<br>P90 |
| **アラモアナ**<br>マイタイズ | | バー | 16〜19時はハッピーアワーでカクテルやつまみが割安に。ライブミュージックも開催される。🕐11〜翌1時 🚫アラモアナセンターと同じ | MAP<br>P9F2<br>P119 |
| **アラモアナ**<br>マカイ・マーケット・<br>フードコート | | フードコート | 約30店が集合するアラモアナセンターのフードコート。ローカルから各国料理まである。🕐8〜20時（店舗により異なる）🚫なし | MAP<br>P9F2<br>P107 |
| **ワイキキ**<br>マグノリア・アイスクリーム | | アイスクリーム | 冷たいスイーツ、ハロハロで知られるアイスクリーム専門店。ハロハロとは"混ぜる"という意味で具材をグルグルと混ぜて食べる。🕐10〜22時 🚫なし | MAP<br>P10C2<br>P178 |
| **カカアコ**<br>マックス＆ルーシーズ | | プレートランチ | フライドチキンなど定番メニューのほかに日替わりスペシャルもおすすめ。ランチには本格的な味を求めて長い列ができる。🕐5〜9時、10〜14時 🚫土・日曜 | MAP<br>P8C3<br>P84 |
| **ハレイワ**　定番<br>マツモト・シェイブアイス | | シェイブアイス | 1951年に日系人夫婦が開業した老舗。開店と同時に行列ができることで有名。白玉モチやあずきなど、シロップも手作りだ。🕐10〜18時 🚫なし | MAP<br>P12B1<br>P92 |
| **アラモアナ**<br>ママ・フォー | | アジアンレストラン | フォーは豊かな味わいのスープが評判。前菜は野菜をたっぷり使うメニューが多い。🕐11〜21時（日曜は〜20時）🚫アラモアナセンターと同じ | MAP<br>P9F2<br>P119 |

ニューレとグラノーラの食感がベストマッチ

は毎朝市から仕入しているの新鮮！

定番シェイブアイスもちょっと進化している

おいしいもの

| （ま）ハレイワ | | | ローカルダイナー | 土地の恵みをタパススタイルで提供しているバル。18時まではハッピーアワーも実施。⏰11〜15時（土・日曜は10〜14時）、17〜22時 ㊡月曜、日曜のディナー | MAP P12B1 P202 |
| --- | --- | --- | --- | --- | --- |
| マヤズ・タパス &ワイン | | | | | |

| アラモアナ | | アフタヌーンティー | ニーマン・マーカス内のレストラン。テラス席からアラモアナ・ビーチ・パークを一望。⏰11〜15時入店（土曜は〜15時30分入店、日曜は〜16時30分入店）㊡なし | MAP P9F2 P119 |
| --- | --- | --- | --- | --- |
| マリポサ | | | | |

| ワイキキ | | うどん | 日本でもおなじみ、セルフ形式の讃岐うどん専門店。うどんは店内で製麺し、ゆでたてのフレッシュな味わいにこだわる。⏰10〜22時 ㊡なし | MAP P10C1 P109 |
| --- | --- | --- | --- | --- |
| 丸亀製麺（ワイキキ店） | | | | |

| ワイキキ | | おむすび | 北海道のななつぼしを使い、注文を受けてから作るおむすびやスパムむすびが30〜35種類揃う。⏰6時30分〜21時 ㊡なし | MAP P11E2 P81 |
| --- | --- | --- | --- | --- |
| むすびカフェいやす夢 | | | | |

海を眺めながらおしゃれなメニューを堪能しよう

| ハワイ・カイ | | パンケーキ | 個性的なビジュアルのパンケーキが揃い、SNS映えすると評判。ビッグサイズのバナナ・シャンティ・パンケーキが人気。⏰7時〜14時30分 ㊡なし | MAP P3F4 P74 |
| --- | --- | --- | --- | --- |
| モエナ・カフェ | | | | |

| マノア | | カフェ | 指定農場から仕入れる食材に地元のファンも多い。注文ごとにドリップするコーヒーもおいしい。⏰7〜14時（土・日曜は8時〜）㊡なし | MAP P5D1 P207 |
| --- | --- | --- | --- | --- |
| モーニング・グラスコーヒー+カフェ | | | | |

マカロニチーズ・パンケーキでアメリカンな朝食を

| カカアコ | | ローカルダイナー | お酒も充実！ハワイの食材を使った、地元ロコも絶賛の地産料理が味わえる。⏰日〜水曜は11〜21時、木〜土曜は〜22時 | MAP P8C3 P189 |
| --- | --- | --- | --- | --- |
| モク・キッチン | | | | |

| カイルア | | パンケーキ | アットホームなカフェ。オムレツやロコモコ、リリコイ・パンケーキが人気。⏰7時30分〜13時（土・日曜は7時〜）㊡月・火曜 | MAP P12A3 P198 |
| --- | --- | --- | --- | --- |
| モケズ・ブレッド&ブレックファスト | | | | |

| （や）アラモアナ | オススメ！ | パンケーキ | 朝食＆ランチメニューを取り揃えた人気カフェ。紫のイモ、ウベを練りこんだウベ・パンケーキがインパクト大。⏰7時〜15時30分 ㊡なし | MAP P9E2 P74 |
| --- | --- | --- | --- | --- |
| ヨーグル・ストーリー | | | | |

| アラモアナ | | ひんやりドリンク | 新鮮なヨーグルトとお米を使用した、ヘルシー＆小腹も満たせる新感覚ドリンク。⏰11〜20時（金・土曜は〜21時、日曜は〜19時）㊡なし | MAP P9F2 P96 |
| --- | --- | --- | --- | --- |
| ヨーミーズ・ライス×ヨーグルト | | | | |

| （ら）ダウンタウン | | アメリカン料理 | 肉料理がメインのアメリカンレストラン。季節ごとに新鮮な食材を使用したアメリカ料理が味わえる。⏰17〜22時（土・日曜は10〜14時も営業）㊡なし | MAP P8A2 P190 |
| --- | --- | --- | --- | --- |
| ライブストック・タバーン | | | | |

| カイルア | | ブリュワリー | 併設する醸造所で造るクラフトビールは年間約30種類。カクテルのような飲み心地のハードサイダーもある。⏰12〜22時（土・日曜は11時〜）㊡なし | MAP P12B4 P194 |
| --- | --- | --- | --- | --- |
| ラニカイ・ブリューイング・カンパニー | | | | |

| ダウンタウン | | ミャンマー料理 | ハワイ産の材料と独特のスパイスをたっぷりと使ったミャンマーの伝統料理を楽しめる。店内もおしゃれ。⏰11〜14時、17〜22時 ㊡日曜 | MAP P8A2 P193 |
| --- | --- | --- | --- | --- |
| ラングーン・バーミーズ・キッチン | | | | |

コロンとした見た目もかわいいココパフ

| アラモアナ | | ベーカリー | ローカルフードやココパフで知られる老舗、リリハ・ベーカリーのアラモアナセンター店。⏰7〜20時（金・土曜は〜21時）㊡なし | MAP P9F2 P71 |
| --- | --- | --- | --- | --- |
| リリハ・ベーカリー（アラモアナ店） | | | | |

| ワイキキ | | ベーカリーレストラン | 1950年創業のローカルに昔から愛されているベーカリー兼レストラン。看板メニューのロコモコなどハワイアンフードを堪能したい。⏰7〜22時 ㊡なし | MAP P10C2 P101 |
| --- | --- | --- | --- | --- |
| リリハ・ベーカリー（ワイキキ店） | | | | |

| ワイキキ | | ステーキ | 多数のグルメ賞を受賞するステーキの老舗。上質な熟成牛をカジュアルに堪能できる。⏰16〜22時（金・土曜は〜22時30分、日曜は〜21時）㊡なし | MAP P10B3 P89 |
| --- | --- | --- | --- | --- |
| ルースズ・クリス・ステーキハウス | | | | |

| ワイキキ | | ロコモコ | 「ワイキキで一番うま〜い極上ロコモコ」の看板どおり、ロコモコが売りのダイニング。オープンエアの店内も好ロケーション。⏰8〜24時（月曜は〜翌2時）㊡なし | MAP P11F3 P82 |
| --- | --- | --- | --- | --- |
| ルルズ・ワイキキ | | | | |

| エリア名<br>店・スポット名 | 評価 | ジャンル名 | ひと言コメント | MAP<br>掲載ページ |
|---|---|---|---|---|

**カイムキ**
**レアヒ・ヘルス**
オーガニックスムージー 野菜や果物はすべてオーガニックのローカル産というこだわり。フレッシュな素材の味で、健康効果も期待大。🕐8～17時 🈺なし
MAP P5E4 / P97

**ハレイワ**
**レイズ・キアヴェ・ブロイルド・チキン**
フリフリチキン 土・日曜にオープン。キアヴェの薪でじっくりグリルされたジューシーなチキンが食べられる。🕐土・日曜の9時30分～16時30分 🈺月～金曜
MAP P12B1 / P86

**カパフル**
**レインボー・ドライブイン**
ロコモコ ロコ御用達の老舗プレートランチ店。名物のロコモコはボリューミーかつ長年変わらない味。これを目当てに訪れるファンも多い。🕐7～21時 🈺なし
MAP P7E2 / P82

**ワイキキ**
**レストラン サントリー**
レストラン 本格的な日本料理レストラン。鉄板焼きやカウンター鮨もある。🕐11時30分～13時30分、14～16時、17時30分～21時30分 🈺なし（季和は水・金曜休）
MAP P10B2 / P109

**カパフル** 定番
**レナーズ・ベーカリー**
マラサダ マラサダをハワイに広めた元祖の店。オーダーを受けてから揚げるので、できたて熱々を楽しめる。🕐5時30分～19時 🈺なし
MAP P7D1 / P80

アメリカ式のつなぎなしハンバーグ2枚入る

Leonard's

ハワイ通ならみんな知っている元祖マラサダ

**ダウンタウン**
**ロイヤル・キッチン**
マナプア 焼きマナプアを提供。ほんのりきつね色の焼きかげんが絶妙。🕐5時30分～14時（土・日曜は6時30分～）🈺なし
MAP P8A1 / P190

(わ)
**ワイキキ**
**ワイキキフードホール**
フードコート ワイキキの人気店が大集合！ランチやディナーをサクッと、リーズナブルな価格でおいしい食事が楽しめる。🕐11～21時（店舗により異なる）🈺なし
MAP P10B2 / P106

(あ)
**カイルア**
**アイランド・スノー**
サーフアイテム カイルアビーチ近くに1号店があり、こちらは2号店。ファッション性の高いオリジナルブランドが充実する。🕐10～19時 🈺なし
MAP P12B3 / P197

おかいもの

**カイルア**
**アイランド・バンガロー・ハワイ**
セレクトショップ インド、トルコ、モロッコなど民族色豊かなのアーティストとコラボしたオリジナル品は一期一会の一点物も多い。🕐10～17時 🈺なし
MAP P12B4 / P195

**ワード**
**アット・ドーン・オアフ**
アパレル オーナーが手染め・縫製したオリジナルのウエアやナチュラルテイストの雑貨が揃う。🕐11～18時（金・土曜は～19時、日曜は～17時）🈺なし
MAP P9D3 / P134

**アラモアナ**
**アラモアナセンター**
ショッピングセンター ラグジュアリーブランド、ローカルブランド、個性派雑貨店、グルメなど何でも揃う。🕐10～20時（店舗により異なる）🈺なし
MAP P9F2 / P114

**マノア**
**アリソン・イズ**
ローカルブランド NYでファッションを学んだ後、ブランドを立ち上げたアリソン。着心地がよくスタイリッシュだ。🕐木曜11～16時、金曜11～18時、土曜10～16時 🈺日～水曜
MAP P5D1 / P140

闇彌生作のカチャなどアー作品も展示

**ワイキキ**
**インターナショナル・マーケットプレイス**
ショッピングセンター 緑あふれる中庭を囲むようにショップが集まるワイキキ中心部のショッピングセンター。レストランも充実。🕐10～21時（店舗により異なる）🈺なし
MAP P10C2 / P182

**モイリイリ**
**ウィミニ・ハワイ**
ローカルブランド オーナーがデザインし、オーガニックコットンにこだわったTシャツやトートバッグなどが人気。🕐11～17時 🈺日曜
MAP P6A1 / P133

**カイルア**
**ウォーベン・バイ・シャオリン**
セレクトショップ インテリアデザイナーのロコガールが手掛けるショップ。センスのいい空間に世界中のかわいいアイテムが揃っている。🕐11～18時 🈺なし
MAP P12B4 / P196

**ワイキキ**
**ABCストア38号店**
コンビニ ハワイ発のコンビニでワイキキだけでも30店舗以上ある。ベーシックな日用品や医薬品のほか、種類豊富なおみやげが充実。🕐6時30分～23時 🈺なし
MAP P10B3 / P150

**カイムキ**
**エブリデイ・ベター・バイ・グリーン・メドウズ**
サスティナブルショップ ローカルはもちろん、ヨーロッパや本土から仕入れたこだわりのエコグッズはギフト用にもおすすめ。🕐11～15時（土・日曜は10時～）🈺月曜
MAP P5F4 / P137

**おかいもの**

| | エリア名／店・スポット名 | 評価 | ジャンル名 | ひと言コメント | MAP／掲載ページ |
|---|---|---|---|---|---|
| あ | ワイキキ **エンジェルズ・バイ・ザ・シー** | | ローカルブランド | リゾートシーンにマッチするファッションアイテム探しはここで。レディースのドレス以外にキッズ、メンズ用のアロハシャツもある。⏰9～21時 ㊡なし | MAP P11D2 / P141 |
| | ワイキキ **オープンマーケット・アット・ワイキキ・ビーチ・ウォーク** | | ファーマーズマーケット | ワイキキ・ビーチ・ウォーク前の広場で開催。15店舗ほどが集まる。みやげに最適な食品もある。⏰月曜の16～20時 | MAP P10B3 / P79 |
| | カイルア **オリーブ・ブティック** | | セレクトショップ | LAカジュアルを中心にハワイのブランドも扱う。セレブ御用達ブランドのカジュアルウエアや小物が充実。⏰10～17時 ㊡なし | MAP P12A3 / P197 |
| か | カイルア **カイルア・サーズデー・ナイト・ファーマーズ・マーケット** | | ファーマーズマーケット | 地産地消の野菜の販売はもちろん、プレートランチをはじめフードの出店が多いのが特徴。カイルアに住むロコたちが子連れで訪れる。⏰木曜の16～19時 | MAP P12B4 / P79 |
| | ワード **カカアコ・ファーマーズ・マーケット** | | ファーマーズマーケット | ローカル産やエコフレンドリー、オーガニックにこだわったショップが多数出店。フード系の店が多いので朝食にもおすすめ。⏰土曜の8～12時 | MAP P9D3 / P185 |
| | カカアコ **カハラ** | | アロハシャツ | 伝統と現代性がほどよく溶け込んだ、大人かっこいい上質のアロハシャツブランド。クラシックでちょっと濃めでファンも多い。⏰10～18時 ㊡なし | MAP P8C3 / P138 |
| | カハラ **カハラモール** | | ショッピングセンター | 地元で長年愛されてきた大型ショッピングモール。ホールフーズ・マーケットのハワイ1号店はココ。⏰10～21時（日曜は～18時、一部店舗により異なる）㊡なし | MAP P5F2 / P208 |
| | カイルア **カラパワイ・マーケット** | | ジェネラルストア | カイルア・ビーチパーク駐車場近くのマーケット。サンドイッチやドリンクがある。雑貨も扱っていてロゴアイテムはおみやげにもおすすめ。⏰6～21時 ㊡なし | MAP P12C2 / P44 |
| | カイムキ **キープ・イット・シンプル** | | サスティナブルショップ | 身近にエコを楽しめるアイテムがズラリと並ぶショップ。おしゃれなエコアイテムはお土産に。⏰10～19時（土・日曜は9時～）㊡なし | MAP P5E4 / P136 |
| | ハレイワ **グアバ・ショップ** | | ローカルブランド | オリジナルブランドはタイダイ染めやリゾート風のデザインが魅力的。ビーチシックにふさわしいアイテムが揃っている。⏰10～18時 ㊡なし | MAP P12B1 / P203 |
| | ハレイワ **クラーク・リトルギャラリー・インテリア** | | ギャラリーショップ | 写真家クラーク・リトル氏のギャラリー。展示、販売だけでなく、ポーチやカードなどのグッズも販売。⏰10～17時 ㊡なし | MAP P12B1 / P203 |
| | アラモアナ **ココネネ** | | 雑貨 | ハワイ生まれのセレクトショップ。自分でモチーフを選んで仕上げるウッドサインが人気。⏰10～19時（日曜は～18時）㊡アラモアナセンターと同じ | MAP P9F2 / P117 |
| | ワイキキ **ココ・マンゴー** | | セレクトショップ | フランス、タヒチ、バリ、ブラジル発のブランドを扱うトロピカル感あふれるハワイらしい店。⏰10～22時 ㊡なし | MAP P10B3 / P183 |
| | ワイキキ **コナ・ベイ・ハワイ** | オススメ！ | アロハシャツ | ヴィンテージ・アロハ・コレクターの日本人オーナーが、1930年代の品質の高いアロハを復活させたいと始めた店。⏰10～17時 ㊡なし | MAP P6B3 / P138 |
| さ | カパフル **サウスショアペーパリー** | | ステーショナリー | ロコに人気のステーショナリーブランド「ブラッドリー＆リリー」のお店。ハワイらしいイラスト入りの文具も揃う。⏰10～15時 ㊡月・土・日曜 | MAP P7D1 / P128 |
| | ワイキキ **ザ・クッキーコーナー** | オススメ！ | クッキー | 赤いパッケージが目印のクッキーメーカー。ロコにも人気で、地元誌でベストクッキーに選ばれたこともあるほど。⏰10～21時 ㊡なし | MAP P10C3 / P123 |
| | ハレイワ **サーフ＆シー** | | サーフショップ | 1965年創業のサーフショップ。オーシャンスポーツ全般を取り扱う。店舗は州から歴史的建造物の指定を受けている。⏰9～19時 ㊡なし | MAP P12C1 / P201 |

着心地抜群のオリジナルTシャツが人気

洗濯物と一緒に乾燥機に入れて使うドライヤーボール

タウンでも着やすいハイビスカス柄のアロハシャツ

| エリア名 店・スポット名 | 評価 | ジャンル名 | ひと言コメント | MAP 掲載ページ |
|---|---|---|---|---|

| ダイヤモンドヘッド **定番** サタデー・ファーマーズ・マーケットKCC | | ファーマーズマーケット | ファーマーズ・マーケットの先駆け的存在で、ホノルルを代表する朝市。野菜やローカルフードなどさまざまなベンダーが並ぶ。🕐土曜の7時30分〜11時 | MAP P5F2 / P78 |
| ワード サルベージ・パブリック | | ローカルブランド | ハワイ発のサーフブランド。シンプルだがトレンドを意識したオリジナルデザインでロコにも評判。🕐11〜20時 ㊡なし | MAP P9E3 / P187 |
| カハラ シグネチャー・アット・ザ・カハラ | | ギフトショップ | ホテルのパティシエが作るマカチョコが人気。クラシックなミルク、ダーク、ホワイトなどのほかに、季節によってコナコーヒーや抹茶味なども作られる。🕐9〜17時 ㊡なし | MAP P5F2 / P208 |
| ワイキキ シグネチャー・バイ・ザ・カハラ・ホテル&リゾート | | ギフトショップ | ザ・カハラ・ホテル&リゾート初の直営店がワイキキにオープン。カハラホテルのオリジナル商品が手に入る。🕐10〜21時 ㊡なし | MAP P10B2 / P181 |
| カイムキ シュガーケーン | | 雑貨 | ローカルブランドやローカルアーティストによる雑貨がずらり。レアな物も多く、口コミも特別なギフト探しに訪れるほど。🕐10〜16時 ㊡なし | MAP P5E4 / P205 |
| アラモアナ シュガー・シュガー・ハワイ | | ファッション&雑貨 | Tシャツからリゾートウエア、手作りジュエリーやハワイ雑貨など、様々なアイテムが揃う。🕐9時30分〜20時30分（日曜は〜20時10分）㊡アラモアナセンターと同じ | MAP P9F2 / P118 |
| ワード ジャナ・ラム・スタジオ・ストア | | ローカルブランド | ロコガールのジャナさんが手がけるガーリーで、鮮やかなオリジナルプリントが人気のブランド。🕐11〜18時 ㊡なし | MAP P9E3 / P141 |
| ダウンタウン ジンジャー13 | | ローカルブランド | ハワイとNYで美術を学んだオーナーが、ハワイの自然と都会的センスを融合したジュエリーを製作。🕐11〜17時（土曜は〜16時）㊡日・月曜 | MAP P8B2 / P192 |
| ワイキキ ステューシー・ホノルル | | カジュアルブランド | 日本でも人気の高い南カリフォルニア発のアパレルブランド。シンプルで上質なサーフ&ストリート系。🕐㊡ロイヤル・ハワイアン・センターと同じ | MAP P10B2 / P181 |
| ハレイワ スヌーピーズ サーフショップ | | 公式ショップ | PEANUTSの公式ショップ。Tシャツやトートバッグのほかパンケーキミックスやステッカーなどの小物系も揃う。🕐11〜17時 ㊡なし ©2024 Peanuts Worldwide LLC | MAP P12B1 / P203 |
| アラモアナ セフォラ | | コスメ | さまざまなブランドを取り扱うコスメのセレクトショップ。オリジナルブランドの「セフォラ コレクション」が人気。🕐10〜20時 ㊡なし | MAP P9F2 / P113 |
| ワイキキ ソーハ・ケイキ | | ローカルブランド | ハワイらしいアイテムで人気のインテリア雑貨店ソーハ・リビングが展開する、キッズ用品の専門店。おみやげにも喜ばれるはず。🕐10〜21時 ㊡なし | MAP P10B3 / P183 |
| カイルア ソーハ・リビング・カイルア | | 雑貨 | カラハモールの人気雑貨店「ソーハ・リビング」のカイルア店。ハワイらしい海をイメージさせるさわやかな小物が充実。🕐9時30分〜19時 ㊡なし | MAP P12B4 / P195 |
| カカアコ ソルト・アット・アワ・カカアコ | | 商業施設 | カカアコの中心となる複合商業施設。飲食店、セレクトショップなど次々と店がオープンしていて見逃せない。ウォールアートの見学と一緒に。🕐㊡店舗により異なる | MAP P8C3 / P189 |
| アラモアナ ターゲット（アラモアナ店） | | スーパーマーケット | アメリカを代表する大型量販店。日用品から食品までなんでも揃う。おみやげ探しがまとめてでき、センスのいい雑貨も多数揃う。🕐8〜22時 ㊡なし | MAP P9F2 / P149 |
| カイルア ターゲット（カイルア店） | | スーパーマーケット | 赤い◎が目印の本土発の大型店。デザイン性が高いキッチン・ホーム雑貨、ファッションを展開し、女性に人気。🕐7〜22時 ㊡なし | MAP P12B4 / P195 |
| ワイキキ **定番** ターコイズ | | セレクトショップ | LAやNYのカジュアルウェアを扱うセレクトショップ。ハワイアンブランドや小物も充実。メンズとキッズも展開。🕐10時30分〜19時 ㊡なし | MAP P10C2 / P134 |

| エリア名 店・スポット名 | 評価 | ジャンル名 | ひと言コメント | MAP 掲載ページ |
|---|---|---|---|---|

**おかいもの**

た

**カカアコ**
**ダウン・トゥ・アース（カカアコ店）**
スーパーマーケット　オーガニック＆ナチュラルなアイテムを扱うハワイのスーパー。おみやげによさそうな雑貨も充実。⏰7〜22時（デリは〜20時）㊡なし
MAP P8C3　P150

**ワード**
**T.J.マックス**
オフプライス　ファッションだけでなく、ホームウェアもアイテム数、量ともに充実している。⏰9時30分〜21時30分（日曜は10〜20時）㊡なし
MAP P9E3　P143

**ワイキキ**
**ディーン＆デルーカ ハワイロイヤル・ハワイアン・センター店**
デリ＆雑貨　日本でも人気の高級食材＆デリの店。おみやげに最適なフードアイテムのほか、ハワイ限定デザインのトートバッグが人気。⏰7〜21時㊡なし
MAP P10B2　P181

**ワイキキ**
**DFSワイキキ**
免税店　ワイキキのランドマーク的な存在。リオープンして新しくなった店内はブルーを基調とした爽やかな印象。⏰10〜22時㊡なし
MAP P10B2　P131

**ワイキキ**
**デュークス・レーン・マーケット＆イータリー**
スーパーマーケット　ABCストアがプロデュースする新コンセプトのグルメ＆マーケット。地産地消にこだわったダイニングとグルメマーケットがある。⏰7〜23時㊡なし
MAP P10C2　P127

**アラモアナ**
**トリ・リチャード**
アロハシャツ　1956年創業で、高級志向のアロハに定評がある。着心地のよい上質な素材に、デザインも多彩。⏰10〜20時㊡アラモアナセンターと同じ
MAP P9F2　P139

**アラモアナ**
**ドン・キホーテ**
スーパー　地元密着型のスーパーだが、観光客からも頼りにされている存在。お弁当や寿司はかなりの品揃えで、ポケ丼がおいしいと評判。⏰24時間営業㊡なし
MAP P9F2　P151

な

**ワード**
**ナ・メア・ハワイ**
クラフト　伝統工芸品から最新のデザインのオリジナル作品まですべてがメイドインハワイ。⏰11〜18時（金・土曜は〜19時）㊡なし
MAP P9E3　P187

**アラモアナ**
**ニーマン・マーカス**
デパート　コスメ、アクセサリー、ウエアなど、世界のトップブランドを幅広く揃えるデパート。⏰11〜18時（金・土曜は〜19時、日曜は12時〜）㊡アラモアナセンターと同じ
MAP P9F2　P116

**アラモアナ**
**ニジヤ・マーケット**
スーパーマーケット　弁当＆デリが豊富な日系スーパー。ヘルシー、グルメ、オーガニック、ナチュラルをコンセプトに自社ブランドにも力を入れている。⏰10〜21時㊡なし
MAP P9F2　P151

**ワイキキ**　オススメ！
**ニュート・アット・ザ・ロイヤル**
アロハシャツ　最高品質のパナマハット専門店だが、実は、上品な帽子にあうレトロなアロハシャツも販売し人気が高い。⏰10〜21時㊡なし
MAP P10C3　P139

**ワード**
**ノアノア**
ローカルブランド　手染めのウェアが素敵なハワイアンブティック。ポリネシアの伝統的な柄を再現したアイテムも要チェック。⏰10〜18時（金・土曜は〜19時）㊡なし
MAP P9E3　P187

**ワイアルア**
**ノースショア・ソープファクトリー**
石けん　ワイアルアにあるソープ工場。植物オイルなどハワイ産の原料を使用した手作り石けんを販売。⏰10〜16時（土曜は9時30分〜）㊡なし
MAP P2B2　P131

**ワイキキ**
**ノードストローム・ラック**
アウトレット　老舗デパートのノードストロームが運営しているので靴の品揃えが豊富。棚にはたくさんの靴がサイズ別に並んでいる。⏰10〜21時㊡なし
MAP P10C2　P143

は

**ワイキキ**
**ハウス・オブ・マナアップ**
セレクトショップ　食品や雑貨などハワイメイドの商品が並ぶ。ブランド背景をチェックしながらエコフレンドリーな商品を選ぶのもおすすめ。⏰10〜21時㊡なし
MAP P10B2　P136

**アラモアナ**
**バス＆ボディ・ワークス**
コスメ　ボディケアやホームフレグランスなど、香りを楽しむアイテムが並ぶ。ミニサイズの商品はおみやげ用にも◎。⏰10〜20時㊡アラモアナセンターと同じ
MAP P9F2　P117

**ハレイワ**
**ハッピー・ハレイワ（ハレイワ店）**
Tシャツ＆雑貨　ツインテールのマスコットキャラクター「ハッピーちゃん」でおなじみのセレクトショップ。ハワイをテーマにしたアパレルや雑貨がずらり。⏰11〜17時㊡なし
MAP P12B1　P201

ハワイ産のはちみつは花の種類もいろいろ

レトロなヴィンテージ風のアロハが揃う

バラマキみやげに便利なミニサイズのアイテムが豊富

| エリア名<br>店・スポット名 | 評価 | ジャンル名 | ひと言コメント | MAP<br>掲載ページ |
|---|---|---|---|---|

**ワイキキ**
ハッピー・ハレイワ
（ワイキキ店）
Tシャツ&雑貨　店のマスコットキャラクター、ハッピーちゃんのTシャツやグッズが人気。サイズも豊富に揃う。🕐10〜21時（日曜は〜20時）㊡なし
MAP P11F2
P132

**アラモアナ**
ハッピーワヒネ
ローカルブランド　ハワイを感じさせるデザインのバッグや小物はどれも実用性に優れ、ロコにも愛用者が多い。🕐10〜20時 ㊡アラモアナセンターと同じ
MAP P9F2
P117

**ハレイワ**
ハレイワ・ストア・ロッツ
ショッピングセンター　老舗のマツモトシェイブアイスを中心に、衣料品や雑貨などのショップやカフェが20店舗ほど集まった小さなモール。㊡店舗により異なる
MAP P12B1
P203

**ハレイワ**
ハレイワ・ファーマーズ・マーケット
ファーマーズマーケット　地元の野菜やフルーツに交じって、ノース在住アーティストたちが持ち寄る手工芸品もあり、これからブレイクしそうな作家を探せるかも。🕐木曜の14〜18時
MAP P2C1
P79

**ワイキキ**
ハレクラニ ブティック
ギフトショップ　ホテル「ハレクラニ」のオリジナルアイテムを販売するギフトショップ。高級感のある限定品は、気の利いたおみやげにもピッタリ！🕐9〜21時 ㊡なし
MAP P10B3
P125

ミルクチョコショ
ートブレッド
など定番の商品

**カカアコ**
ヒア
セレクトショップ　ナチュラル素材にこだわったセレクトショップ。小規模ブランドのアイテムを中心に、オーナーデザインのアイテムも扱う。🕐10時〜17時30分（日曜は〜16時）㊡なし
MAP P8C3
P189

**アラモアナ**　定番
ビッグアイランド・キャンディーズ
クッキー　ハワイ島ヒロ発のクッキーブランド。チョコレートディップが有名。パッケージが多彩でギフトにおすすめ。🕐10〜20時 ㊡アラモアナセンターと同じ
MAP P9F2
P122

**ダウンタウン**
ファイティング・イール
ローカルブランド　母娘のリンクコーデも実現できるロコに人気のローカルブランド。2〜3週間ごとに新作デザインが登場する。🕐10〜18時（日曜11〜16時）㊡なし
MAP P8B2
P192

**カカアコ**
フィッシャー・ハワイ
文房具　デザインはどれもカラフルでユニーク。ハワイ大学のロゴグッズもあり。🕐8時30分〜18時（土曜は〜17時、日曜は10〜15時）㊡なし
MAP P8C3
P184

**カカアコ**
フィッシュケーキ
雑貨　地元クリエイターの作品を中心にセレクトしたインテリア雑貨店。センスのいいアイテムを幅広く取り揃える。🕐10〜17時（日曜は11〜16時）㊡月曜
MAP P9D3
P185

**アラモアナ**
フードランド・ファームズ アラモアナ
スーパー　老舗ローカルスーパーが、できるだけハワイ産やオーガニックの食材を揃えて差別化を図った「ファームズ」ブランドのアラモアナ店。🕐6〜22時 ㊡なし
MAP P9F2
P146

**ダウンタウン**
フォートストリート・モール・ファーマーズマーケット
ファーマーズマーケット　高層ビルに囲まれたファーマーズ・マーケット。クッキーやタヒチアン雑貨など、ほかには出ていないベンダーも多い。🕐火・金曜の7時〜13時30分
MAP P8B2
P79

レトロカラー
がかわいい
キャミワンピ

**アラモアナ**
ブランディ・メルヴィル
カジュアルブランド　イタリアン×マリーンなシンプルコーデが楽しめるカジュアルブランド。シンプルでベーシックなデザインが揃う。㊡アラモアナセンターと同じ
MAP P9F2
P118

**ワイキキ**
フリー・ピープル
ブランド　軽やかで個性的なボヘミアンスタイルを提案。ハイセンスなウエアやアクセサリーなどに出合える。🕐㊡インターナショナル・マーケットプレイスと同じ
MAP P10C2
P182

little
hawaii
cosmetic

アラモアナ店
限定のコスメ
ポーチは要チ
ェック！

**アラモアナ**
ブルー・ハワイ・ライフスタイル
ナチュラルストア　メイドインハワイのコスメや自然派食品が集まる。カフェも併設。🕐10〜18時（日曜は11時〜）㊡アラモアナセンターと同じ
MAP P9F2
P126

**アラモアナ**
ブルーミングデールズ
デパート　NYに本店のある高級デパート。ここだけでしか手に入らない、有名ブランドとのコラボ商品も。🕐11〜20時（日曜は12〜18時）㊡アラモアナセンターと同じ
MAP P9F2
P116

**カイルア**
プロテアゼロウエストストア
サスティナブルショップ　環境にやさしい商品がそろうセレクトショップ。エコなのにユニークなアイテムが目を引く。🕐10〜18時（土・日曜は〜16時）㊡なし
MAP P12A3
P137

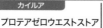

おかいもの

ホールフーズのトートは定番人気のおみやげ

メイドインハワイのオイルでお肌すべすべに

ハワイらしいデザインのミニバッグは自分用に

| エリア名 店・スポット名 | 評価 | ジャンル名 | ひと言コメント | MAP 掲載ページ |
|---|---|---|---|---|
| ⓱ **カパフル**<br>ベイリーズ・アンティークス&アロハシャツ | | ヴィンテージショップ | 1980年にオープンしたヴィンテージ・ショップ。オーナーがセレクトしたヴィンテージアロハを中心に売っている。⏰11〜17時 ㉠なし | MAP P7E2<br>P205 |
| **カイルア**<br>ホールフーズ・マーケット（カイルア店） | | スーパーマーケット | ヘルスコンシャスなカイルア住民の御用達の店で他店よりローカル度が高く、売り場も落ち着いている。カイルア店限定商品あり。⏰7〜22時 ㉠なし | MAP P12A4<br>P194 |
| **ワード**<br>ホールフーズ・マーケット（クイーン店） | | スーパーマーケット | オーガニックを中心に自然派のフードやコスメが勢揃いする。1階と2階にはイートインコーナーもある。⏰7〜22時 ㉠なし | MAP P9D3<br>P144 |
| **ワイキキ** 定番<br>ホノルル・クッキー・カンパニー | | クッキー | パイナップルの形がキュートなメイドインハワイのクッキー。上質なバターを使用し、サクッとした歯ごたえが人気。⏰10〜21時 ㉠なし | MAP P10C2<br>P123 |
| **ハレイワ**<br>ボルーギャラリー | | ギャラリーショップ | 地元アーティストへのサポートにも積極的に取り組むギャラリー。アートプリントやウエア、アクセサリーなどのアイテムが揃う。⏰10〜18時 ㉠なし | MAP P12B1<br>P203 |
| **マッカリー** オススメ！<br>マヌヘアリイ | | ローカルブランド | フラ愛好家にもファンが多い。4〜6週間ごとに新しいコレクションが登場する。⏰10〜17時（土曜は9〜16時、日曜は〜15時）㉠なし | MAP P9F1<br>P134 |
| **カイルア**<br>マノア・チョコレート | | チョコレート | ハワイ産の食材を使ったフレーバーチョコを展開。工場ではカカオ豆の選定から焙煎、加工までを行う。⏰10〜17時（金〜日曜は9時〜）㉠なし | MAP P12B3<br>P124 |
| **マノア**<br>マノア・マーケットプレイス | | ショッピングセンター | スーパーやレストラン、ショップなど約50軒が並ぶ。火・木・土曜の7〜14時はファーマーズ・マーケットも開催される。⏰㉠店舗により異なる | MAP P5D1<br>P206 |
| **ワイキキ**<br>マノア・ラブ・デザイン | | ジュエリー | イニシャルやハワイ語を描いた14金、18金、24金のオリジナルアクセサリーが人気。カスタムオーダーもできる。⏰10〜21時 ㉠なし | MAP P10C2<br>P182 |
| **ワイキキ**<br>マリエ・オーガニクス | | コスメ | カウアイ島のオーガニック・ボディケアブランド直営店。ハワイの植物エッセンスを原料に使った体にやさしいコスメが人気。⏰10〜21時 ㉠なし | MAP P10C3<br>P131 |
| **カイルア**<br>ミューズ・カイルア | | ウエア&雑貨 | センスのよいアイテムが充実。ライフスタイルをコーディネートできるような、ビーチシックな洋服やキッチン雑貨が揃っている。⏰10〜15時 ㉠月曜 | MAP P12B3<br>P197 |
| **アラモアナ**<br>ムーミン・ショップ・ハワイ | | キャラクター | ここでしか手に入らないキュートなアイテムが勢揃い。店内の壁にフォトスポットあり。⏰11〜19時（日曜は〜18時）㉠なし | MAP P9F2<br>P132 |
| **ワイキキ**<br>モアナ・バイ・デザイン | | チョコレート | ホテルのシンボルであるバニアンツリーを箱に描いたオリジナルスイーツを販売。紅茶やクッキーなども販売している。⏰11〜19時 ㉠なし | MAP P11D2<br>P124 |
| **ワード**<br>モリ・バイ・アート&フリー | | アートショップ | ハワイの地元アーティストの作品を集めたショップ。アロハシャツから雑貨やアクセサリーまで集まる。⏰11〜18時（金・土曜は〜19時）㉠なし | MAP P9E3<br>P187 |
| **カリヒ**<br>ライオン・コーヒー | | コーヒーショップ | フレーバーコーヒーの元祖。コーヒー豆やマグカップが購入できるショップのほか工場やカフェも併設。⏰6時30分〜15時 ㉠日曜、祝日 | MAP P4A3<br>P125 |
| **ワイキキ**<br>ラナイ・トランジット | | バッグ | ロコのために作られたバッグは上質な革素材を使用しており、機能性が高いと評判。ハワイ店舗限定のレア商品も。⏰10〜22時 ㉠なし | MAP P10B2<br>P181 |
| **カイルア**<br>ラニカイ・バス&ボディ | | コスメ | ハワイらしいトロピカルな香りのボディ&ヘアケアアイテムが多彩に揃うのでギフトに。⏰10〜17時（日曜は〜16時）㉠なし | MAP P12B3<br>P131 |

**ワード**
**リンズ・ハワイアン・スナック**
お菓子 台湾から移住した兄弟が始めたハワイの駄菓子店。ローカルに人気のリーヒンムイ（乾燥梅）はなんと80種類もあるとか！⏰10〜19時 🈂なし
MAP P9D3
P129

**アラモアナ**
**ルピシア**
紅茶 世界各国の産地から厳選した、高品質のお茶がずらり。トロピカルなハワイ限定ティーがあるのがポイント。パッケージも素敵。⏰アラモアナセンターと同じ
MAP P9F2
P117

**カイルア**
**レイナイア**
ジュエリー ピンクのワゴンから実店舗へ。オーナー手作りのハワイをモチーフにしたワイヤー製のアクセサリーが並ぶ。⏰10〜18時（日曜は〜15時）🈂月曜
MAP P12A3
P134

**アラモアナ** 定番
**レイン・スプーナー**
アロハシャツ 特有の淡い色調の裏地と仕立てのよさで、ハワイのビジネスマンに愛され続けているブランド。キッズサイズも揃っている。⏰🈂アラモアナセンターと同じ
MAP P9F2
P139

**アラモアナ**
**レインホノルル**
ジュエリー オーナーはハワイ出身のジュエリーデザイナー。ホームメイドジュエリーの他にも、雑貨や服などがそろう。⏰10〜20時🈂アラモアナセンターと同じ
MAP P9F2
P118

**ワイキキ**
**レスポートサック**
バッグ 軽量で機能性の高いバッグ。ハワイ限定柄やアーティストとのコラボ・コレクションが充実。⏰10〜21時 🈂ロイヤル・ハワイアン・センターと同じ
MAP P10B2
P181

**カイムキ**
**レッド・パイナップル**
ギフトショップ 個性豊かなアイテムが所狭しと並ぶギフトショップ。ハワイ在住アーティストのものなど、ハワイメイドを見つけたい。⏰8〜17時 🈂なし
MAP P5F4
P205

**ワイキキ**
**ロイヤル・ハワイアン・センター**
ショッピングセンター 110店舗以上ものショップが入る、ワイキキで最大のショッピングセンター。カルチャー体験教室も開催。⏰10〜22時（店舗により異なる）🈂なし
MAP P10B2
P180

**ワイキキ**
**ロイヤル ハワイアン ベーカリー**
ベーカリー 憧れのホテル「ロイヤル ハワイアン」のベーカリーショップ。限定グッズやクッキーなどはおみやげにも◎。⏰6〜12時 🈂なし
MAP P10C3
P124

**ワイキキ**
**ロコ・ブティック**
ビーチウェア 日本でも人気、ロコガール御用達の水着ショップ。ビーチアイテムやピアス、キャンドルなどおしゃれ雑貨も並ぶ。⏰9〜21時 🈂なし
MAP P10B2
P132

**カイルア** オススメ！
**ローレン・ロス・アート**
ローカルブランド ローレン・ロスが自身のギャラリーをオープン！ハワイの自然を描いたアクリル画やTシャツ、ポーチ、雑貨などを扱う。⏰10〜17時（日曜は〜16時）🈂なし
MAP P12B4
P140

**ワイキキ**
**ロス・ドレス・フォー・レス**
オフプライス アパレル、雑貨、キッチン用品、家具などを、デパート価格の20〜60％オフで扱っている。キッズ用品も多い。⏰8〜23時 🈂なし
MAP P10C2
P142

**カカアコ**
**ロノハナ・エステート・チョコレート**
チョコレート カカオ豆の栽培から製造、販売までを一貫して行うチョコレートブランド。ハワイ産のカカオのみを使用。⏰10〜17時（木〜日曜は〜18時30分）🈂なし
MAP P8C3
P124

**ダウンタウン**
**ロベルタ・オークス**
ローカルブランド オーナーのロベルタさんがデザインする服が、おしゃれ好きなロコの間で評判。世界各地から買い付けてきたお気に入り雑貨も並ぶ。⏰11〜18時 🈂日曜
MAP P8A2
P192

**ワイキキ**
**ロングス・ドラッグス**
ドラッグストア 薬やコスメからハワイみやげやビーチグッズも充実する24時間営業のドラッグストア。チョコレートやコーヒーなどは割引価格で並ぶ。⏰24時間営業 🈂なし
MAP P10B2
P151

**ワード**
**ワードビレッジ**
ショッピングセンター 再開発が進むワードエリアにある複合型ショッピングタウン。注目ショップが集まるサウスショア・マーケットは要チェック。⏰🈂店舗により異なる
MAP P9D3
P186

**ワイキキ**
**ワイキキ・ビーチ・ウォーク**
ショッピングストリート ルワーズ・ストリート沿いに立つオープンエアのモール。小規模ながら、ダイニングからギフト、ファッションまで個性派揃い。⏰店舗により異なる 🈂なし
MAP P10B3
P183

手元をキレイに見せてくれるブレスレット

水着もリーズナブル！堀り出し物を見つけよう

酸味や甘味などが異なるさまざまなフレーバーがある

わ

| エリア名 店・スポット名 | 評価 | ジャンル名 | ひと言コメント | MAP 掲載ページ |
|---|---|---|---|---|
| ⓦ **ワイキキ** ワイキキ・ファーマーズ・マーケット | | ファーマーズマーケット | ワイキキの中心に立つ、ハイアット リージェンシー ワイキキ リゾート＆スパの1階で開催。ツーリスト目線の品揃えになっている。🕐月・水曜の16～20時 | MAP P11D2 P79 |
| **ワイキキ** ワイキキマーケット | | スーパーマーケット | ハワイ産食材からアルコール、雑貨などバラエティ豊かな品揃え。グルメな口コの間で話題の惣菜コーナーも大人気。🕐6～22時 ㊡なし | MAP P11D1 P151 |
| **ワイケレ** ワイケレ・プレミアム・アウトレット | | アウトレット | ハワイ最大のアウトレットで、人気の高級ブランドからおなじみのブランドまでが軒を連ねる。🕐10～19時（金・土曜は～20時、日曜は11～18時）㊡なし | MAP P2C3 P143 |
| ⓐ **ワイキキ** アイランド・ヴィンテージ・ワインバー | | ワインバー | アイランド・ヴィンテージ・コーヒーがプロデュースするワインバー。世界各国のワインを堪能できる。🕐7～22時 ㊡なし | MAP P10B2 P161 |
| **ワイキキ** エッジ・オブ・ワイキキ | | バー | シェラトン・ワイキキのプールサイドにある。サンセットを見ながらトロピカルカクテルが味わえる。🕐11時30分～17時（ライブは12時～）㊡なし | MAP P10C3 P158 |
| **ワード** オフ・ザ・ウォール | | ビアバー | タップに専用のカードをかざし、好きなお酒を注いで飲めるユニークなスタイルのバー。🕐11～22時（木曜は～23時、金・土曜は～24時、日曜は～21時）㊡なし | MAP P9E3 P187 |
| ⓢ **ワイキキ** 定番 ザ・ビーチ・バー | | バー | ワイキキのオーシャンフロントにあり、樹齢100年以上のバニヤン・ツリーの下にある。夜にはライブ演奏も。🕐11～22時30分 ㊡なし | MAP P11D2 P159 |
| **ワイキキ** スイム | | バー | カラカウア大通り沿いのホテルの3階にある。アウトドア席は、青く美しいワイキキビーチが見下ろせる絶好のロケーション。🕐11～22時 ㊡なし | MAP P11D2 P158 |
| **ワイキキ** スカイワイキキ | | バーラウンジ | モダンな雰囲気が楽しめるバーラウンジ。2020年にルーフトップオイスターバーとしてリニューアルオープン。🕐16～23時（金・土曜は～翌2時）㊡なし | MAP P10C2 P161 |
| **ワイキキ** ★★ スピリット・オブ・アロハ | | サンセットクルーズ | ワイキキビーチから出港するサンセットクルーズが人気。海上から絶景を眺められる。㊡サンセットクルーズチェックイン17時10分 ㊡金曜 | MAP P6B4 P156 |
| ⓣ **ワイキキ** チャートハウス | | レストラン | アラワイヨットハーバーに面した老舗レストラン。ハッピーアワーも開催。🕐15時30分～23時（土・日曜は10～15時も営業）㊡なし | MAP P6A3 P157 |
| ⓗ **ワイキキ** パイナ・ワイキキ・ルアウ | | ルアウショー | 2023年6月にスタートした、ワイキキで一番新しいルアウショー。ホテルのプールデッキで開催されるショーは圧巻。🕐17時45分～20時 ㊡火・木・土曜 | MAP P11F2 P162 |
| **ワイキキ** オススメ! ハウス ウィズアウト ア キー | | フラショー | オーシャンフロントのロケーションでライブ演奏とフラを開催。🕐7時～10時30分、11時30分～17時、17～21時 ㊡なし | MAP P10B3 P157 |
| ⓜ **ワイキキ** 定番 マイタイ バー | | バー | ワイキキビーチやダイヤモンドヘッドを間近に望む、ロイヤル ハワイアン ホテルのバー。各国のセレブたちが訪れる。🕐11～23時 ㊡なし | MAP P10C3 P158 |
| **ワイキキ** 定番 マウイ・ブリューイング・カンパニー | | クラフトビール | マウイ島発のブリューワリー＆レストラン。ワイキキ店は、バー、レストラン、ラナイ合わせて435席と広々。🕐11～22時（金・土曜は～23時）㊡なし | MAP P10C2 P164 |
| ⓨ **ワイキキ** オススメ! ヤードハウス | | クラフトビール | クラフト生ビールやサイダーが常時130種以上。ハッピーアワーではおつまみ、前菜も半額に。🕐11～翌1時（金・土曜は～翌1時20分）㊡なし | MAP P10B3 P165 |
| ⓡ **ワイキキ** ラムファイヤー | | バー | ワイキキビーチとダイヤモンドヘッドを眺めながら料理をリーズナブルに楽しめる。🕐16時15分～23時 ㊡なし | MAP P10B3 P159 |

☆夜あそび◦

ハワイに来たらブルーハワイのカクテルを

定番のカクテル「マイタイ」と一緒に

好きな銘柄を選んで豪快に飲もう

| エリア名 店・スポット名 | 評価 | ジャンル名 | ひと言コメント | | MAP 掲載ページ |
|---|---|---|---|---|---|

~リビュート アーティスト り楽しいショ ーを見られる

**ワイキキ**
**ロイヤル ハワイアン ルアウ ～アハアイナ～**
ハワイアンショー　憧れのピンクパレスで行われるルアウ。夕暮れの時間にはじまるショーは、ワイキキで一番美しいとも称される。🕐月・木曜17時～ 🈲火・水・金～日曜
MAP P10C3
P163

**ワイキキ**
**ロック・ア・フラ**
ハワイアンショー　ロイヤル・ハワイアン・シアターで開催されるショー。🕐19時40分～21時（ディナー付きパッケージはショーの前にディナータイムあり）🈲金曜
MAP P10B2
P162

ⓦ **ワイキキ**
**ワイオル・オーシャン・キュイジーヌ**
夜景レストラン　緑と海の景色が楽しめ、夕刻には美しいサンセットがテラスの向こう側に広がるロマンチックなグルメスポット。🕐11～22時（ディナーは17時～）🈲なし
MAP P10A3
P154

**ワイキキ**
**ワイキキ・スターライト・ルアウ**
ハワイアンショー　ホテルの屋上で、地元産の野菜を使ったディナーとともにライブやフラが楽しめる。ファイヤーナイフダンスが圧巻。🕐17時30分～20時 🈲月・火・土曜
MAP P6B4
P163

**ワイキキ**
**ワイキキ・ブリューイング・カンパニー**
クラフトビール　店内の発酵タンクの中で造る、できたての自家製のクラフトビールを味わえる。🕐10時30分～23時（金・土曜は9～24時、日曜は8時～）🈲なし
MAP P6B3
P165

✿ ビューティ

ⓐ **ワイキキ**
**アクア・ネイルズ**
ネイル　アートつき親子プランやペディキュア、ジェルネイルなどお手頃な価格設定になっている。予約なしでもOK。🕐10～17時 🈲日曜
MAP P10C2
P172

**ワイキキ**　定番
**アバサ ワイキキ スパ**
ホテルスパ　「Spas of America」でハワイ州1位、全米2位に輝いたこともある人気スパ。🕐10～18時 🈲なし
MAP P10C3
P168

ⓚ **ワイキキ**
**カフナ＆マナ・マッサージ**
ロミロミ　リーズナブルながら技術が高いと評判のサロン。時間や料金、体調などに合わせてメニューを組み立ててくれる。🕐10～21時 🈲なし
MAP P10B2
P170

**ワイキキ**
**ココロミ マッサージ**
ロミロミ　ワイキキの中心で本格ロミロミを良心的な価格で体験できる。完全個室のサロンで、通常価格より割引になるカップル割もある。🕐10～22時 🈲なし
MAP P10B2
P170

ⓢ **ワイキキ**
**ザ・リッツ・カールトン・レジデンス ワイキキビーチ・スパ**
ホテルスパ　ハワイ諸島に伝わるヒーリング手法にインスパイアされた、オリジナルのトリートメントを提供。人気なので予約が望ましい。🕐10時30分～17時30分
MAP P10A2
P168

**ワイキキ**　オススメ！
**スパハレクラニ**
ホテルスパ　ハワイやポリネシア、アジアの伝統的マッサージ、ボディトリートメント、フェイシャル、ネイルケアなど幅広い。🕐8時30分～20時 🈲なし
MAP P10B3
P168

ⓝ **ワイキキ**
**ネイル・ラボ**
ネイル　手描きのハワイアンアートや、オリジナルのネイル用ハワイアンジュエリーやパワーストーンを用いたネイルが特徴。🕐10～19時 🈲なし
MAP P10C3
P173

ⓜ **ワイキキ**
**マナ・ロミロミ**
ロミロミ　税金もチップもすべて含まれた料金設定。店名のマナはハワイ語で「気」という意味。🕐8～22時（最終予約）🈲なし
出張専門
P171

ワイらしい イルアート かわいい

**ワイキキ**
**モアナ ラニ スパ～ヘブンリースパ バイ ウェスティン～**
ホテルスパ　ワイキキで唯一、ビーチが目の前に広がるスパ。波音を聴きながら本格的な施術が受けられ人気がある。🕐9～18時（最終入店は17時）🈲なし
MAP P11D3
P169

ⓡ **ワイキキ**
**ルアナワイキキ ハワイアン ロミロミ マッサージ＆スパ**
ロミロミ　ワイキキの中心にあり、子連れママにも人気の専門店。ロミロミのほかフェイシャルメニューなども多彩に揃う。🕐9～18時※土・日曜は完全予約制 🈲なし
MAP P10B2
P171

**ワイキキ**
**ロミノハワイ**
ロミロミ　ホテルの自分の部屋でリラックスして施術を受けられる。全員が日本人セラピストなのもうれしい。🕐9時～21時（最終予約）🈲なし
出張専門
P171

# オプショナルツアー

滞在日数が短いときやハワイ初心者でも気軽に参加できて便利なのがオプショナルツアー。女子に人気の高いツアーを選りすぐってご紹介。

①出発・帰着時間 ②所要時間 ③催行日 ④料金 ⑤食事
⑥送迎の有無 ⑦日本語スタッフ（目的地に到着後）

**ワイキキ** オリオリハワイオプショナルツアー取り扱いデスク
**オリオリプラザ・シェラトン**

MAP●P10C3

DATA 交R.H.Cから徒歩2分 住シェラトン・ワイキキ・ホテル正面玄関の車寄せエリア 木のベンチの裏
時8〜17時 休なし
URL www.hawaiioption.com/

---

### 天使の海ピクニック・セイル

ハワイに来たら一度は訪れたい人気のポイント。干潮時、海の真ん中に見ることができる浅瀬のサンドバー（砂州）。息をのむほど美しい天使の海でハワイの休日を。（→P49）

①9時〜15時30分 ②約6時間 ③月〜土曜日
④$181〜、3〜11歳$159〜 ⑤昼食あり ⑥あり ⑦あり

### ダイヤモンドヘッド・ハイキングと
### カフェ・カイラ朝食

ダイヤモンド・ヘッドをゆっくり登り、頂上からの絶景を眺めて爽快な気分に。その後人気のレストラン「カフェ・カイラ」のパンケーキ朝食を堪能。

①5〜9時 ②約3時間30分 ③日〜金曜（ただし2024年6月1日〜8月30日は毎日）④$144、0〜2歳無料 ⑤朝食あり ⑥あり ⑦なし

---

### クアロア牧場アクティビティー
### 乗馬パッケージ

東京ドームの約450倍、人気映画の舞台にもなった広大なクアロア・ランチで、人気の乗馬やアクティビティに挑戦してみよう（10歳未満、妊婦の参加は不可）。

①7時15分〜16時30分 ②約9時間 ③月〜金曜 ④$266、10〜12歳$198 ⑤昼食あり ⑥あり ⑦日本語または英語

### カ・モアナ・ハワイアンディナーショー
### セレブリティ・パッケージ

太平洋の島々のダンスや歌、レイ作りなどのアクティビティを通してポリネシア文化を体験！ ロミロミサーモンやポイなどのハワイの伝統料理も満喫できる。

①16時10分〜21時 ②約4時間30分 ③日〜金曜（2024年6〜8月は毎日催行、ただし8月22〜24日除く）④$239〜、4〜12歳$197〜、13〜17歳$218 ⑤夕食あり ⑥あり ⑦なし

---

### オアフ島一周
### よくばり観光

噂のパワースポットや人気の街ノースショアまで充実の島巡り！ 名物ガーリックシュリンプのランチ付きなのもうれしい。

①8時〜16時20分 ②約8時間 ③毎日（一部の祝日は休み）④$169、3〜11歳$156 ⑤昼食あり ⑥あり ⑦あり

### カイルア・カヤック・
### アドベンチャーズツアー
### 2時間ガイド付き

日本語ガイド付きだからカヤック未経験者にもおすすめ！ 全米1美しいハワイのビーチをとことん満喫しよう（13歳未満の参加は不可）。

①7時45分〜16時 ②約7時間30分 ③火〜土曜 ④$193 ⑤昼食あり ⑥あり ⑦あり

### スピリチュアル・
### ハレイワ星空ツアー

マナ（スピリチュアル・パワー）に満ちたスポット＆ハレイワ・タウン散策。夜は美しく満天に輝く星空観察付き（季節により発着時間変更）。

①12時45分〜21時30分 ②約9時間 ③月〜土曜日 ④$170、2〜11歳$140 ⑤夕食あり ⑥あり ⑦あり

---

### ディナー＆シティ・ライト・
### オーキッズ＆タンタラス
### 夜景

名門ホテル「ハルクラニ」のダイニング「オーキッズ」で豪華ディナーを楽しんだあとは、夜景スポットのタンタラスの丘へ。

①17時20分〜21時 ②約3時間30分 ③毎日 ④$250、0〜2歳無料 ⑤夕食あり ⑥あり ⑦なし

### 3スター・サンセット・クルーズ
### セレブレーション・プラン

ワイキキ沖を大型クルーズ船で遊覧。美しいサンセットを窓際プライベート席から望める。金曜日には花火ショーを開催。（$256〜）

①16時30分〜20時 ②約3時間30分 ③土〜木曜（独立記念日は休み）④$223、3〜11歳$154 ⑤夕食あり ⑥あり ⑦なし

### ナ・ホオラ・スパ（ハワイアン・
### ロミロミ・マッサージ50分）

施設が大充実した1000平方メートル近い広さのスパで、窓の外に雄大な太平洋と美しいワイキキを眺めながらスペシャルマッサージを受けられる。

①10時予約の場合：9時40分〜11時 ②約1時間30分 ③毎日 ④$234〜（2023年度）⑤なし ⑥なし ⑦あり

---

# お役立ち！ シーン別！ 旅の 英語

♪▶ 観光シーン

ツアーの予約をしたいとき
**ツアーを予約したいのですが。**

**I'd like to book a tour.**
アイド ライク トゥ ブック ア ツアー

撮影の許可がほしいとき
**写真やビデオを撮ってもいいですか？**

**Is it OK to take pictures or videos?**
イズ イット オーケイ トゥ テイク ピクチャーズ オア ヴィディオズ

ツアーの集合時間を聞きたいとき
**何時までに戻ればいいですか？**

**What time should I back here?**
ワッ タイム シュド アイ バック ヒア

日本語案内がほしいとき
**日本語のパンフレットはありますか？**

**Do you have a brochure in Japanese?**
ドゥ ユー ハヴ ア ブロシュア イン ジャパニーズ

キャンセル料の有無を知りたいとき
**キャンセル料はかかりますか？**

**Is there a cancellation fee?**
イズ ゼア ア キャンセレーション フィー

日本語で話したいとき
**日本語を話せる方はいらっしゃいますか？**

**Does anyone speak Japanese?**
ダズ エニワン スピーク ジャパニーズ

レンタルしたいとき
**パラソルを半日レンタルしたいです。**

**I'd like to rent a parasol for a half day.**
アイド ライク トゥ レント ア パラソル フォー ア ハーフ デイ

記念写真を撮りたいとき
**私たちの写真を撮っていただけますか？**

**Could you please take a picture of us?**
クッジュー プリーズ テイク ア ピクチャー オブ アス

🚕▶ 移動シーン

行きたい方面のバス停か知りたいとき
**ここはワイキキ方面のバス停ですか？**

**Is this the correct buses towards Waikiki?**
イズ ジス ザ コレクト バシーズ トゥワーズ ワイキキ

降りる場所を教えてほしいとき
**アラモアナセンターに着いたら教えてもらえますか？**

**Will you tell me when we arrive at Ala Moana Center?**
ウィル ユー テル ミー ウェン ウィ アライブ
アット アラモアナセンター

タクシーを呼んでもらうとき
**タクシーを呼んでもらえますか？**

**Could you call a taxi for me?**
クッジュー コール ア タクシー フォー ミー

タクシーで行き先を伝えるとき
**ワイキキレストランまでお願いします。**

**To Waikiki Restaurant, please.**
トゥ ワイキキ レストラン プリーズ

行き方を聞きたいとき
**そこまでどうやって行ったらいいですか？**

**How can I get there?**
ハウ キャナイ ゲット ゼア

所要時間を聞きたいとき
**そこへ行くのにどのくらい時間がかかりますか？**

**How long does it take to get there?**
ハウ ロング ダズ イット テイク トゥ ゲット ゼア

ホテルシーン

**チェックインしたいとき**
チェックインをお願いします。

**I'd like to check in please.**
アイド ライクトゥ チェック イン プリーズ

**荷物を預けたいとき**
荷物を預かってもらえますか？

**Would you keep my baggage please?**
ウッジュー キープ マイ バゲジ プリーズ

**Wi-Fiを利用したいとき**
Wi-Fiのパスワードを教えてください。

**Could you tell me the password for Wi-Fi?**
クッジュー テル ミー ザ パスワード フォー ワイファイ

**両替をしたいとき**
両替してください。

**I'd like to change some money.**
アイド ライク トゥ チェンジ サム マネー

**プールに行くとき**
プール用のタオルを貸してください。

**Can I borrow a towel for the pool?**
キャナイ ボロウ ア タウエル フォー ザ プール

**朝食の時間を聞きたいとき**
朝食はいつ提供されますか？

**When is breakfast served?**
ウェン イズ ブレックファスト サーブド

**部屋の希望を伝えるとき**
海の見える部屋が良いです。

**I'd like a room with an ocean view.**
アイド ライク ア ルーム ウィズ アン オーシャン ビュー

**部屋にドライヤーがないとき**
ドライヤーを持ってきていただけますか？

**Could you bring me a hairdryer?**
クッジュー ブリング ミー ア ヘアードライヤー

**室内に鍵を忘れたとき**
鍵を持たずに、部屋を出てしまいました。

**I've locked myself out of my room.**
アイブ ロックド マイセルフ アウト オブ マイ ルーム

**トイレが壊れているとき**
トイレの水が流れません。

**The toilet doesn't flush.**
ザ トイレット ダズン フラッシュ

トラブルシーン

**飛行機が欠航したとき**
代わりのフライトをお願いします。

**May I get an alternative flight?**
メイ アイ ゲット アン オルターナティブ フライト

**まわりに緊急を知らせるとき**
緊急事態です。

**It's an emergency.**
イッツ アン エマージェンシイ

**具合が悪いとき**
気分が悪いです。

**I'm not feeling well.**
アイム ノット フィーリング ウェル

**ものをなくしたとき**
パスポートをなくしました。

**I lost my passport.**
アイ ロスト マイ パスポート

**事故に遭ったとき**
交通事故に遭いました。

**I was in a traffic accident.**
アイ ワズ イン ア トラフィック アクシデント

**盗難にあったとき**
財布を盗まれました。

**Somebody stole my wallet.**
サムバディ ストウル マイ ワレット

254

グルメシーン

### テラス（ラナイ）席に座りたいとき
テラス（ラナイ）席をお願いします。

**We'd like to sit on the terrace（lanai）sheet.**
ウィド ライク トゥ シット オン ザ テラス（ラナイ）シート

### おすすめ料理を知りたいとき
おすすめは何ですか？

**What do you recommend?**
ワッ ドゥ ユー リコメンド

### コーヒーのおかわりがほしいとき
コーヒーのおかわりをもらえますか？

**Can I have a refill of coffee?**
キャナイ ハヴァ リフィル オブ カフィー

### 取り皿がほしいとき
取り皿をいただけますか？

**Can I have some extra plates?**
キャナイ ハヴ サム エクストラ プレイツ

### みんなで分けることを伝えるとき
みんなで分けて食べます。

**I'd like to share it.**
アイド ライク トゥ シェア イット

### 持ち帰りたいとき
持ち帰り用の容器をください。

**Can I have a to-go container, please?**
キャナイ ハヴァ トゥ ゴー コンテイナー プリーズ

### 違う料理がきたとき
これは頼んだ料理ではありません。

**This is not what I orderd.**
ジス イズ ノット ワッ アイ オーダード

### 会計を分けたいとき
別々に会計してもらえますか？

**Can we pay separately?**
キャン ウィ ベイ セパレートリー

ショッピングシーン

### 試着したいとき
試着してもいいですか？

**Can I try this on?**
キャナイ トライ ディス オン

### ほかのサイズがほしいとき
もう少し小さい（大きい）サイズはありますか？

**Do you have smaller（larger）size?**
ドゥ ユー ハヴ スモーラー（ラージャー）サイズ

### 取り置きしてもらう
取り置きしてもらうことはできますか？

**Can you keep it for me?**
キャンニュー キープ イット フォー ミー

### 買物したものを袋に入れてほしいとき
袋に入れてもらえますか？

**Could you put them in a bag, please?**
クッジュー プット ゼム インナ バッグ プリーズ

### クーポンを使う
このクーポンは使えますか？

**Can I use this coupon?**
キャナイ ユーズ ジス キューポン

### 日本に持ち帰れるか知りたいとき
日本に持ち帰れますか？

**Can I take it to Japan?**
キャナイ テイク イット トゥ ジャパン

## よく聞くハワイ語

| | 日本語 | ハワイ語 | 読み方 |
|---|---|---|---|
| 1 | こんにちは | Aloha | アロハ |
| 2 | ありがとう | Mahalo | マハロ |
| 3 | 家族 | Ohana | オハナ |
| 4 | テラス（ベランダ） | Lanai | ラナイ |
| 5 | 山側（山に向かって） | Mauka | マウカ |

| | 日本語 | ハワイ語 | 読み方 |
|---|---|---|---|
| 6 | 海側（海に向かって） | Makai | マカイ |
| 7 | 女性 | Wahine | ワヒネ |
| 8 | 男性 | Kane | カネ |
| 9 | 子ども | Keiki | ケイキ |
| 10 | おつまみ、前菜 | Pupu | ププ |

初版印刷　2024年5月15日
初版発行　2024年6月1日

編集人　　福本由美香
発行人　　盛崎宏行
発行所　　JTB パブリッシング
　　　　　〒135-8165
　　　　　東京都江東区豊洲5-6-36
　　　　　豊洲プライムスクエア11階

企画・編集　　　　　情報メディア編集部
　　　　　　　　　　編集デスク…安藤博子
　　　　　　　　　　編集担当…山本いつき
取材・執筆　　　　　アーク・コミュニケーションズ／ジュニパーベリー（杉本麻美那、
　　　　　　　　　　高木有香、神山彩子、緒見友香）／四谷工房／浅見麻衣子
アートディレクション　中嶋デザイン事務所
表紙デザイン　　　　中嶋デザイン事務所
デザイン　　　　　　中嶋デザイン事務所／山﨑デザイン室（山﨑剛）／橋本有希子
　　　　　　　　　　BUXUS（佐々木恵里）／office鐵／アトリエプラン／BEAM
表紙イラスト　　　　MASAMI
本文イラスト　　　　MASAMI／テライ アリサ／北川ともあき
撮影・写真協力　　　宮澤拓／内田恒／桐生真／酒井康／富川絢
　　　　　　　　　　KUNI Nakai／ウシオダキョウコ／岩井加代子
　　　　　　　　　　遠藤麻美／Kayoko Hoshi／pixta／123RF／gettyimages
現地コーディネート　JTBハワイ／松延むつみ／高田あや
取材協力　　　　　　関係者施設
地図　　　　　　　　アトリエプラン
組版　　　　　　　　エストール
印刷所　　　　　　　TOPPAN／ローヤル企画

編集内容や、乱丁、落丁のお問合せはこちら
JTBパブリッシング お問合せ♪
https://jtbpublishing.co.jp/contact/service/

本誌掲載の記事やデータは、特記のない限り2024年3月現在のものです。その後の移転、閉店、料金改定などにより、記載の内容が変更になることや、臨時休業等で利用できない場合があります。各種データを含めた掲載内容の正確性には万全を期しておりますが、お出かけの際には は 電 話などで事前に確認・予約されることをおすすめいたします。また、各種料金には別途サービス税などが加算される場合があります。なお、本書に掲載された内容による損害等は、弊社では補償致しかねますので、あらかじめご了承くださいますようお願いいたします。